本书为北京市教育科学"十三五"规划 2018 年度校本研究专项课题
——《小学德育中构建服务学习课程体系的研究》课题成果
课题编号：CBIA18107

史家小学
Shijia Primary School

服务学习 志在家国

史家教育集团第四届"服务学习"课程
经典案例集

史家教育集团 编著

中国发展出版社
CHINA DEVELOPMENT PRESS

图书在版编目（CIP）数据

服务学习 志在家国．史家教育集团第四届"服务学习"课程经典案例集/史家教育集团编著．—北京：中国发展出版社，2021.11

ISBN 978 - 7 - 5177 - 1210 - 7

Ⅰ.①服… Ⅱ.①史… Ⅲ.①小学教育—教学研究—案例—北京 Ⅳ.①G622.0

中国版本图书馆 CIP 数据核字（2021）第 023837 号

书　　　名：服务学习 志在家国：史家教育集团第四届"服务学习"课程经典案例集

著作责任者：史家教育集团

出 版 发 行：中国发展出版社

联 系 地 址：北京经济技术开发区荣华中路 22 号亦城财富中心 1 号楼 8 层

　　　　　　（100176）

标 准 书 号：ISBN 978 - 7 - 5177 - 1210 - 7

经 销 者：各地新华书店

印 刷 者：北京市密东印刷有限公司

开　　　本：710mm×1000mm　1/16

印　　　张：22.25

字　　　数：304 千字

版　　　次：2021 年 11 月第 1 版

印　　　次：2021 年 11 月第 1 次印刷

定　　　价：78.00 元

联 系 电 话：（010）68990642　68990692

购 书 热 线：（010）68990682　68990686

网 络 订 购：http://zgfzcbs.tmall.com

网 购 电 话：（010）68990639　88333349

本 社 网 址：http://www.develpress.com

电 子 邮 件：fazhanreader@163.com

本书编委会名单

编委会主任：王　欢　洪　伟

本书主编：李　娟　张均帅

专家顾问：谢春凤　李　勇　王梦娜　任　浩　崔　蕾
　　　　　朱晓宇　于　丹　万　平

编委成员：（按姓氏笔画排序）

于　晶　王　映　王　晔　王　静　王　瑾
王　磊　车　雨　牛东芳　化国辉　孔宪梅
孔继英　史宇佩　冯思瑜　朱　杰　朱锡昕
乔　淅　任巨成　刘　欢　刘　棟　刘　霞
刘玲玲　刘璐晨　祁　冰　许爱华　孙宇鹤
杜　楠　杨　京　李　文　李　阳　李　享
李　婕　李　静　李红卫　李岩辉　李梦裙
李超群　吴金彦　谷思艺　汪　卉　沙焱琦
宋　菁　宋宁宁　张　弘　张书娟　张鑫然
陈　曲　赵慧霞　贾维琳　徐　卓　徐　虹
徐　莹　高金芳　郭文雅　崔韧楠　梁　琪
韩晓梅　温　程　鲍　虹　蔡　琳　黎　童

参与成员：（按姓氏笔画排序）

丁笑迎	才燕雯	马 岩	马克姗	马佳宁
王 宁	王 华	王 珈	王 雯	王 滢
王 滨	王大贵	王竹新	王连茜	王秀军
王建云	王香春	王靓楠	化子怡	石 濛
叶 楠	史亚楠	史晓娇	冉小伶	付燕琛
白 雪	邢 超	朱 玲	朱芮仪	乔 艳
刘 丹	刘 迎	刘 岩	刘 佳	刘 欣
刘 姗	刘 洁	刘 蕊	刘力平	刘立美
刘洪洋	刘晓珊	刘梦媛	齐丽嘉	闫仕豪
闫春芳	安 然	纪晓凤	孙 莹	孙 鸿
孙金艳	孙慧瑶	杜建萍	杨 奕	杨 倩
杨 婧	杨 锐	杨晓雅	李 洋	李 雪
李 静	李东梅	李芸芸	李焕玲	李淑红
何光宇	佟 爽	迟 佳	张 伟	张 彬
张 颖	张 滢	张 璐	张艾琼	张牧梓
张京利	张婉霞	张斌轩	陈 璐	陈玉梅
陈萌萌	苗 苗	英 文	范 鹏	范欣楠
范晓丽	林 琳	罗 曦	金 晶	金利梅
金海艳	周 舟	周 婷	周海燕	郑忠伟
赵 苹	赵婧杉	柯凤文	姜 桐	祖学军
秦 月	耿芝瑞	徐 菲	徐丹丹	徐艳丽
高江丽	郭 红	海 洋	陶淑磊	曹立新
曹艳昕	崔 旸	崔 敏	梁 彤	隗功超
彭 霏	葛 攀	韩 莉	韩凯旋	谢紫微
满文莉	满惠京	翟玉红	樊 咏	滕学蕾
潘 锶	潘 璇	霍维东	魏晓梅	

经过深度实践，"服务学习"课程已经成为史家德育工作的一大亮点和品牌，目前已经成功开展了四个学年。"服务学习"课程很好地调动了师生的公益热情，获得了学生、教师、家长、社会的一致好评。通过课程学习，学生自主策划的创新公益项目书涉及文化传承、扶贫济困、家庭健康、环境保护、社区发展、老妇幼服务等多个领域。

"服务学习"是一门综合课程，突破条线育人的边界，将综合实践活动、研究型学习、社区服务进行整合设计，鼓励学生将实践与学习相结合，带动学生发现问题，自主策划、选择公益项目，并通过服务和行动来改善社会生活与环境，唤醒更多的人参与到服务行动当中。课程把班队会、社会实践、社区服务相融合，真正地锻炼了学生的自主能力、交往能力、表达能力、实践能力和自律能力。这正是史家一直以来"培养具有家国情怀的和谐发展的人"育人目标的生动体现——让学生走出"自我中心"，不再只关注自我的需求，即从"人与自身的和谐"开始不断向"人与人""人与知识""人与自然""人与社会"的和谐发展，也即学会关注他人的需求，产生服务他人的意识，并付诸实践与行动。

2020年突如其来的新冠肺炎疫情改变了孩子们的学习与生活方式，但并没有浇灭他们做公益的热情。战"疫"第一时间，集团德育少先队就向孩子们发出了《给史家教育集团"服务学习"项目发起人的倡议书》。

给史家教育集团"服务学习"项目发起人的倡议书

史家教育集团的同学们:

你们好!

按照计划,你们发起的"服务学习"项目应该在假期中组建团队,聚在一起召开会议,走进社区、街道、各个实践场所去调研、采访、分析。因为新冠肺炎疫情暴发,同学们不能按计划实施了。可是,老师们相信:虽然疫情不允许我们出门,但是我们依然保有继续开展"服务学习"的热情。

近段时间大家从新闻报道中看到了:自战"疫"打响以来,无数的"白衣天使"、解放军战士、武警公安干警和抗疫一线的工作者们成为最美的"逆行者"。他们无私奉献,不求回报,只为战胜疫情。这就是保家卫国!这就是用我们的血肉筑起我们新的长城!他们是国家永远的英雄!

史家德育部和少先队大队一直倡导同学们:从小学先锋,长大做先锋!你们提出的每一个"服务学习"项目都彰显着温暖与情怀,

见证着责任与担当。今天,"逆行者"们在一线战斗,我们要在后方和他们同呼吸共命运,用我们的方式"战斗"起来!

作为"服务学习"项目的发起者,希望大家带动更多的同学一起开动脑筋:充分利用新媒体的学习方式,开展自主学习。想想如何以更实效、更温暖的方式做好每一个"服务学习"项目。今天你们的行动,必将会成为祖国未来的新希望!

让我们一起努力,面对计划突变,创新推进"服务学习",用我们史家少先队员的方式,服务他人,服务社会,助力打赢这场防疫阻击战!也让我们在逆境中收获成长的力量与学习的快乐!

疫情必将被战胜,春天就在眼前,让我们一起为祖国明媚的春天贡献出史家学子的温暖和生命力!史家教育集团的少先队员们加油吧!

集团德育副校长:李娟老师
集团大队辅导员:张均帅老师
2020年2月1日

各项目组最初的计划因为不能出门无法实施,于是师生积极想办法、做尝试,转换调研与宣传方式,从原计划的线下途径转为"线上+线下",利用微信公众号、微博、抖音等网络途径积极开展。同学们在项目总结阶段纷纷谈了自己的收获和感想:学会了团队协作、学会了沟通、学会了新的思维方式,也体验到了很多原以为轻松的工作并不是想象的那么简单。家长们审视了孩子在这个项目上得到的历练,发现孩子们能站在更高的层次上看问题,眼界更开阔了,思考更全面了,能够主动想办法解决问题了。难能可贵的是,"致兄弟姐妹的光影三行诗"项目组充分规划、克服困难,前后累计完成了十场线下活动,最终成功举办展览。这让我们看到了孩子们内心对公益的执着和对生活的无限热爱。这也是该项目组继"家书守护行动""三代童年看变迁"之后,新的延续性服务学习项目。我们欣喜地看到,往年入选的

项目并没有因为结项而停止服务的步伐，项目组在执行过程中发现新问题，产生新感悟，孵化出新的延续性服务学习项目。"亲子坏情绪Go Away！"项目组继2019年把目光投向伙伴之间的情绪管理，发起了"伙伴坏情绪Go Away！"项目之后，2020年其又把目光转向了关爱老年人群体，发起了"爱老，防摔大作战"服务学习项目，连续三年入选上线公益项目。同时，2020年"服务学习"课程还充分发挥了优质资源的辐射作用，带动集团内多个校区参与其中，并生发出诸如"战旗在我心　传播在我行""四尺花台乐趣多"等优秀项目。

经过评选，2019～2020学年，共有110名学生获得由中国扶贫基金会颁发的"小小公益创想家"称号，22个团队获得了"优秀公益创新团队"奖。因出色的组织工作，史家教育集团也获得"突出贡献奖"。同时，学生们自主发起的创新公益项目还得到了社会各界的关注与支持，光明网、北京新闻电视台、《人民日报》《光明日报》《北京日报》《北京晚报》、"中国红领巾"公众号、"北京交通"公众号等媒体也对我们的公益项目进行了深度报道。

可以说，服务学习带给了学生真实的成长，也让"家国情怀"的种子在史家全面开花。在全体项目组学生和指导教师、家长志愿者们的共同努力之下，2019～2020学年"服务学习"项目圆满结束。期待未来"服务学习"项目能够在同学们中产生更大的影响力，激发更多的同学参与创新公益，真正将公益梦想转化为公益行动。

李　娟　张均帅

2020年11月

目录

寻访被遗忘的童谣

　　"寻访被遗忘的童谣"服务学习项目由史家小学六（3）中队石苓之发起，六（3）中队全体成员共同参与完成。项目指导教师为史家小学许爱华老师。"寻访被遗忘的童谣"服务学习项目自2019年11月发起，至2020年7月顺利完成。项目组成员通过查阅资料、线上讨论等方式学习童谣知识，通过公众号、邮箱、现场访谈等方式广泛寻访，共收集童谣超过300首。自项目实施以来，项目组先后走进星星雨教育研究所、天坛公园等地开展线下活动3场、线上宣传活动12场。项目组在专家顾问和老师的指导下，创新寻访与推广方式，采用名家出镜讲解、童谣故事探析、隔空朗诵、"云"合奏等多元化方式，向广大青少年传播童谣知识、解读民俗文化；推出公众号原创作品9期、原创视频6个。项目组公众号原创内容先后被"北京日报"公众号、"东教印象"公众号等转发，累计阅读量超过20000次，线上直播和实地活动影响人群超过2000人。

一、指导教师推荐序

　　世界各国、各民族都有童谣，甚至没有文字的族群都有童谣。我国的童谣历史悠久，诗经《国风·魏风·园有桃》中记载："心之忧矣，我歌且谣。"童谣对于儿童思想品德的形成，乃至中华民族语言美感都有着潜移默化、无可替代的作用。著名儿童文学家金波教授认为，好的童谣是心灵鸡汤，它能滋润孩子们的心灵，帮助他们健康成长。因此，当2019年10月孩子们第一次拿出项目创意时，我既感到高兴，也感到担心。高兴的是孩子们选择了文化底蕴深厚、极具教育意义的项目，担心的是孩子们能否真正理解童谣的历史和人文价值。随着项目在层层筛选下脱颖而出，孩子们用精彩的答辩征服了评委并成功上线，我的担心也逐渐消失了。一路走来，看到孩子们一点一滴地进步，我感到无比欣慰和自豪。

"巾帼不让须眉"，小小少年，弘扬文化志气高

项目组成员是5位可爱大方的小女生，她们平日学习认真，思维开阔，尤其对于传统文化有着共同的兴趣。自从项目开展以来，她们把坚持学习和实践活动结合起来，做了项目推广的大量幕后工作，包括文案制作、视频录制、PPT讲稿等，唯精唯一的学习精神和一丝不苟的工作态度令人动容。在推广项目的过程中，孩子们付出了汗水，汲取了营养，更收获了成长。

启明星双语学校副校长吴晗对孩子们寄语："我们在同学们的身上看到了他们对传统文化的热爱与尊重，对文化传承的服务意识，还有跨校分享的团结精神。"

"众人拾柴火焰高"，家校联合，齐心协力手牵手

项目的成功开展和取得的成绩，离不开家校联合的合作模式。家长们通过整合各种资源、汇聚创意和全方位服务，群策群力，共同给孩子们创造了良好的氛围和环境。无论是从项目的整体策划、进度把握、活动开展，还是对孩子的支持辅导、与老师的沟通交流等方面，家长与学校形成了有机共同体，为项目组提供了源源不断的动力和燃料。家长的热心参与给孩子带来了力量和前进的动力。

2019年11月29日，北京迎来第一场瑞雪，当晚更是传来好消息，孩

子们的提案过关，正式列入拟上线项目。"瑞雪兆丰年，益路捷报传。五朵金花俏，巾帼文武全。少年当自强，报国花木兰。"一位家长的赋诗道出了所有家长的心声，表达了对项目组孩子们的赞叹。我也深刻感受到教育是没有边界的，孩子的健康成长需要土壤、阳光、水分和营养，老师就是要和家长一起，在"润物细无声"的境界中耐心呵护，静等花开。

"一枝一叶总关情"，疫情之下，创意无限显真情

寒假自我隔离期间，我和项目组的孩子们在微信群里交流，她们对项目的那份热情深深打动着我。为了深入了解童谣知识，孩子们坚持每天打卡学习，上网查资料、线上讨论，在线朗诵成了"家常便饭"，她们还精心制作了内容丰富的项目介绍资料。孩子们告诉我，她们非常希望通过这个公益项目，为更多的人提供帮助。我听了很受感动。几个孩子快速行动起来，经过几次热烈讨论，决定创建公众号，到网上征集童谣和进行宣传。

项目组共推出9期原创作品。每期公众号的制作，孩子们都煞费心思、精益求精，文稿修改数遍，视频不断推翻重来，这些都是常事。公众号推出的原创作品中，既有祖孙俩的温情默契、响应时令的节气推介，又有缅怀雷锋的追思之旅、投桃报李的感恩之言，还有致敬"白衣战士"的器乐合奏、保护野生动物的热切呼吁等，可以说期期精彩。项目组开展了3场线上直播活动，与100多名小朋友和其家长"面对面"交流互动，分享童谣背后的故事。"小老师"们的精彩表现受到了校方和小听众的一致欢迎。疫情缓解后，项目组又积极筹划走进星星雨教育研究所和天坛公园，把童谣的温暖和阳光洒向更多青少年。

"家事、国事、天下事，事事关心"，风格独到，特色鲜明出精品

在深入思考如何把项目做出特色、做出精品方面，项目组借助公众号

的创建和传播，聚焦于内容选取和制作风格，突出特点，很快就找到了答案。项目组把童谣与新闻、节日、节气等时效性事件结合起来，每期精选一首童谣，采用"专家推介＋童谣展示＋文化故事＋延伸阅读"多层次解读和项目组成员主持播报、隔空朗诵、"云"合奏等多元化呈现的方式，让单一的童谣变得更加鲜活生动接地气，充满了趣味感、立体感和厚重感。为了提高项目的专业性和影响力，项目组邀请我国著名表演艺术家戈治均、刘佩琦、于洋、果靖霖及知名歌手张玮玮担任文化顾问，请他们从童谣选择到活动方式给予全面把关。

值得高兴的是，项目组通过线上与线下双向努力，影响面不断扩大，在校内外赢得了良好的口碑。短短几个月，孩子们用辛勤努力浇灌出了累累果实，积累了人生的宝贵财富，更彰显出史家学子勇于担当、深沉炽热的家国情怀——孩子们不仅捧出了让同龄人受益的传统文化大餐，更把内心那份对于社会和他人的关注、那份沉甸甸的责任感传递给了更多人。

寻访被遗忘的童谣，我们一直在路上，一直在努力。相信通过推广童谣项目，我们能够架起一座文化传承的桥梁，让中国传统文化越走越远，让孩子们的心灵插上翅膀，越飞越高。

指导教师：许爱华

二、创想梦工厂——种下一颗公益的种子

（一）创想动因

项目组成员都是音乐爱好者，有各自擅长的乐器，有相同的审美情趣。她们都喜欢电影《城南旧事》中的主题曲《送别》，旋律如此优美，歌词古

典又意味深长。大家平时在一起讨论音乐话题时，常常感慨这种适合少年吟唱的歌曲少之又少！感到遗憾的同时，她们也在想可以做些什么、怎么做。童谣是儿童认识世界、理解世界、表达情感的重要窗口。童谣虽篇幅短小，但语言凝练，韵律优美，是儿童教育中极其珍贵的文化素材，具有重要的文化价值和教育价值。

从古至今，童谣代代相传，是中华民族宝贵的文化遗产。在当今的互联网时代，流行文化一点一滴地侵蚀着孩子们的童年，催促他们过早地成人化、世俗化。因此，石苓之和小伙伴发起"寻访被遗忘的童谣"服务学习项目，希望寻访童谣、发现童谣、传播童谣，让广大少年儿童从中汲取丰富的精神养分，在心底埋下传统文化的种子。通过寻找那些深藏在时光中的童谣，让优美动听、寓教于乐、散发着正能量的曲目，滋养少年儿童的心灵，塑造他们健康乐观的人格，同时倡导更多的人加入童谣文化传承的队伍，让这份文化遗产源远流长。

（二）团队介绍

发起人及总负责人	石苓之	史家小学六（3）中队成员，性格外向，认真负责，有较强的组织能力、沟通能力、文案能力。中国爱乐青少年交响乐团成员
团队伙伴	戈惠心	史家小学六（3）中队成员，开朗大方，责任心强，热爱音乐、艺术，有较强的沟通能力、团队协作能力。在本项目中负责策划、外联、视频制作工作
	王梓蒙	史家小学六（3）中队成员，有较强的团队协作能力和突出的公众号编辑能力。在本项目中负责宣传工作
	赵婧楠	史家小学六（3）中队成员，性格活泼，在运动、才艺方面比较优秀，有较强的组织能力。在本项目中负责组织工作
	韩沐晨	史家小学六（3）中队成员，踏实稳重，热爱音乐，有较强的团队协作能力。在本项目中负责财务工作

续表

指导教师	许爱华	史家小学六（3）中队班主任兼语文教师，热爱学生，勤勉尽责、专注育人，注重培养学生全面发展，所带班级曾多次获得优秀集体奖
专家顾问	戈治均	国家一级演员，曾出演《秋菊打官司》《走向共和》等众多优秀的影视作品。获得第21届金鸡奖最佳男主角
	刘佩琦	国家一级演员，曾出演电影《离开雷锋的日子》、电视剧《大宅门》等作品。1997年金鸡奖、华表奖的双料影帝
	果靖霖	国家一级演员，曾出演《与青春有关的日子》《袁隆平》等优秀影视作品。获得第13届华表奖"优秀男演员奖"
	于　洋	国家一级演员，曾出演电影《林海雪原》、电视剧《闯关东中篇》《庆余年》等
	张玮玮	著名民谣歌手，创作型音乐人。曾为多个国内著名乐队担任吉他手、手风琴手。代表作《米店》《黄河谣》

（三）实施过程

"寻访被遗忘的童谣"项目自2019年11月发起，至2020年7月圆满结束，共分为筹备预演、征集童谣、实施推广、总结分享四个阶段。

第一阶段（2019年11月20日至2020年1月10日）：筹备预演阶段。在这一阶段，项目组核心成员制订方案，设计项目Logo（标志），建立专家库，召开线上讨论会，制作项目介绍文案和PPT。12月23日，在班级内进行活动预演，邀请全班同学担任项目志愿者。东城区教委两位专家全程旁听并做点评。

第二阶段（2020年1月11日至2020年2月13日）：征集童谣阶段。通过查阅资料、请教专家等方式广泛收集童谣。通过公众号向社会发出《穿越时光　寻访童谣》的童谣征集信。同时，号召项目志愿者向身边的老人开展寻访。截至2020年6月，项目组共收集各类童谣超过300首。

穿越时光　征集童谣

2014级（3）班　寻访被遗忘的童谣　今天

第三阶段（2020 年 2 月 14 日至 2020 年 7 月 20 日）：实施推广阶段。疫情期间，项目组将线上与线下相结合，推出《一个字　一首童谣》《回家》等 9 期原创公众号作品，详解《四季歌》《一对蝈蝈吹牛皮》等国内外优秀童谣作品。通过名家出镜讲解、童谣故事探析、隔空朗诵、"云"合奏等多元化方式，开展 3 场线上直播分享，为北京启明星双语学校、艾毅双语幼儿园近 100 名小朋友讲解童谣文化。项目组还走进星星雨教育研究所开展主题活动，将童谣知识传播给更多的人。

2020 年 2 月 14 日，拜访表演艺术家戈治均先生，请教童谣知识和童谣故事。戈老为项目组提供了几十首有陕西地方特色的童谣，并用视频讲解了一首关于 𰻝𰻝（biang biang）面的童谣。项目组制作《一个字　一首童谣》，史家小学公众号转发阅读量超过 4500 次。

2020 年 2 月 23 日，项目组邀请电影《袁隆平》中袁隆平的扮演者果靖霖先生讲解节气童谣《二月二，龙抬头》，介绍我国古老的农耕文化；制作《龙抬头，蛰虫鸣，花香鸟鸣共春风》，绘制色彩炫动的节气海报，表达了期盼万物复苏、早日告别疫情的美好心愿。

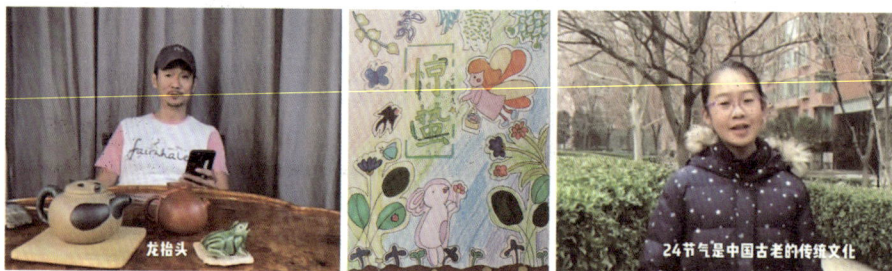

2020 年 3 月 3 日，项目组邀请国家一级演员刘佩琦先生向同学们讲述他与雷锋精神的故事。项目组成员录制视频——隔空朗诵童谣《雷锋叔叔，你在哪里》，同时结合抗疫战斗中的人物故事，制作《一场疫情重振雷锋精神》。北京日报"北京号"、东城区"东教印象"公众号等予以转发，阅读量超过 8500 次。

2020 年 3 月 10 日，在全国抗疫斗争的关键时刻，项目组邀请知名音乐人张玮玮为一线白衣天使献上一曲温暖人心的日本童谣《四季歌》。项目组成员制作《投我以木桃，报之以琼瑶》，绘制战"疫"海报，致敬英雄的医护工作者。

2020 年 3 月 22 日，看到援鄂医务人员分批撤离的消息后，项目组成员分别用大提琴、双簧管、单簧管、手风琴、钢琴 5 种乐器进行"云"合奏"Going Home"，推荐外国经典童谣《念故乡》。制作《回家》，刊发于项目公众号。

2020 年 3 月 27 日，戈惠心、石苓之两位同学通过 Zoom 在线直播的方式，与北京启明星双语学校三里屯校区的 40 多位小朋友分享童谣。项目组精心选录《剪窗花》《十二生肖歌》《数数几条腿》等十余首经典童谣，制作 PPT 528 页。

2020 年 4 月 1 日，项目组聚焦疫情背后人类食用野味的恶习，以风趣幽默且富含寓意的童谣《一对蝈蝈吹牛皮》为切入点，制作《向野生动物说"不"》，刊发公众号，呼吁青少年从小就要树立起敬畏自然的理念，维护好人与自然的生态平衡。项目组还邀请曾出演舞台剧《战马》的艺术家于洋先生出镜解读童谣，探讨人类与动物的关系。

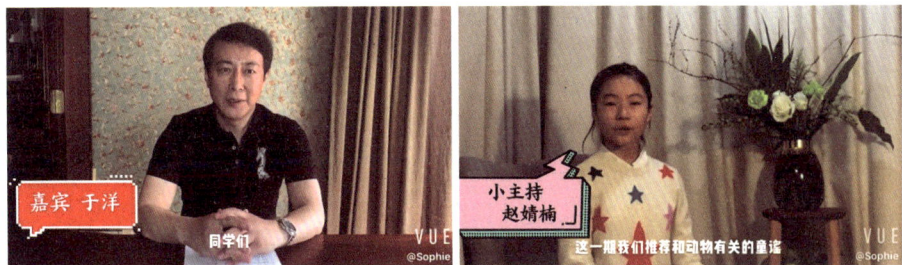

2020 年 4 月 3 日，戈惠心、石苓之、王梓蒙三位同学通过 Zoom 在线直播，与艾毅幼儿园三里屯园区的小朋友分享童谣。针对低龄儿童的接受习惯，她们重新编排演示 PPT，加入大量的童谣游戏、猜谜童谣和现场互动问答。幼儿园师生 80 余人参加直播。

2020 年 4 月 17 日，戈惠心、石苓之、王梓蒙三位同学通过 Zoom 在线直播，结合疫情给小朋友带来了一期有关野生动物的专题童谣讲座。48 名启明星学校的小朋友参与。课后，小朋友根据讲课内容，制作了大量宣传保护野生动物的海报及童谣朗诵视频。

2020 年 7 月 16 日，项目组分别走进星星雨教育研究所和天坛公园，现场讲述童谣故事。

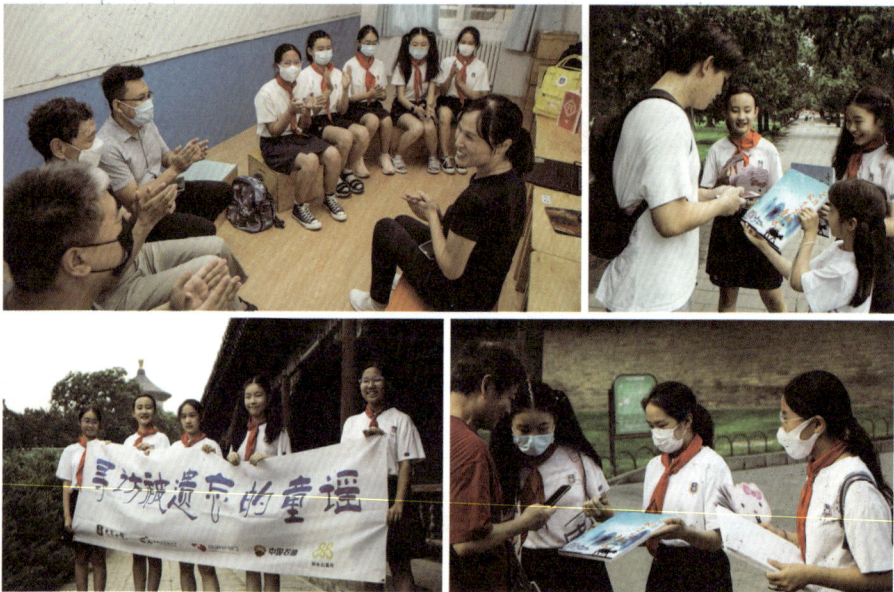

第四阶段（2020 年 7 月 21 日至 2020 年 7 月 31 日）：总结分享阶段。总结项目历程，梳理寻访故事，分享心得体会。项目组成其成果受到东城区教研室重视，指导教师被邀请做经验分享。参加学校公益项目汇报演出，呼吁更多人关注童谣、走近童谣，加入文化传承的队伍。

三、学生行动日记——记录公益之花盛开全过程

学生行动日记精选（一）

2020 年 7 月 16 日　星期四　晴

六（3）中队　石苓之

今天，我们去了星星雨教育研究所，这是一家为自闭症儿童提供帮助

的教育机构，也是我们的项目实施线下活动的地方。

在学校宣传片里，我听到这样一句话："万物皆有裂痕，那是光照进来的地方。"我反复琢磨着这句话的意思。这群"星星的孩子"是孤独的、有裂缝的，但是光可以弥补他们身上的缺憾，让他们拥抱温暖、变得完美。我觉得，童谣也是万千光芒中的一道。我相信，那些朗朗上口的词句、富有节拍的韵律和生动有趣的故事，能帮助这些不幸的孩子战胜病魔，给予他们心灵的慰藉，让他们不再孤单。

因为疫情，星星雨的学生绝大多数还没有到校。我们向学校的老师们介绍了童谣项目，带去了我们准备的童谣资料和书籍，表达了我们期望用童谣与自闭症患儿交流的心愿。老师们非常感动于我们的心意，称赞我们项目组就是一颗火种，每个成员就是一团团温暖的小火苗。愿爱的火种撒满世界，愿我们的世界变得更美好。

学生行动日记精选（二）

2020 年 3 月 19 日　星期日　晴

六（3）中队　戈惠心

天哪！我们"云合奏"这期公众号已经有近 1000 人观看了！我好激动啊！"云合奏"的创意，当时就是灵光一现。后面无论是视频拍摄，还是视频剪辑，所经历的崩溃和抓狂，都令我难忘！

3 月 17 日起，援鄂的医务人员开始分批撤离，他们真的很了不起！我们能为白衣天使们做些什么呢？不知是谁灵机一动：不如我们云合奏

"Going Home"来给他们献上我们的感恩之心吧！我们马上开始了分工。说做就做，妈妈来给我拍视频，旁边的姥姥来打节拍器。录了一遍又一遍，终于成功啦！妈妈马上给小组同学发模板视频，大家开始了练习和各种拍摄。我和妈妈把视频整理好交给合成视频的小孙叔叔，可样片出来发现效果很不理想，合奏像在弹棉花一般！太吵了！

不能就这样放弃，我们又开始补拍，调整音调，还请专业人士演奏了最后出字幕的背景音乐。这次的效果真的好极了，就好像坐在音乐大厅里听着优雅的曲子。太赞了！通过这件事，我有了启发，那就是当有了好的想法就要去努力实践，有时候尝试是开始的第一步！

四、学生反思工具——从回望中汲取前行的力量

学生反思精选（一）

姓名：赵婧楠　时间：2020 年 12 月 23 日
提案名称：寻访被遗忘的童谣

发生了什么	有何感受
我和项目组其他 4 位同学，在六（3）中队主题班会上向老师和同学们详细介绍了"寻访被遗忘的童谣"公益项目的基本情况。之前我们已经准备了一周时间，还制作了精美的 PPT	班会活动进行得很顺利，我们上台介绍时都表现得落落大方，5 位同学配合衔接得也非常流畅。希望以后多开展类似活动，让校内外更多少年儿童了解我们的项目
有哪些主意	**有哪些问题**
一是下次宣讲时提前合理计划好时间；二是宣讲的同时与同学有技巧的互动，维护好现场秩序。争取通过一次次的分享与实践，不断完善项目计划	40 分钟的班会举行得很成功，但我们在活动过程中存在两个小问题：一是项目介绍时间过长，导致提问环节时间不够充足；二是在讨论环节，同学们过于活跃，没有保持好现场纪律

续表

教师评语

你是一个善于思考的孩子，能从实践活动中找出问题，总结不足，并提出有效的解决方法。希望在接下来的活动中能看到你们在这些方面的改进。加油！

学生反思精选（二）

姓名：韩沐晨　时间：2020 年 3 月 3 日
提案名称：寻访被遗忘的童谣

发生了什么	有何感受
在全国"学雷锋纪念日"即将到来的时候，我们一同参加了诗朗诵《雷锋叔叔，你在哪里》的视频录制。为了更好地理解雷锋精神，我们还邀请了刘佩琦叔叔做推介嘉宾	刘佩琦叔叔的讲解加上项目组的诗朗诵，让我更加深刻地理解了雷锋精神。雷锋叔叔虽然离开我们很久了，但我由衷地希望，社会上能有更多人传承雷锋精神，续写雷锋精神新篇章
有哪些主意	**有哪些问题**
可以更好地利用微信、微博、视频等新媒体传播手段，掀起传播热浪，激发更多的人了解雷锋精神、传承雷锋精神	受疫情影响，有些线下活动没办法如期开展

教师评语

非常欣喜地看到你的成长和进步。希望你更加积极主动地参与团队活动，开动脑筋，献计献策，帮助项目组更好地完成任务。加油！

五、家长感悟——在公益服务中和孩子一起成长

家长感悟精选（一）

益路同行，一路成长

石苓之家长

伴随着紧张而又充实的结项工作，持续半年多的服务学习项目进入尾

声，回首这半年多项目开展的点点滴滴，很多感人瞬间历历在目，看到孩子们在参与项目中的收获和成长，作为家长由衷地感到欣慰和满足，非常感谢学校和益路同行、中国石油、中国扶贫基金会提供的平台和机会，让孩子们走出校园体验社会，得到充分的学习和历练。

五朵金花文武全

5 个孩子作为一个团体，在项目各个阶段，都充分展现出了合作精神和团结协作能力。5 个孩子各有特点和专长，在项目伊始就根据各自的情况进行了合理分工，大家各司其职、各显神通，既有文案策划的高手，也有绘画涂鸦的天才；既有创意无限的精灵，也有吹奏音符的乐手。孩子们借助于项目开展，充分展示了自身潜能，而且她们真正融入了集体、融入学校所倡导的利他精神中。这是本次项目带给家长们的最大惊喜。

小小少年志气高

项目实施推广阶段与新冠肺炎疫情不期而遇，提前准备好的实施计划全被打乱，不能正常进行。孩子们没有慌张，没有气馁，在突发情况下灵活应对，把线下活动搬到了线上，把线下宣传转到了微信公众号，借助于新媒体最大化地推广和展示了童谣项目所要呈现给公众的期盼与呼吁，这凝聚着项目组全体成员对于传统文化的坚持和传承。公众号先后推出 9 期原创童谣推介作品，内容涵盖了文字溯源、节气知识、缅怀雷锋精神、感恩白衣战士等多重视角。同时，孩子们还当起"小老师"，通过与两所学校的100 多名小朋友和其家长进行交流互动，宣传和推广童谣项目。丰富多彩的推广形式更好地诠释了"服务学习"的宗旨，真正将项目服务于社会、服务于实践。

益路同行，一路成长！这次宝贵的项目实践给孩子们的小学生涯增添了难忘的回忆。作为家长，也在这次项目中收获满满。以后我们也必将在公益之路上坚持走下去，让公益之花处处绽放，永远盛开！

家长感悟精选（二）

寻访童谣，快乐传唱

王梓蒙家长

小兔子乖乖，把门儿开开……

小老鼠，上灯台，偷油喝，下不来……

每次翻看孩子小时候牙牙学语的视频，听到一首首童谣，还带着浓浓的乡音，我们都会捧腹大笑，又回想起那时的幸福甜蜜，多想再回到那些唱着童谣的日子。没想到，5 个学音乐的女孩汇集在一起，让这个梦想实现了。

班主任许老师大力支持，多次组织班会指导策划。全班同学一起努力，热情似火。项目启动之初，每天早上一睁眼第一件事就是"攒油收油"，38 个孩子，38 个家庭，无数个公益爱心人士，一起努力。终于，我们的项目上线了！

但疫情来袭，项目组不得不把原来计划中的线下活动改为线上开展。孩子们的热情并没有减少，一次次视频会议，一遍遍修改文案，一段段剪辑视频，孩子们的敬业精神是我没有想到的。她们在电脑前一坐就是半天，不放过一个标点符号，细心挑选每一张图片，视频拍得不理想重拍，文案有疑问再讨论……经常是半夜了还在讨论小细节。每一幅图片都充满创意，每一段文字都真实感人，每一种字体、字号和色彩都用心巧妙……真是小看这些孩子了！她们从一开始的不太熟练，到后来得心应手，学到了课本上没有的知识，更重要的是学会了团队合作。作为家长，我不再担心她以后不会与别人交流合作，因为我亲眼看到她们怎样求同存异，怎样沟通协调，怎样尊重彼此又怎样尊重真理。而且在这个过程中，5 个小伙伴结下了深厚的友谊，这更弥足珍贵。

六、帮扶对象——公益服务社会，爱心连接你我

帮扶对象感言精选（一）

艾毅幼儿园（三里屯校区）园长李玺："亲爱的戈惠心和小伙伴们，第一次听到你们发起的'寻访被遗忘的童谣'项目，我就满心欢喜。一方面为在艾毅长大的孩子能有这样的成长和追求而欣喜；另一方面也深深地感慨，这种活动对于现在的孩子们是多好的关于中国文化的体验和熏陶啊！从彩排开始，你们认真专注的态度就感动了我。幼儿园的儿童年龄小，通过视频互动有很大的难度，但你们不仅几次调整了原来的讲稿，让分享更生动，还增加了符合幼儿园年龄段孩子们的互动模式。我特别为你们高兴，你们也应该为自己骄傲！到校园恢复正常，我们期待你们分享更多的童谣！加油！"

帮扶对象感言精选（二）

启明星双语学校（三里屯校区）副校长吴晗："感谢项目组的孩子们在这样一个特殊的时期，用 Zoom 在线的形式与我们开展了系列童谣分享活动，唤起了我们很多美好的回忆，并让我们了解到更多的童谣趣事。更为重要的是，我们看到了你们对传统文化的热爱与尊重、对文化传承的服务意识和跨学校分享的团结精神。关爱、尊重、服务、团结、卓越，是启明星的核心价值观，你们很好地诠释了这些核心价值观，是启明星学生的好榜样。谢谢你们！希望你们的行动可以影响更多人加入进来，一起保护和传承我们的文化！"

七、成果展示——公益，我们一直在路上！

"寻访被遗忘的童谣"服务学习项目自开展以来，先后拜访我国著名表演艺术家戈治均，走进天坛公园、星星雨教育研究所，通过 7 次线上宣传、5 次线上活动、3 次线下活动，得到少年儿童、专家、学校老师的肯定和好评。原创公众号作品 9 期、原创童谣推介视频 6 个，尤其在疫情期间，项目组用优秀的童谣传播温暖、光明和信心，架起心与心沟通的桥梁，向社会传递了健康乐观的心态，彰显了新时代青少年勇于担当的社会责任感。"北京号""东教印象"等公众号媒体对项目进行了报道。因表现突出，项目获得了由中国扶贫基金会颁发的"益路同行·优秀公益创新团队"奖章。

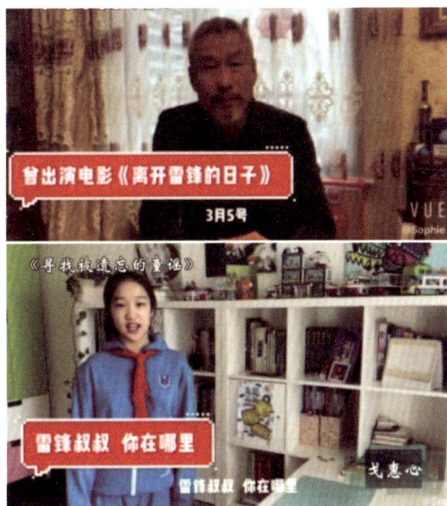

在学习雷锋日即将到来之际，六3中队邀请《离开雷锋的日子》主演刘佩琦老师给队员们讲述他与雷锋精神的故事。项目组队员隔空背诵童谣《雷锋叔叔，你在哪里》，集体致敬战"疫"一线闪耀的新时代雷锋。五14中队制作了"走进雷锋纪念馆，学习雷锋好榜样"学雷锋纪念日特别网络参观学习，带领大家学习辽宁抚顺雷锋纪念馆实物照片、阅读雷锋日记、聆听雷锋录音、参观线上展厅等

"北京日报"公众号对项目组活动进行报道

致兄弟姐妹的光影三行诗

"致兄弟姐妹的光影三行诗"服务学习项目由史家小学四（1）中队马千寻同学发起，四（1）中队全体成员共同参与完成。项目指导教师为史家小学贾维琳老师。项目自 2019 年 12 月初发起，至 2020 年 8 月顺利完成。项目组号召大家将一张照片、一首三行诗献给生命中的兄弟姐妹。活动不仅让人感受到手足亲情的珍贵，更让大家在应对疫情的同时，关注身边的温暖和生活的积极面。自项目实施以来，项目组先后走进北海公园、筒子河沿线、西老胡同、金地国际花园、朝阳区光熙家园小区、珠江罗马嘉园社区等地，通过调研、宣讲及作品征集，共收集 100 余件公益作品，并在朝阳大悦城举办了公益展览；累计举办 10 场线下活动，带动更多人勇于表达情感、感受生活，从而连接亲情友情，促进人与人之间的和谐关系。北京电视台新闻频道《都市晚高峰》栏目、人民日报社《中国经济周刊》官方网站、腾讯网等多家媒体对项目进行了报道。

一、指导教师推荐序

2019 年，学校新一届"益路同行"如约而至。四（1）中队已经成功开展了 3 个公益服务项目，队员们积累了不少宝贵的经验，所以这一次大家更是积极响应，参与热情也异常高涨。项目发起人马千寻同学曾经参与过"守护家书"公益项目，并成功发起了"三代童年看变迁"项目。这些项目都将家国情怀作为提案的根本，将家人、家庭放到时代和国家大发展、大变迁的格局下进行观察、思考和感受。这次，马千寻同学也依然想把服务学习的视角放到这个领域，只不过她把落脚点放在了历年服务学习项目从未关注到的兄弟姐妹上。

近几年国家逐步放开生育政策，让这一代孩子很幸运地拥有了亲兄弟姐妹。对于没有亲兄弟姐妹的人来说，表亲堂亲、生活中亲如"兄弟姐妹"的同学朋友，都是生命中最难得、最珍贵的伙伴。所以，马千寻同学想把一份美好的记忆礼物送给我们的"兄弟姐妹"。"致兄弟姐妹的光影三行诗"公益创想也由此诞生。

让大家始料未及的是，一场突如其来的新冠肺炎疫情闯进了我们的生活。春节假期本是项目在益路同行平台上线的日子，但由于疫情，现场宣讲活动无法实施，很多调研、采访、征集等线下活动被搁置。后续要怎么调整计划？线下活动要如何开展？一连串的问号摆在了项目组成员的面前。不过，孩子们并没有停下服务他人的脚步。我欣喜地看到，孩子们的思想非但没有受到限制，反而在有限的空间中发挥了无限的可能。

孩子们决定将线上作为这次项目开展的主阵地，并探索如何充分利用媒体、网络的力量。一方面，孩子们继续讨论项目的后续调整方案，进行调查问卷的设计，并通过微信公众号和微博发布信息，积极宣传。另一方面，孩子们也在着手准备线上作品征集，争取最大化地发挥项目的积极意义——将项目和万众一心抗击疫情的大环境相结合。虽然人们之间的相聚被隔断，但感受情感、表达情感并不会因此而受到限制，所以成员们发起号召：在这特殊时期，让我们一起留守家中来做"生活的诗人"。各自的"兄弟姐妹"通过防护合影、隔空视频、异地合照等多样的方式构成"光影"，让更多人在应对疫情的同时，也能关注身边的亲情、友情与生活的积极面。

随着疫情逐渐好转，一直以来最为期盼的线下集体活动也终能成行。项目组进行了非常充分的事前准备，不仅做好防护，而且因地制宜，制订出多个宣传方案。烈日炎炎，阻挡不住孩子们的热情。虽然孩子们都戴着口罩，但透过他们的眼睛能感受到一份别样的认真和真诚。

从发起创想到推广宣传、线上征集，前后历经 9 个多月的时间，共有上百首光影三行诗来到我们身边。每一张照片都流淌着光阴的印记，每一首诗都诉说着真挚动人的感情。我们将这珍贵的一切汇集成了一本立体诗集，打造了一场名为"致兄弟姐妹的光影三行诗"公益特展。开展之后，北京电视台来到现场进行采访，孩子们落落大方地表达了自己发起项目的初衷和收获。许多人静静驻足，细细品味着每张照片、每首诗作中流淌的动人情感，温暖在悄然传递。

虽然项目组的孩子们早已不是第一次参与"益路同行"，但这一次是他们参与"服务学习"以来最为特殊的一次。在项目开展的过程中，孩子们遇到了不少困难和新挑战，他们的付出和收获也是前所未有的。在这一特殊时期，孩子们能够心系家国，用自己的方式为战"疫"助力，用自己的实际行动诠释了史家学子的社会担当和家国情怀。这一公益创想让许多人在这一特殊时段增进了兄弟姐妹之间的情感沟通，拉近了彼此的距离，也让更多的人感受到了手足亲情的珍贵，看到了生活的积极面，温暖了人心。

作为指导教师，很荣幸这几年一直陪伴着他们，看着他们把一个个创想落地实现，更见证了孩子们的成长。虽然这次的项目已经收官，但我相信"服务学习"的理念已经融入了孩子们的生活。我也期待着孩子们能够再出发，带给更多人温暖和力量。

指导教师：贾维琳

二、创想梦工厂——种下一颗公益的种子

（一）创想动因

近几年国家逐步放开生育政策，让千万中国家庭开启了"二胎"之路，也让这一代孩子很幸运地拥有了兄弟姐妹。马千寻同学把落脚点放在历年服务学习项目从未关注到的家人群体中的"点"——兄弟姐妹，想为生命中最难得、最珍贵的伙伴献上一份珍贵的礼物，来沟通情感。

"光影三行诗"是一个"一张照片一首诗"的亲情计划。"影像"即"光影"，在智能手机流行、单反盛行的今天，人人都是摄影师，可以自由记录家庭生活中的动人时刻与美好瞬间。"文字"即"三行诗"，是一种特殊的体裁，精简的文字让每个人都能成为生活的诗人。对于没有兄弟姐妹的人群来说，此项目也可引申到一种大爱层面，如远房兄弟姐妹，生活中亲如兄弟姐妹的同学、朋友。这个项目号召人们把一张照片、一首三行诗献给生命中的兄弟姐妹。此项目可以跟校内的语文教学相结合，学习如何写三行诗，感受诗歌的魅力；也可以通过诗歌和摄影的双重表达，来连接亲情友情，加强情感交流，促进人与人的和谐。

（二）团队介绍

发起人及总负责人	马千寻	史家小学四（1）中队大队委。"守护家书"核心成员、"三代童年看变迁"发起人
团队伙伴	罗悠可	史家小学四（1）中队中队长。"守护家书"发起人、"三代童年看变迁"核心成员。性格开朗、热心公益，在项目中负责组织工作

团队伙伴	温舒雯	史家小学四（1）中队中队委。"守护家书""三代童年看变迁"核心成员。乐观热情，热爱书画和京剧，在项目中负责外联工作
	李奕彤	史家小学四（1）中队成员。"守护家书""三代童年看变迁"核心成员。擅长书法，在项目中负责宣传工作
	黄煜洋	史家小学四（1）中队小队长。"守护家书"核心成员。性格开朗、直率，善于在预算和采购间寻找平衡点。在项目中负责财务工作
指导教师	贾维琳	史家小学四（1）中队班主任及语文老师，热心公益事务，热爱教育事业。细腻、富有责任心，之前曾多次指导益路同行服务学习的优秀项目，能够给孩子们提供有效、细致的指导和帮助

（三）实施过程

"致兄弟姐妹的光影三行诗"项目自 2019 年 12 月初发起，至 2020 年 8 月 13 日圆满结束。项目成果之一的同名展览——"致兄弟姐妹的光影三行诗"于 9 月 13 日结束，展期 38 天。项目共分为宣传准备阶段、收集整理阶段和展出实施阶段。

第一阶段（2020 年 1 月 1 日至 2020 年 6 月 5 日）：宣传准备阶段。项目组利用假期结束前的短暂过渡期拍摄了宣传短片、设计了宣传海报，明确阶段目标、任务分工，并针对形势制订项目基调，深挖宣传点，从项目意义、项目成果等多个维度设计调查问卷，撰写宣传文章、绘制宣传海报，通过微博、公众号等多种媒介进行传播。受疫情影响，本阶段花费时间比原计划多了近 3 个月。

第二阶段（2020 年 6 月 6 日至 2020 年 7 月 31 日）：收集整理阶段。在这一阶段，北京经历了疫情反复，项目组经历了从集体走出去进行线下活

动到以个人为单位分组进行线下活动的调整。项目组先后走进北海公园、筒子河沿线、西老胡同、金地国际小区等，开展调研、宣讲及作品收集工作，征集到了109首公益作品。

2020年6月6日，项目组走进北海公园，向往来的游客积极宣讲项目主题，并通过推广公众号、填写电子调查问卷等方式让公众了解项目初衷及目标，借此开展作品收集工作。

2020 年 6 月 6 日，项目组先后前往位于故宫北门的筒子河沿线，走进西老胡同。考虑到筒子河沿线多为参观的游人，为了提高他们对活动项目的关注度，项目组的宣讲与调研活动也由"分组作战"变换为"集体出击"。在西老胡同，根据胡同居民的生活方式和作息习惯，项目组采取了展板展示与现场讲解相结合的宣讲调研方式。

2020 年 6 月 15 日，因疫情出现新变化，项目组将集体调研宣讲改为以个人为单位分组践行。核心成员黄煜洋进入金地国际花园社区，向社区居民推广项目内容。

2020 年 7 月 8 日，走进朝阳区光熙家园社区。项目组成员温舒雯作为代表，鼓励社区居民积极参与到项目公益作品的征集工作中来。

2020 年 7 月 15 日，项目组成员李奕彤以问卷调查和项目宣传的方式，向黑龙江齐齐哈尔观湖国际社区居民推广项目。2020 年 7 月 21 日，项目组走进北京永载文化有限公司。项目组成员罗悠可通过投屏讲解和户外宣讲的方式，阐述项目内容与积极意义，进一步推进公益作品的征集工作。

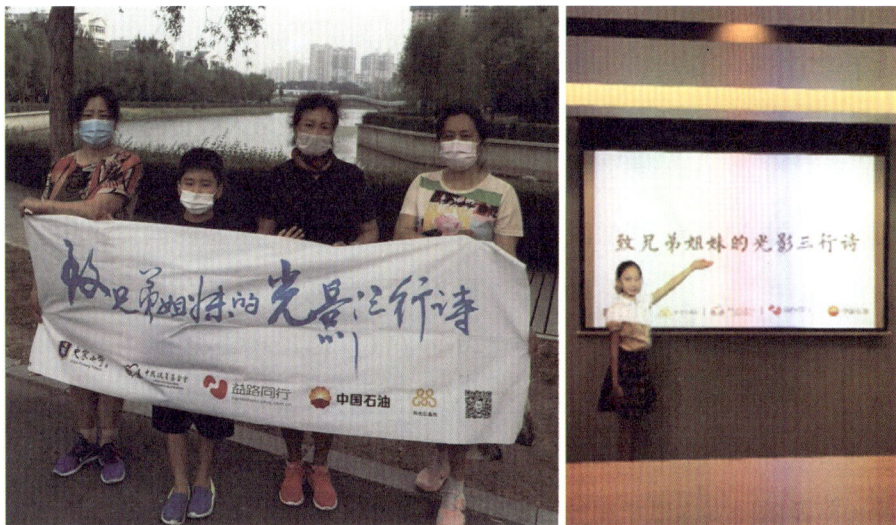

2020 年 7 月 29 日，项目组成员马千寻来到北京青年理想生活节现场，向公众宣传推广项目。2020 年 8 月 13 日，她来到珠江罗马嘉园社区。通过阐述项目内容，宣讲项目意义，呼吁人们关注活动。

　　第三阶段（2020 年 8 月 1 日至 2020 年 9 月 13 日）：展出实施阶段。在家长志愿者的协助下，项目组落实了北京朝阳大悦城为项目成果展现的主展区。在展陈设计师的辅助下，将征集到的作品进行编辑、设计，最终促成了"致兄弟姐妹的光影三行诗"项目同名公益特展。

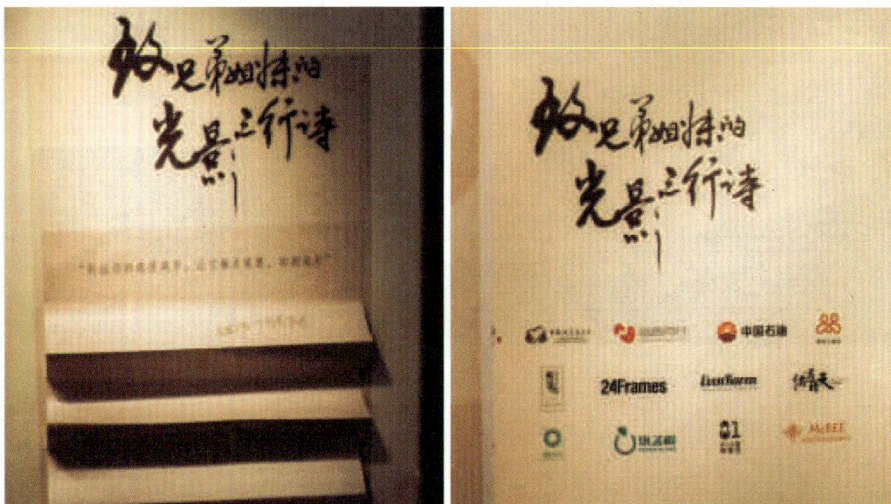

三、学生行动日记——记录公益之花盛开全过程

学生行动日记精选（一）

2020 年 4 月 10 日　星期五　晴

四（1）中队　温舒雯

记得二年级第一次参加公益项目的时候，很多工作还不会做，需要爸爸妈妈们帮很多忙。今年已经是我们第三次参加公益项目活动了，一路走来，我们在其中收获很多，也得到了很多锻炼。所以，这次的项目工作，爸爸妈妈们放手让我们自己来做。比如，这次调查问卷的设计，第一步就是要充分了解和明确调研的目的与内容，为此我们认真讨论了调研的目的、主题和理论假设，并仔细研究方案。在进行问题设置的时候，我们几个成员还展开了激烈的讨论，因为大家都想获得更多更全面的信息，以方便项目活动信息的统计。但是另一些同学说，如果问题太多太长，可能很多人不能坚持全部填写，这样有效问卷的采集就成了一个问题。大家说得都有道理，该怎么办呢？后来通过搜集资料，充分讨论，我们将问题具体化、条理化，最终采用了封闭性问题与开放性问题相结合的方法，合理设置问

题。这样参与问卷的人可以在很短的时间答完，同时也可以达到我们的调研目的。

最终，问卷设计得很成功，得到了爸爸妈妈和大家的认可，我们很开心。

学生行动日记精选（二）

2020 年 6 月 6 日　星期六　晴

四（1）中队　马千寻

昨天北京宣布防控疫情等级将在 6 月 6 日零点起由二级降为三级，我和小伙伴们高兴坏了，这意味着我们马上就可以按照我们的原计划开展期待已久的线下活动了！今天我们分别到北海公园、筒子河沿线、西老胡同三地紧锣密鼓地开展了 3 场线下活动，收到良好的效果。尤其在北海公园，我们花费了 5 个小时向往来的游人积极宣讲我们的公益项目，并通过推广公众号、填写电子调查问卷等方式让大家了解我们的项目初衷和目标。烈日炎炎，北海公园内的很多游人都停下游玩的脚步，静心聆听我们的介绍，并在宣讲之后参与其中。当人们掏出手机积极参与我们的调查并关注我们的活动内容，甚至给予高度评价时，我们内心别提多高兴了。记得有位阿姨在扫码后微笑着对我们说："你们真厉害！没想到小小年纪就有这么好的主意，想到做公益！我回去一定让在国外的女儿也参加你们这个活动。"这让我们更加坚信公益必须靠践行才能得到最大限度的参与。

当然，宣讲和调研的过程并不总是一帆风顺，也有一小部分游客缺乏倾听和参与的耐心。所以每过一段时间，我们就会在分组行动后聚集一会儿，讨论讲述的风格和方法，以吸引大家的关注，也取得了相应的效果。这可真是有意义又充实的一天啊！

学生行动日记精选（三）

2020 年 6 月 7 日　星期日　晴

四（1）中队　李奕彤

今天，我开始拿着条幅在社区做宣传。

第一个宣传对象是小区保安张爷爷。他是个爱笑爱聊天的人，也是个热心肠。虽然他远离家乡在北京打工，但是经常会和家里人通电话。在听了我的讲解宣传后，他表示手足亲情很可贵，很支持我们的项目，成为我在社区宣传过程中的扫码第一人。

第二个宣传对象是我的好朋友嘟嘟。"二胎"政策放开以后，他妈妈给他生了个妹妹，从此他不再孤单。平时他的爸爸妈妈会给他和妹妹拍很多照片。他听说了我们的项目后，决定挑选一张自己和妹妹的合照，再写一首三行诗，当作一份礼物送给自己的小妹妹。

第三个宣传对象是位美国人，是二中的外教。他平时独来独往，显得很孤独。我在妈妈的帮助下用蹩脚的英语和他解释了我们的项目。没想到他非常感兴趣，连说了几个"interesting（有趣）"。他说他很思念美国的姐妹，尤其是疫情期间他很担心她们的安危。虽然他看不懂中文，但还是在我的热情帮助下填写了问卷。

通过今天的社区活动，我发现不同年龄、不同国籍人们的心里都蕴藏着他们对家人最深沉的思念和爱。希望我们的项目能唤醒更多人内心最美好的情感。

四、学生反思工具——从回望中汲取前行的力量

学生反思精选（一）

姓名：黄煜洋　时间：2020 年 6 月 6 日

提案名称：致兄弟姐妹的光影三行诗

发生了什么	有何感受
我们在西老胡同宣传时，碰到了一位毕业于史家小学的老校友，他参观我们的展区时兴致勃勃地讲述了过去在母校的生活。叔叔很羡慕我们，在他们读书的那个年代，没有这么好的公益活动参与机会	在西老胡同宣传时，因为是下午时分，胡同里的人比较少。我们刚开始有点沮丧，不知道怎么才能完成宣传工作
有哪些主意	**有哪些问题**
胡同里虽然往来的路人少，但是有快递员叔叔阿姨，还有一些社区管理员，之前看到他们匆匆忙忙的，没敢打扰。后来终于抓住机会，邀请他们到展位来，大家很热情地参与了我们的活动	受一些现实情况影响，活动地点的人流量不大。如果下次再组织和社区有关的活动，可以尝试提前和胡同所属的社区联络，请他们帮忙组织更多的人参与到项目中

教师评语

做事的过程往往不会一帆风顺，可能随时会遇到一些突发情况。不过老师很高兴看到你们在遇到困难时，能够第一时间调整并尝试找出解决问题的方法，为之后的宣传积累经验。相信在下一次实践活动中，你们会做得更好！

学生反思精选（二）

姓名：罗悠可　时间：2020 年 6 月 13 日
提案名称：致兄弟姐妹的光影三行诗

发生了什么	有何感受
2020 年初，突如其来的疫情打断了人们正常的生活。弟弟过年前去了西安，由于疫情，他不能回北京。本来计划和他要完成的三行诗的事，也搁浅了	我与弟弟被隔开了近 2 个月，这段时间我很想念他。我还没有和他分开过这么长时间。这也让我更加明白了这个活动的意义，兄弟姐妹之间的情感是无可替代的
有哪些主意	有哪些问题
疫情期间，虽然有些人被分隔开了，但是情不会断。我们发起线上的交流活动，大家通过视频工具，和自己的兄弟姐妹以及亲朋好友聊天问候。同时也可以为对方创作一首三行诗，寄托美好的情感	活动的主要成果是三行诗集。其实还可以去采访一些有兄弟姐妹的人，让他们讲述兄弟姐妹间的故事，然后把这些故事收集和编写进诗集，这样会更加具有感染力

教师评语

你在活动开展的过程中生发出的想法——收集兄弟姐妹之间的故事，很有意义。相信每张照片、每首诗作的背后一定有它独一无二的回忆和感情。有可能的话，可以在后续活动中尝试一下！

五、家长感悟——在公益服务中和孩子一起成长

家长感悟精选（一）

情感发芽　能力生花

马千寻家长

"这几个孩子也太棒了吧？公益方案又入选了？"2020 年初，在微信里号召亲友们为孩子们的公益项目攒花集油投票时，熟悉这一切的亲友们无

不这样感慨回复。

的确，孩子们从二年级到四年级，从 2017 年到 2020 年，每年参加益路同行公益活动，不仅让作为家长的我一路见证，也让周围的人所熟知。为什么总是这群孩子？这群孩子的方案为什么总能打动人心？我想这就是"益路同行"和"服务学习"的意义。

回看这几个孩子 3 年来的公益创想提案，不难发现其中的规律，那就是由"家"及"国"，"家""国"相连，由"情"及"人"，由"人"触"情"。我认为二年级时他们发起和参与的"守护家书"创想尤为重要，这项活动给了孩子们全新的公益角度和公益意识，它如同一颗种子让"情感""情怀"在孩子们心中发了芽，让孩子们知道公益不是单一的捐款捐物，还可以延伸到温暖人心、拥抱情怀这个层面。所以之后的"三代童年看变迁"以及现今的"致兄弟姐妹的光影三行诗"更像孩子们在公益的土壤里，不断让情感的小芽蔓延生长，变成了枝、长出了叶的过程性结果。于是，遇到公益提案的汇集时刻，孩子们很自然地在"情感"的氛围里找到能产生共情的创想灵感。这样的公益课程就如同一节情感课，让孩子们对己、对人、对家、对国有了多维度的感知，他们经历了调研、宣讲多重锻炼，远胜过父母的言语教育和观念引导。

除了"情感"上的收获，孩子们"能力"上的成长也是尤为明显的。2020 年是他们参加益路同行以来尤为特殊的一个年份，疫情打破了他们以往执行公益项目累积起来的经验和办法。如何利用现有条件去实现最初的公益目标，孩子们的确下了一番功夫，进行了较为全面的思考。电子调查问卷的设计、网络会议的分工、线下活动的宣讲……诸多环节里，他们的独立行动能力、逻辑思维能力、团队协作能力、随机应变能力、口头表达能力都有了不同程度的提升，给了我们这群家长不小的惊喜。二年级时他们是"希望你可以帮帮我，我可能这样做"的状态，三年级时他们成长到

"我可以这么做"的状态，而今，他们则显现了"如果那样不行，我其实可以这么做"的实力。我想这就是家长作为辅助者、见证者最欣慰之处。

10 场线下活动、100 个作品、过千次浏览、上万次关注……特殊时期，孩子们仍然超额完成了既定目标，交出了漂亮的答卷。这不是止步，而是公益路上的又一次出发。如果可能，我期待继续见证他们在公益践行道路上一个又一个情感发芽、能力生花的时刻！

家长感悟精选（二）

遇见亲情　遇见诗

温舒雯家长

温舒雯是独生子女，但是我和她的妈妈都不是独生子女。我有弟弟，她的妈妈有姐姐，平时来往都非常多，关系融洽。她和她的二叔和姨妈关系都非常亲密。当这个项目启动时，她对于兄弟姐妹的感情并不陌生。不一样的是，她自己的朋友圈，更多的是同学、朋友。国家放开了"二胎"政策，她身边的好朋友很多有了自己的兄弟姐妹，是时候宣扬这份情感了。

因为有了前两次的经验，所以这次的活动，几位家长商议决定从制订方案到具体实施，都由孩子们自己来做，家长只做好配合和必要的支持。

疫情打乱了孩子们的原定计划，同时也提出了新的挑战——考验他们的应变能力。很开心的是，我们很快就看到了孩子们的行动。疫情期间，大家习惯了用视频进行交流，无论是亲人间的情感沟通，还是工作交流。项目组成员也都学会了用微信视频会议，一起设计调查问卷，一起制订宣传计划，一起分享各自兄弟姐妹的故事。大家通过各种渠道进行宣传，温舒雯通过视频向远方的亲戚介绍了这个活动。此外，项目组的小朋友们还在条件允许的情况下，各自在自己的小区开展小型的线下活动。疫情好转后，孩子们在北海公园组织了一次线下活动。项目组成员向游人主动介绍项目，听他们的故事，也邀请他们一起传播亲情。

三行诗很短，爱却很长。在真情面前，每个人都是最好的诗人。感谢这个项目，让我们遇见亲情，遇见诗。

六、帮扶对象——公益服务社会，爱心连接你我

帮扶对象感言精选（一）

观展者王艺潼："疫情在家的日子无意间刷到了'致兄弟姐妹的光影三行诗'活动，觉得有趣又感动。告诉大儿子后，他欣然写了人生中第一首送给弟弟的诗。作为独生子女的一代人，对于'兄弟姐妹'似乎有点陌生，快速的生活节奏让生活在天南海北的'我们'很少联络。美好，应该被记录。这个公益活动因为疫情转为线上方式。这不仅体现了组织者的应变能力，也让我们感受到了活动的新颖和内在意义。"

帮扶对象感言精选（二）

观展者黄昆："作为一个已婚已育的'80后'，我常常在思考一个问题：我到底该怎么去了解这一代的孩子们呢？他们生长在信息爆炸、资源丰富的时代，他们是更有视野还是更为浮躁？他们是更加专注还是更容易被五颜六色的世界所吸引？直到我看到了在朝阳大悦城举办的'致兄弟姐妹的光影三行诗'，心中有了明确的答案。当我知道这是史家小学四（1）中队的几个孩子的创意的时候，我惊讶于少年们的潜力是如此巨大！他们拥有新时代的优势，思维灵敏、执行力强、善于沟通与协作；他们又传承着中华民族那些深邃而悠远的优秀品德，比如感知爱、理解责任与亲情并且把这些情感化作诗意呈现，让我们这些成年人都心潮澎湃。孩子们，为你们点赞！"

七、成果展示——公益，我们一直在路上！

"致兄弟姐妹的光影三行诗"服务学习项目自开展以来，累计举办 10 场活动，得到社区居民、参观者的肯定和好评。北京电视台新闻频道《都市晚高峰》栏目、人民日报社《中国经济周刊》官方网站、腾讯网等多家媒体对项目进行了报道，形成了积极的社会影响。因表现突出，项目最终获得了由中国扶贫基金会颁发的"益路同行·优秀公益创新团队"奖。

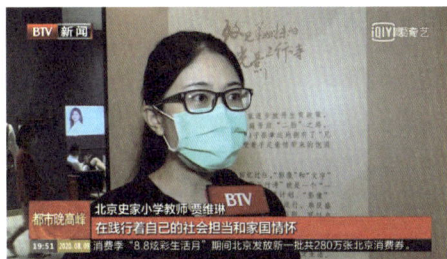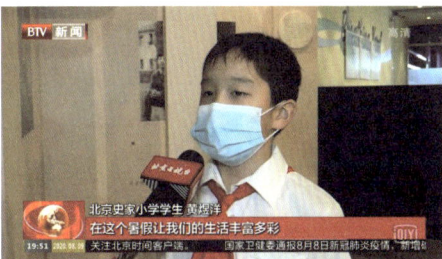

北京电视台新闻频道《都市晚高峰》栏目对项目进行报道

人民日报社中国经济周刊官方网站对项目进行报道

四尺花台乐趣多

"四尺花台乐趣多"服务学习项目由史家实验学校六（6）中队孙怿昕同学发起，六（6）中队全体成员共同参与完成。项目指导教师为史家实验学校谷思艺老师。"四尺花台乐趣多"项目自2019年12月发起，至2020年6月顺利完成。项目组通过绘制精彩的画报、拍摄微视频、发布公众号、进社区宣讲等方式，宣传生态理念和环境保护的重要性。疫情好转后，项目组先后走进新中街社区、东环社区进行宣讲，提出花台建议，指导社区居民使用花台美化社区环境，并寻求与社区的合作机会，一起策划落实花台的搭建。

一、指导教师推荐序

随着现代城市生活质量与居民需求层次的提高，美化城市景观、改善城市生态已成为当前城市可持续发展的重要内容之一。而像北京东城这样的老城区，想要做好城市绿化并不简单。老城区人多、车多、建筑物多，地少、绿化少的情况非常普遍。在加快城市发展的同时，如何搞好老城区绿化，已成为每一个城市建设者关注的问题。

怎样把"难点"变成"亮点"？如何让生活在老城区的人们欣赏到自然的美、感受到城市的温度成为中队孩子们思考的话题。于是，孙怿昕同学提出了"四尺花台乐趣多"项目，希望将我校的生态理念以及所学到的园艺知识、园艺技能推广到社区之中，指导社区居民建设多样的、有创意的、有社区特色的花台或自然装饰物，装点社区环境，装点自己的生活，让人们获得更多家一般的幸福感和归属感。

少年战"疫"，担当有为

2020年新春伊始，突如其来的新冠肺炎疫情给国家和个人带来严峻的考验。此次疫情的发生，更是让人们对人与自然的关系进行了深刻的反思，项目组的孩子们也深刻地认识到推广生态理念、共建和谐自然生态社会的重要性，这更加坚定了孩子们做好项目的决心和信心。疫情期间，孩子们虽不能见面，但对项目的热情不减，开展了一系列线上服务学习活动。他们结合疫情形势和园艺知识，积极推广生态理念，为抗击疫情贡献着自己的一份力量。

共同研讨，积蓄能量

为了设计出更合理、更有实用性的花台，同学们查找了大量的资料，购买相关书籍，学习各种植物知识和养护方法，分享设计理念，为疫情后的线下活动积蓄能量。项目组的同学们每周开一次例会。通过一次次的讨论，花台设计指南越发完善，同学们从花台样式、花卉选择、护理养护等不同的角度，全方位地进行考量，让方案更有实用性和可行性。这样的学习也让同学们渐渐意识到老城区的绿化不在于开辟了多少绿地，而在于动了多少脑筋，这样的学习也培养了孩子们的逻辑思维能力和设计规划能力。

心系祖国，心怀天下

在疫情严峻的特殊时期，项目组的少年们也心系着国家，心系着奋斗在抗疫一线的活雷锋们，心系着默默奉献的英雄城市——武汉。在学雷锋日和清明公祭日，他们特别推出了系列专题宣传。除了对国内疫情的担忧，孩子们还心怀天下，牵挂着世界各地的小朋友。因此，项目组成员一起制作双语小报，向世界各国的小朋友宣传居家防控常识和心理健康知识，希望通过自己的努力，为世界战胜疫情贡献自己的力量！

		英雄事迹	花语	花	录制视频的同学
英雄的城市	武昌起义	辛亥革命推翻清王朝第一枪	第一枪	牵牛花	石中琦
	二七大罢工	共产党成立后领导的第一次工人运动	跟党走	向日葵	向政霖
	武汉会战	抗日战争中时间最长、规模最大、牺牲最惨烈的会战	牺牲	菊花	杨佳屹
	闻一多	内战期间被国民党暗杀，武汉大学樱花广场有闻一多先生塑像	坚贞不屈	竹子	佟逸飞
	1998年水灾	长江发生大洪水，武汉人抗击洪水	坚韧	仙人掌	吴靖睿
英雄的人民（抗疫）	最美逆行者	医护人员	感谢	百合花	王孟奇
	各行各业	公安干警、解放军、基层干部、快递小哥、志愿者、医院建筑工人等	感恩	康乃馨	张梓欣
	全体市民	为封城而作出的牺牲，国家领导人到武汉后特意去小区慰问市民	祝福武汉全体市民	梅花	张亚旸

每每回忆这几期公众号，我都会无限感慨，孩子们用行动诠释着：有家国情怀，行少年使命。在疫情期间，在严峻的考验面前，他们飞速成长！

复课后，孩子更是带着这样的责任走进了新中街社区和东环社区。虽然由于疫情所限，没有太多的社区居民来听宣讲，但孩子们依然精心准备，将项目的生态理念和学习到的园艺知识、养护技能、花台设计指南，一一传递给了社区工作人员，为社区的绿色建设贡献自己的力量。

尤其值得一提的是，项目引起了东环社区居民强烈的共鸣和极大的兴趣。社区正逢改造，花台项目既可行又实用。社区希望我们的项目在史家实验学校传承下去，能在未来一起合作。这让我和孩子们真切地感受到，我们所有的努力都是值得的、都是有用的。从线上走到线下，从学校走到社区和社会，孩子们有想法、爱祖国、勇担当，在服务中学习，在实践中成长。学思践悟，益路同行，未来继续努力！

指导教师：谷思艺

二、创想梦工厂——种下一颗公益的种子

（一）创想动因

东城区是北京的老城区，每天放学后，项目发起人孙怿昕走在回家的路上，看到学校周围老旧的建筑、灰白色的砖墙，这常让他感到十分压抑。然而每当看到一些绿意盎然的灌木，他的心情瞬间又畅快起来。联想到校内丰富而吸引人的园艺心理课程，他的脑海里萌生了一个想法——把校内园艺心理所学，通过栽种植物这种方式，帮北京老城区做些装饰，改善那些墙壁的面貌，用一件小事来推动城市的大发展，同时也能使更多的居民拥有好心情。因此，他发起了"四尺花台乐趣多"项目，希望将所学到的园艺知识、园艺技能推广到社区，指导社区居民用花台装点社区环境，同时达到美化城市、绿化城市、保护城市、丰富城市、节省城市空间的目的，为共建和谐生态社会出一份力。

(二)团队介绍

发起人及总负责人	孙怿昕	史家实验学校六（6）中队委，性格开朗，热心公益，爱好广泛，有较强的领导能力和策划能力
团队伙伴	石中琦	史家实验学校六（6）中队委，为人踏实、能干，善于思考，十分细心，在项目中负责财务工作
	向政霖	史家实验学校六（6）中队长，积极主动，在项目中负责宣传工作
	张亚旸	史家实验学校六（6）大队委，擅长绘画，协助线上活动组织，在项目中负责组织工作
	张梓欣	史家实验学校六（6）中队委，活泼开朗，在项目中主要负责财务工作
指导教师	谷思艺	史家实验学校六（6）中队班主任，热心公益，充满活力，拥有乐观的创新教学方法，关注性格培养。在活动中给同学们提供有效建议，完善项目计划

(三)实施过程

"四尺花台乐趣多"项目自2019年12月发起，至2020年6月圆满结束。共分为筹划准备、疫期防控宣传、社区宣讲、总结反思四个阶段。

第一阶段（2019年12月1日至2020年1月31日）：筹划准备阶段。在这一阶段，项目组成员初步制订了花台设计和宣传方案，为接下来的社区宣讲活动做好准备。他们查找了大量的资料，购买相关书籍，学习各种植物知识和养护方法。

第二阶段（2020年2月1日至2020年5月31日）：疫期防控宣传阶段。在这一阶段，成员们注册并开通项目微信公众号，以每周一期的进度对外宣传环保生态理念、园艺心理知识。公众号主要分四大类："传承节气文化，推广生态理念""心系祖国，心怀天下""花台设计，花卉搭配"和

"园艺小课堂"。

公众号类别之一："传承节气文化，推广生态理念"。

项目组成员一起学习二十四节气知识，结合疫情防控，制作宣传小报，先后开展了"阳春三月惊蛰到，花台映暖驱严寒""春分盼：山河无恙，人间皆安""清明播种敬英雄""雨生百谷即将至，诗词植物正当时""小满·五二零"等栏目，为人们带去节气知识、应季养生方法，更为大家带去抗击疫情的信心与力量。

公众号类别之二："心系祖国，心怀天下"。

在学雷锋日，项目组带领全班同学重温雷锋精神，寻找身边榜样，学习身边的雷锋——妈妈们的故事。在清明日——国家公祭日，孙怿昕同学结合清明节气特点——种瓜点豆，以及疫情时事设计了"英雄的城市，英雄的人民"专题系列报道。

妈妈的故事---雷锋精神代代传
四尺花台乐趣多 2020-03-04

这周的例会恰逢雷锋57周年纪念日前夕，我们项目组邀请同学们开展了一次有意义的活动，大家一起学习雷锋精神，寻找新时代新雷锋。

首先，我们通过观看电影《雷锋》，认识雷锋叔叔，学习雷锋好榜样。同学们分享了电影观后感，抒发自己对雷锋叔叔的敬佩，表达传承雷锋精神的决心。

我们班王孟奇的妈妈是一名公务员，在这段特殊的日子里——疫情期间，她妈妈参加了值守工作。他们的工作很多，比如：排查本小区居民与其车辆，来访人员与其车辆及返（来）京人员与其车辆；还要指导快递、外卖人员将配送物放至指定地点，实行"无接触配送"。不仅工作多，他们的工作要求也很多。他们要严格、规范、文明值守，避免与居民引起冲突。她妈妈每天都要站六个半小时的岗，一周只能休息一天，非常辛苦，我们都很心疼她。

瞧，这就是她们辛勤工作的见证！

作为新时代的我们，应该传承雷锋精神，让雷锋精神代代传！
下面是30后和00后的故事：

4月，项目组成员一起制作了双语小报，向世界各国的小朋友宣传居家防控常识和心理健康知识。

公众号类别之三："花台设计，花卉搭配"。

项目组从花台样式、花卉选择、护理养护等不同的角度，全方位地进行考量，使花台设计指南更有实用性和可行性。

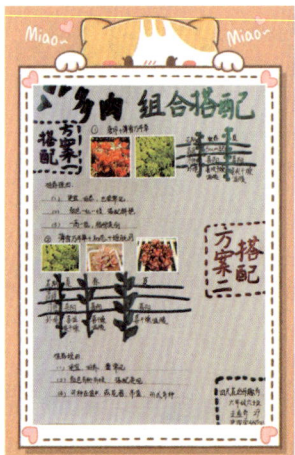

公众号类别之四："园艺小课堂"。

项目组将种植花草的所学所得绘制、梳理成"园艺小课堂"，以更好地宣传园艺生态知识，指导更多人亲手栽种植物。

第三阶段（2020年6月1日至2020年6月10日）：社区宣讲阶段。在这一阶段，项目组成员走进新中街社区、东环社区开展宣传，提出花台建议，指导更多的人使用花台美化社会；并与社区合作，一起策划落实真正的花台搭建。

2020年6月4日，项目组走进新中街社区居委会开展宣讲活动。他们将生态理念、园艺知识、养护技能、花台设计指南等传递给了新中街社区居委会的工作人员。

2020 年 6 月 8 日，项目组走进东环社区居委会宣讲活动，正逢社区改造，花台项目既可行又实用。社区希望此项目在史家实验学校能传承下去，在未来一起合作。

第四阶段（2020 年 6 月 11 日至 2020 年 6 月 15 日）：总结反思阶段。活动实施完成后，项目组全体成员对活动进行梳理，总结经验，交流感受，分享所学和收获，深刻意识到服务学习项目是真正可以造福社会的。

三、学生行动日记——记录公益之花盛开全过程

学生行动日记精选（一）

2020 年 4 月 4 日　星期六　晴

六（6）中队　向政霖

今天，我们项目组开了一周一次的例会。今天的主题是清明节。经过大家的讨论，我们把主题定为"清明播种敬英雄"。孙怿昕同学给我们每个项目组成员发放了植物的种子。我们准备结合英雄城市武汉的大事件及其相关的花语来播种植物、介绍植物。我要介绍的植物是向日葵。

一切都准备完毕，要开始录视频了。我的任务是讲述"二七大罢工"事件。我查找了花语是"跟党走"的向日葵的资料，准备给大家科普向日葵的小知识。录制刚开始时，我感觉十分紧张，很害怕念错台词，在大家面前丢脸。过了一会儿，我渐渐地放松了些，不再像之前那么紧张了。视频录制过程非常顺利。录制完后，我下载了一个叫"剪映"的软件，用来后期编辑我的视频。剪辑、倍速、插入、排版，一气呵成。

在不懈努力之下，我终于完成了我的作品。我感到非常有成就感。

学生行动日记精选（二）

2020 年 6 月 8 日　星期一　晴

六（6）中队　张亚旸

今天，我们"四尺花台乐趣多"公益项目走进了东环社区。这是第二次进社区活动。

放学后，在谷老师的带领和家长的陪同下，我们项目组的同学们一起踏上了去东环社区的路。虽然今天天气很热，同学们还拿着宣传的易拉宝、

扇子、环保袋，但都很开心、兴奋。在排练时，大家都很认真，从备场到串词，一个漏洞都没有。虽然没有第一次那么紧张，但是心中还是有点慌张的。下午 3 点半，宣传正式开始，同学们的词背得很流利，没有一点差错。通过同学们的不懈努力，活动获得了社区工作者的认可，5 位社区工作人员频频点头。下午 4 点半活动结束。

我很喜欢今天的活动，它得到了居委会工作者的认可。我很自豪、快乐，感觉这样的活动很有意义！

四、学生反思工具——从回望中汲取前行的力量

学生反思精选（一）

姓名：石中琦　时间：2020 年 6 月 10 日
提案名称：四尺花台乐趣多

发生了什么	有何感受
疫情期间，项目组成员绘制了精美的小报，发布了 16 期公众号，还制作了宣传扇、易拉宝、花台指南等宣传物品并进行发放。让所有人携起手来，共建和谐生态社会！	在活动期间，我知道了做项目并不是件简单容易的事情。同时，我也意识到了存在的问题。例如，宣传知识不充足；有很多想法，但是大部分不切合实际；一些好的想法没有合适的渠道实施
有哪些主意	**有哪些问题**
为了吸引人们更加关注、喜爱我们的公众号，我们在扇子上添加了公众号中所介绍的花语类谜题，让大家在猜谜语中学习知识，并支持我们	因为疫情原因，宣传物品没有办法发出去，我们只能做到有限的宣传，所以宣传力度很小，没有太多人关注我们的项目

教师评语

较为准确地描述了学生个人对项目的感受、思考及问题。疫情对项目的策划、执行、落实造成较大影响，可以看出孩子自我要求高，有想法、有干劲、期望大，建议多尝试开展学习服务项目

学生反思精选（二）

姓名：张梓欣　时间：2020 年 6 月 11 日
提案名称：四尺花台乐趣多

发生了什么	有何感受
疫情期间，由于居家隔离，我们在线上开了例会，并实践起来——种植植物，发表公众号。我们进行了很多次例会，包括一次项目总结会，共发表了 16 篇公众号。制作了环保袋、扇子以及宣传手册，提倡生态理念	在项目开展中，我们学到了很多知识。我还学会了发现不足并改正。比如，我发现我的宣传内容不够吸引人，由此我知道了要讲一些切合实际、能落实的方案。同时我学会了听取别人的意见来取长补短。在社区活动中，其他组员对花草的深入讲解得到了老师们的赞扬，我也要向他们学习
有哪些主意	有哪些问题
让社区居委会工作人员帮我们宣传。这也会给我们一些实践的机会，让我们更好地展示风采，让更多的人喜欢、支持我们	受疫情影响，我们没有太多机会去实践，只能进行简单宣传，项目没有达到预期的宣传目的

教师评语

　　较为准确地描述了学生个人对项目的感受、思考及问题，尤其是体会到真情实感。学生克服困难、积极思考，发挥主动性，将想法变成现实，在学习服务中成长

五、家长感悟——在公益服务中和孩子一起成长

家长感悟精选

种子的力量

孙怿昕家长

作为家长，在积极配合孩子做项目、陪伴孩子成长的同时，我的内心

也经历了一个波澜起伏的过程。当孩子踌躇满志地和同学们设计项目参选时，我多少有些将信将疑；当团队披荆斩棘，经过复杂严格程序入选时，我感觉或许是运气；当孩子独立撰写项目书、策划小组会、构思落实活动时，我开始感受到孩子正在成长；当孩子面对困难愁眉不展、为赶进度熬夜撰文、团队意见分歧行动不一致时，我真想自己上阵帮孩子一把……

自活动开展以来，孩子们一周一篇，共撰写出近20篇紧扣植物养护、时令节气、抗击疫情及英语学习等多主题公众号文章；群策群力，制作出各种特色宣传品、展示品，并刊印资料进行总结汇报。在最近一次交流总结中，孩子们说："尤其值得一提的是，我们的项目引起了东环社区强烈的共鸣和极大的兴趣。在问答环节，社区的叔叔阿姨们纷纷表示，正逢社区改造，花台项目既可行又实用。社区希望我们的项目在史家实验学校传承下去，希望能在未来一起合作。我们真切地感受到，我们所有的努力都是有用的，我们的项目是有意义的，四尺花台终于可以绽放了！"此刻，我被深深打动，孩子长大了！

有坚持就有绽放！当孩子提出这个项目构思时，可能在脑海里就是一个念想，而这一念或许是史家实验学校"生态、均衡、改善"理念多年润物细无声在孩子心中种下的种子，可谓空气养人、文化育人。感谢学校和益路同行提供的平台，再次让家长看到种子的力量！

六、帮扶对象——公益服务社会，爱心连接你我

帮扶对象感言精选（一）

新中街社区居委会张颖书记："孩子们虽然很小，但项目活动丰富、立意远大，体现出家国情怀，非常有意义。孩子们用心宣讲，努力学以致用。

我们平时接触的多是中老年人，和孩子们在一起非常开心！很高兴'四尺花台乐趣多'项目来到咱们新中街社区，此时恰逢'六一'和疫情好转，也是数月来我们社区搞的第一场交流活动，很特殊。欢迎孩子们以后常来，祝孩子们像四尺花台的花一样茁壮成长！"

帮扶对象感言精选（二）

东环社区居委会岳绍林副书记及工作人员："项目设计非常巧妙，尤其是将节气、四季、文化等结合起来，很有意思。东环社区下辖不少老旧地段，目前正在有针对性地进行改造，同学们的项目非常适用、可行，可以帮助我们将一些社区楼段的改造打磨得更好，是个大好事。希望你们的项目能够在史家实验学校传承下去，我们可以进行合作，通过具体的实践进一步传播生态理念、美化社区、装点生活。"

七、成果展示——公益，我们一直在路上！

"四尺花台乐趣多"项目组通过绘制精美的画报、录制微视频、发布公众号等方式，宣传生态理念和保护环境的重要性。截至2020年6月，项目组成员绘制了百余幅画报，录制了十余个视频，推送了近20篇公众号，编辑了《花台指南》。项目组同学们走进新中街社区、东环社区进行宣讲，指导更多的

项目组编制的《花台指南》

人使用花台美化社会。因表现突出，项目组最终获得了由中国扶贫基金会颁发的"益路同行·优秀公益创新团队"奖章。

中国姓氏文化传承

"中国姓氏文化传承"服务学习项目由史家小学六（11）中队张筱研同学发起，六（11）中队全体成员共同参与完成。项目指导教师为史家小学孔宪梅老师。"中国姓氏文化传承"服务学习项目于 2019 年 12 月发起，至 2020 年 6 月顺利完成。项目组通过收集资料、原创自造百家姓便签本、线下与线上展示中华民族姓氏文化等多种方式，唤起大家同根同源的民族传承精神与民族自豪感，巩固家国情怀，培养责任与担当。同时，项目组还以中英文对照的方式介绍姓氏文化，进行国际交流，迈出了服务学习项目走出国门的第一步。项目组先后走进新鲜胡同党群服务中心、左安门角楼图书馆和菲律宾国家广播电视台进行线下活动，开展抗疫、学雷锋月与清明系列 3 次线上主题活动。线上与线下的活动受众达上万人。

一、指导教师推荐序

牢记祖志、传承文明是中华民族的优良传统。姓氏文化有着丰富的起源和内涵，在新的历史时期依然发挥着承载传统文化、加强沟通合作、培育道德情操、彰显民族品性和繁荣社会主义文化的重要作用。加强姓氏文化的学习和传承是增强文化自觉和文化自信、提升中华民族凝聚力和向心力的必然要求与必由之路。

家国缘起，时代传承

中华民族的国家至上观念源远流长，深入人心。国家赋予的荣誉，古代如分封、采邑、官职、赐姓等，与家族兴衰紧密相连，形成了中国特有的家国一体姓氏文化。

随着社会制度与形态的演化，我国姓氏制度发生了根本变化，其功能与价值也得到发展和创新，更加具有时代精神。在党和国家越来越重视传承发展优秀传统文化的历史背景下，发扬光大姓氏文化中的优秀传统美德和具有时代意义的文化精神，进而重视、促进下一代的健康成长是非常有必要的。家风、家训、家书也是姓氏文化非常重要的内容之一，是先祖用来规范言行、劝诫子孙、处理事务的准则。古人强调的家国一体，是将个人道德、子女教育、家庭与社会和谐、国家发展联系到一起的，有国才有家。在今天，创造性地挖掘姓氏文化的内涵，涵养良好的家风，对践行社会主义核心价值观与增强文化软实力、建立文化自信都有极其重大的意义。

整合资源，创新传承

当代姓氏文化的传承与弘扬，需要借助物质载体，打造品牌效应，即充分利用资源与文化、产品优势，通过整合资源，形成具有时代表现性和创意的物质文创产品。

张筱研同学带领班级同学积极参与学校的"创智汇"活动，连续两年孵化出原创自造产品，并以原创文创物质产品为基础，成功申请并出色完成了两届服务学习活动。2019年12月，张筱研团队原创了"中华姓氏交互便笺本"。它是以中国姓氏文化的学习与传承为目标，将汉字组合变化的动画设计与书法及便签本产品相结合，创意十足。紧接着，张筱研又以原创"中华姓氏交互便笺本"为基础，带领全班同学积极投身新一年的社会服务活动中，使中国姓氏文化以更加普及、高效的方式在人群中传播，扩大影响力，实现价值链条的延长，达到活动互相补益、协同促进的效果。经过两年的锻炼与实践，六（11）中队对公益的认识层次有所提升，即从认为公益就是捐钱捐物提升为公益更是文化、审美、精神层面的服务。

扎实服务，多元共融

在疫情中成长的"中国姓氏文化传承"项目注定更加闪光。它的特色主要体现在以下几点。

第一，有形物质产品与无形非物质活动相结合。因为我们的项目缘起于史家小学"创智汇"活动的原创文化自造产品。在左安门角楼图书馆和新鲜胡同社区举办的活动中，现场实物 DIY 自造的活动方式特别吸引人，老少皆宜。这个项目的优势还体现在打破空间局限层面上，可以将产品以快递形式送达距离远、不便到访的场所，再通过视频会议等形式进行交流。这在疫情中更是体现出极大优势。我们的服务产品还能走出国门，走进菲律宾，就充分体现了有形产品的优势。在公众号上进行线上宣讲时，姓氏文化产品又以视频动画的方式展示，传播手段多样，受众更加广泛。

第二，线上与线下相结合。在项目申请之初，发起人张筱研就拟定了线上与线下相结合的宣传策略。疫情期间，班级第一时间开视频会议，制订了项目紧密结合疫情、节日、纪念日等的宣讲思路，并推出了 3 个主题活动，分别是姓氏文化传承背景下的疫情主题、学雷锋月主题与清明系列主题活动。

第三，国内与国外相结合。因为这是六（11）团队第二次申请服务学习项目，所以在申请之初，张筱研同学就提出了一个更高的目标：带中国姓氏文化传承项目走出国门！在百家姓便签本的基础上，同学们精心准备了中英文双语版本。在中国驻菲律宾使馆的协助下，把百家姓便签本送到了菲律宾国家广播电视台，在《不一样的中国》节目中进行了宣讲。我们相信，随着全球化和不同文化之间的交流进一步加深，姓氏文化也将越来越被世界人民接受。

第四，历史与现实结合。一个国家、一个民族的生存与发展需要有精神力量的支撑。我们在清明节、学雷锋月这两个有厚重文化积淀的历史坐标中，细密编织，吸取民族能量，增强中华儿女对国家和民族的归属感与责任感。

第五，文化与创新相结合。张筱研团队在"创智汇"活动中原创的"中华姓氏交互便笺本"是一个贴近学生生活，集姓氏文化、汉字、书法、动画、功能产品为一体的非常了不起的作品。多元融合、边界拓展、服务大众是这个项目的精髓所在。也正因如此，才有更大的包容性与变通特性，推动项目在艰难时期顺利进行。

2020 年是不平凡的一年，六（11）中队由一个项目出发，进行了一次探寻，一次从赵、钱、孙、李单个姓氏汇聚出的家族、家训、家文化、家天下的探寻。在项目实践过程中，我们追寻姓氏血脉的源流与历程，并以姓氏汉字这些浓缩的符号、创新的设计与更多的华夏儿女交流，融民族根、华夏魂于一个小小的百家姓便签本与"中国姓氏文化传承"服务学习项目中。我们虽管中窥豹，但可见一斑，于一姓一字之间彰显民族自信！

指导教师：孔宪梅

二、创想梦工厂——种下一颗公益的种子

（一）创想动因

项目发起人张筱研学习百家姓，发现它的故事性很强，引人入胜。她

发现，姓氏文化包含了礼仪习俗、家谱、家祭、家法、称谓、门第、名号习俗、信仰、祠堂、图腾、故事传说等，影响着一代又一代人。她还发现，很多人只对自己的和一些常见姓氏的来源有所了解，但对绝大部分承载中华5000年文化的姓氏知之甚少。

于是，张筱研发起了"中国姓氏文化传承"服务学习项目，希望通过一系列丰富多彩的姓氏文化活动，宣传中国的姓氏文化，影响身边的人深入学习中国传统文化，并加入文化的创新实践中来，把中华传统文化更好地传承下去。

（二）团队介绍

发起人及总负责人	张筱研	史家小学六（11）中队中队委，曾发起并和同学合力完成"毛绒玩具摇椅""温暖幸福传递"服务项目，积累了丰富的经验。在项目中负责文创产品研发、生产
团队伙伴	陈扬舜颜	史家小学六（11）中队中队委，热爱公益，参加过儿童公益拍卖、爱心健步行等活动。在项目中主要负责宣讲工作
	林书乐	史家小学六（11）中队成员，善于交流，曾在通州福利院等地进行爱心帮扶活动。在项目中主要负责外联工作
	袁汝谦	史家小学六（11）中队成员，具有社区公益活动经验。在项目中主要负责姓氏文化主题重要文本的编写、PPT制作及现场中英文讲解工作
	陈盈彤	史家小学六（11）中队副大队长，有很强的表达沟通能力。在项目中主要负责宣讲工作及现场互动环节的协助工作
指导教师	孔宪梅	史家小学六（11）中队班主任，具有很强的班级活动组织与执行能力，能够在活动的具体实施和时间安排等方面给予扶持与帮助
指导专家	张　青	北京工业大学教师，长期从事城市、建筑及相关产品的设计与实施；多次带领学生参赛，具有丰富的对外沟通及项目落地经验

（三）实施过程

"中国姓氏文化传承"项目自2019年12月启动，至2020年6月圆满结束，共分为项目筹备、项目准备、项目执行和成果总结展示四个阶段。

第一阶段（2019年12月初至2020年1月初）：项目筹备阶段。这一阶段的工作主要分为两部分。第一部分，筹备加工"百家姓便签本"，进行加工工艺学习，并准备宣传横幅及线下活动所需物品。第二部分，进行"百家姓便签本"的姓氏研究与汉字变化组织，并将中文译为英文。

第二阶段（2020年1月初至2020年1月下旬）：项目准备阶段。在这一阶段，项目组进行了"百家姓便签本"印刷后的切割、装订工作，设计制作宣讲材料以及创作百家姓相声剧。

第三阶段(2020年1月下旬至2020年5月):项目执行阶段。在这一阶段,项目组利用春节前的时间,举办了两场线下活动。在疫情中后期,项目组的宣讲主要以线上公众号形式为主,并结合时事与纪念日做了3次线上宣讲。

2020年1月16日,项目组成员张筱研、林书乐及志愿者李亿来到左安门的角楼图书馆,就中国的姓氏文化、北京的姓氏发展、文创产品"中华姓氏交互便笺本"的使用等进行了介绍,并在现场示范如何使用便笺本、如何利用网络进行新的组合字的创新、如何配以软笔进行笔画的临摹。

2020年1月21日,项目组成员陈扬舜颜、袁汝谦、张筱研及志愿者陈天娇、祝婕走进新鲜胡同社区介绍了中国姓氏文化知识、文创产品的使用,并指导大家制作百家姓便签本,利用手机网络来进行新的组合字的创新,配以软笔进行笔画的临摹,让参与者深入了解中国姓氏的起源、发展、传承等。

2020 年 3 月 8 日，项目组在中国驻菲律宾大使馆的协助下，在菲律宾国家广播电台和中国国际广播电台合办的《不一样的中国》节目中进行了项目宣传与推广。

第一次线上活动："疫情当下"系列。第一篇推送《湖北姓氏文化，联系过去与现在》，以湖北地名为主题，研究了湖北的历史、湖北古姓氏以及当下湖北十大姓氏。第二篇推送《南山妙计，妙手时珍，春花烂漫，任君逍遥》，介绍抗疫名医钟南山及湖北名医姓氏研究，还介绍了湖北黄州"药圣"李时珍的成就及"李"姓由来。

第二次线上活动："传承雷锋精神，学习时代楷模，争做未来最美逆行者"。2020 年 3 月，项目组从"雷"姓研究开始，到历史上有名望的"雷"姓名人介绍，最后落脚于当前雷锋精神的学习及对逆行者鲜活事迹的学习。

传承雷锋精神，学习时代楷模，争做未来最美逆行者

六11班项目组　史家小学服务学习姓氏文化传承
3月2日

第三次线上活动："清明忆家书"系列。从 3 月 26 日至 4 月 4 日，项目组推送了 5 期公众号文章，以近代爱国人士的经典家书为主题，串联家族姓氏渊源及家书所承载的家风家训文化。清明系列分别介绍了林则徐和曾国藩的家书家训，民国时期为国捐躯的烈士夏明翰、陈毅安及王孝锡在行刑前给家人写的绝笔家书。希望通过这种形式唤醒民族共同记忆，传递家国情怀与担当。

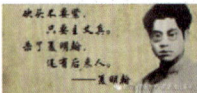

《清明忆家书》系列1——夏明翰烈士家书

《清明忆家书》系列2——林则徐家书

《清明忆家书》系列3——陈毅安无字家书

《清明忆家书》系列4——王孝锡烈士家书

第四阶段（2020年5月至2020年8月）：成果总结展示阶段。活动完成后，全体成员对活动进行梳理，总结经验、交流感受，并将团队制作的项目宣传视频发布到优酷网。结项，只是短暂的告一段落，项目组的脚步并没有停下，总结、分享、交流还在继续，项目组分别于8月3日和4日在公众号上分享了《亚洲姓氏文化系列——韩国篇》《"我的姓氏"系列——高姓研究》。

三、学生行动日记——记录公益之花盛开全过程

学生行动日记精选（一）

2020年1月21日　星期二　晴

六（11）中队　陈扬舜颜

2020年1月21日，我们"中国姓氏文化传承"项目组来到新鲜胡同党群服务中心开展中国姓氏文化宣讲活动。党群服务中心所在地是一座清代的两进四合院。这座四合院历史悠久，诸多名人曾在此居住。当我们跨过

老门槛、迈进古朴的四合院，看到了老槐树、屋檐上的小花猫，内心瞬间变得安静了，沉浸在了老北京的旧时光里。

胡同周边的小朋友们陆续来到了活动现场，我们的 5 名小志愿者按照各自分工开始工作。祝婕和袁汝谦负责会场协调、PPT 的播放。我和陈天娇负责中国姓氏文化知识的介绍，让小朋友们深入了解中国姓氏的起源、发展、传承等知识。小朋友们说以前仅仅知道赵、钱、孙、李，不知道原来中国姓氏文化这么博大精深。张筱研同学为大家介绍了项目组的文创产品"中华姓氏交互便笺本"的使用方法。然后我们现场指导大家制作百家姓便签本，并利用手机网络来进行新的组合字的创新，同时配以软笔进行笔画的临摹。在我们耐心细致的指导下，小朋友们快速地掌握了组字的方法，一张张幸福的笑脸洋溢着自信、满足与收获。我们的表现受到了大家的一致好评："史家小学的孩子们真棒！这么小年纪就开始做公益！""你们是姓氏文化的小传播者。""谢谢姐姐！我回家要告诉妈妈她的姓氏故事。"

不知不觉中，冬日的夕阳已洒满古老的小院，地上的积雪也悄悄融化，屋檐上的小花猫"喵"的一声，四处张望，横梁上的紫藤枝随着微风轻轻摆动，静候着春天的到来。

学生行动日记精选（二）

2020 年 3 月 5 日　星期五　晴

六（11）中队　张筱研

2020 年 3 月 1 日，是老一辈无产阶级革命家题词"向雷锋同志学习"57 周年的日子。

在学习、写作、绘画、宣讲的过程中，我越发感到弘扬雷锋精神、践行家国情怀的重要性和责任感。通过观察与思考，我更体会到雷锋精神不只集中在抗疫中的大人物，更体现在我们周围的普通人身上。比如医务工作者，还有更平凡的社区工作人员每天定点坚守。他们都是平凡的人。

令我惊喜的是，我的雷锋日绘画作品被美术老师推荐到了红通社，刊发在 3 月 5 日《致敬战役英雄 新时代我们这样学雷锋》的推送文章中。我们项目组也把自创自造的百家姓便签本带进社区，与社区工作人员分享姓氏文化，宣传中华民族传统文化，让每一个人都了解姓氏背后的文化积淀。

我越来越觉得我们的项目特别有意义。

四、学生反思工具——从回望中汲取前行的力量

学生反思精选（一）

姓名：林书乐 时间：2020 年 1 月 16 日
提案名称：中国姓氏文化传承

发生了什么	有何感受
我们项目组来到位于东南二环内的角楼图书馆，进行中国姓氏文化宣讲和指导百家姓便签本的制作	本年度的"益路同行"公益活动体现了"稳中求发展，发展中求创新"的中心思想。姓氏文化知识覆盖面广，条理清晰，既实用又趣味。由于我们面临毕业，学业压力大，所以没能让更多的同学参与进来
有哪些主意	**有哪些问题**
在活动现场，我们采取一对一的方式帮助老人或年龄小的孩子做百家姓便签本，同时用手机帮助他们进行网络查询	如何在今后的活动中更广泛地组织同学，发挥同学们的积极性和个人能动性，把活动组织得更为完美
教师评语	
宣讲组织过程中积极探索更广泛的传播渠道，以吸引受众，有助于更好地走进社区、深入社会	

学生反思精选（二）

姓名：张筱研　时间：2020 年 3 月 2 日
提案名称：中国姓氏文化传承

发生了什么	有何感受
项目组成员与全班同学都参加了"中国姓氏文化传承"服务学习项目的系列活动，线上和线下，国内和国外，传承和创新，这次的项目内容特别丰富	我是第二次发起服务学习活动。经过两次锻炼，我的活动经验更丰富了，能和社区很多从未谋面的人打交道。我还学会了一些电脑操作技能，可以简单地编辑文件、线上交流。除此之外，我还感受到学好英语的必要性
有哪些主意	有哪些问题
项目在从提案到执行的过程中，伴随着很多问题的提出与解决。我们做的是深入社区的社会服务活动，活动中出现了很多好主意，比如，文化传承和雷锋与清明等的结合宣讲、活动现场进行 DIY 等，效果都特别好	大家对姓氏不太了解，活动现场需要手机查找资料，但社区的有些老人和孩子没有这个条件

教师评语

活动设计得再完整，也需要根据现场的受众进行动态调整。在深入社区的过程中，需观察不同人群的行为方式，及时调整策略，更好地服务他人

五、家长感悟——在公益服务中和孩子一起成长

家长感悟精选（一）

真实的生活感悟，丰富的社会体验

陈盈彤家长

我是一名六年级学生的家长，同时也是一位有 6 年家委会会龄的家长。

史家小学这个名字在我的心目中，从 6 年前认知中的标签逐步具象成孩子茁壮成长的沃土。特别是经过从三年级开始的"服务学习　志在家国"这一史家小学特色课程的历练，我从公益活动到校园志愿服务，再到社会公益服务，经历了从"1.0"到"3.0"的转变。"服务学习"让孩子置身于真实社会情境下的学习空间，带领学生走出封闭的课堂和学校，走进真实的社会与生活，直面现实问题，引导大家学习团队协作、科学分配、高效工作，树立正确的价值观和积极的生活态度。

特别是在新冠肺炎疫情期间，孩子将百家姓的知识通过线上专题形式进行传播，以"清明忆家书"为主题，寻根溯源，缅怀先人，唤醒民族记忆，传递家国情怀与担当。

通过公益行动，文化传承、扶贫帮困、关爱留守儿童等关乎国计民生的社会发展大命题都进入孩子们的视野，无不呈现出史家学子以天下为己任的志向、责任和担当。孩子们历经项目宣讲、提案创想、项目评审、上线集赞、项目实施、反思分享等环节，真实地走进社会、实践理想，书中的颜如玉和黄金屋变成真实的人文关爱和青砖瓦砾，纸上谈兵到变废为宝，让服务与学习相遇，让服务与成长同步。

虽然孩子即将毕业，但史家给予孩子心怀家国、情系天下的情怀会伴随着她，使她在成长时空里健康起航、筑梦中华。

家长感悟精选（二）

姓氏探索走进社区

袁汝谦家长

孩子们今天的活动是通过"中华姓氏交互便笺本"，用寓教于乐的方式给朝阳门街道的小朋友们讲解中国姓氏文化的起源、发展、分布，还讲解了与姓氏文化有关的小故事。孩子们对自己的姓氏很感兴趣，希望有一天他们能对中华文明产生更大的兴趣，并继续探索。

孩子们这次对中国姓氏文化的探索，让我也深受启发。加强孩子们对姓氏文化的理解，这是每个家长的责任。对我来说，这也是一次新的学习机会。孩子们介绍"陈"姓时，说："陈姓是中国的第五大姓，陈姓始祖为妫满，是舜帝的后裔。河南淮阳是陈姓的发源地，至今淮阳仍冠有'老陈户'的别称。陈姓得姓由商朝的陈国算起，至今已有 3500 多年的历史。"经过漫长的历史长河，有多少文明的记忆已经慢慢模糊。我们这些 20 世纪六七十年代出生的人，大半生为生存奔走。也许，在物质富足环境中成长起来的下一代人中，会孕育出一批学贯中西的大家。

在这次活动之后，袁汝谦还查了亚洲其他国家的姓氏，试图找到它们与中华文明的共性和区别。这也正是这一代青少年的优势，他们能获得更广泛的资源信息，思维更发散，更能突破思考的边框。希望他们的探索能推动人类文明进步，在推动人类的共同福祉方面走得更远。

六、帮扶对象——公益服务社会，爱心连接你我

帮扶对象感言精选（一）

角楼图书馆小读者薛楚好："史家小学的大哥哥、大姐姐为我们宣讲的中国姓氏文化通俗易懂，让我知道了姓氏文化的历史和演变。原来姓氏这么有意思。他还用手机帮我查找我自己的姓氏起源和后来的分布。他特别有耐心，还教我在便签本上一笔一画地写下我的姓氏。这次活动，让我们深入了解了中国姓氏文化的悠久历史和丰富内涵。非常感谢哥哥、姐姐们精心的准备和辛苦的付出。谢谢你们！"

帮扶对象感言精选（二）

东城区第二图书馆少儿部的小读者王一文："今天我很高兴参加了一个

公益活动——中国姓氏文化宣讲活动。我是和爷爷一起去的。大哥哥的讲解，不但我喜欢听，爷爷也很感兴趣。我最喜欢将我在网上找到的姓氏一笔一画地写在便签本上。爷爷也找着、写着，非常忙碌，还不时地摇头或思考。我们特意多领了两本，准备拿回家继续学习研究。感谢你们组织了这么好的学习活动，我们很喜欢！"

七、成果展示——公益，我们一直在路上！

"中国姓氏文化传承"服务学习项目得到社区居民、图书馆读者及驻菲律宾大使馆官员的肯定及好评。项目组设计制作了文创产品"中华姓氏交互便笺本"。项目组还通过微信公众号，定期发布原创文章。因表现突出，项目组最终获得了由中国扶贫基金会颁发的"益路同行·优秀公益创新团队"奖章。

文创产品"中华姓氏交互便笺本"

战旗在我心　传播在我行

　　"战旗在我心　传播在我行"服务学习项目由史家实验学校三（8）中队孙丹晴同学发起，三（8）中队全体成员共同参与完成。项目指导教师为史家实验学校祁冰老师。项目自 2019 年 12 月发起，至 2020 年 6 月圆满结束。疫情期间，项目组制订了"以弘扬战旗精神为核心，以抗击疫情等重大题材为重点，将学习与实践紧密结合"的"云"服务学习活动计划，编写项目宣传手册，以微队课、在线中队会、自编快板、拍摄定格动画、诗歌、音乐、绘画、书法等形式，向社会传播"牢记使命，勇于担当，不畏困难"的战旗精神，让"战旗精神"成为引导人们牢记历史、不忘过去、缅怀先烈、面向未来，激发爱国热情、凝聚奋进的力量。自项目实施以来，项目组举办了 7 场线上活动，进行了 11 次媒体宣传，共收到 434 份有效问卷；项目组先后走进东环社区、新中西里社区、天通苑社区等地进行项目宣传。北京日报 App、"网易教育综合"公众号等多家新闻媒体对项目进行了报道。

一、指导教师推荐序

　　三（8）中队的"战旗在我心　传播在我行"服务学习项目以中华人民共和国成立 70 周年庆典上飘扬的百面战旗为关注点，旨在探寻战旗精神、学习战旗精神、弘扬战旗精神，将所学知识与服务社会相结合，践行社会主义核心价值观，"立大德，做新人"！

学习是项目的起点

2019 年 12 月 23 日，项目刚通过评审，三（8）中队就召开了主题中队会，开始了对战旗精神的学习。中队还邀请了原空军大校李源爷爷为大家讲述战旗的故事，以这样生动直观的方式领悟战旗精神，为之后服务学习项目的开展打下了坚实的基础。

项目成功通过评审，激发了三（8）中队队员和家长们的热情，整个中队各个家庭的百余部手机参与了为项目"加油"活动，同时，大家还积极发动亲朋好友，让更多的人参与转发和"集油滴"等活动。2020 年 1 月 1 日，服务项目成功上线。

2020 年新春伊始，新冠肺炎疫情来袭，项目组成员不能出门和聚集，项目该如何开展呢？经过讨论，大家确定了利用互联网开展"云"服务学习的发展方向！"云"服务学习的第一项活动就是开展网上问卷调查。本次问卷调查共收集有效问卷 434 份，为制订下一步的"云"学习活动方案提供了有力的数据支持。

以弘扬战旗精神为核心，以抗击疫情等重大题材为重点

首先，全员参与"以战旗精神集结待命，用绚烂色彩抗击疫情"网上实践活动。疫情是一场没有硝烟的战争，少不了军人和战旗的身影！中队全体队员紧密结合服务学习主题，用手中的画笔，将不屈不挠的战旗精神和全国人民抗击疫情的勇气，描绘成一幅幅动人的画卷，用自己特有的方式为武汉加油！为逆行者加油！为中国加油！

其次，全员参与"战旗精神网上学"活动，观看爱国主义教育影片。调查问卷结果显示，有 77% 的人选择通过观看爱国主义教育电影来了解战旗精神。于是，全体队员和家长一起观看爱国主义教育电影，并且将观后

感在微信平台交流。这项活动先后有 100 多位队员和家长参与。通过观看爱国主义教育电影，队员们对战旗精神有了更深刻的理解，大家明白虽然现在是和平年代，但"牢记使命，勇于担当，不畏困难"这种战旗精神仍需要传承下去。

最后，在"延先辈足迹　展壮丽画卷"红色研学公众号中发布 25 个革命博物馆和纪念馆网址，弘扬红色文化，推广战旗精神。通过了解和学习，队员们加深了对中国共产党光辉历程的认识，增强了自身作为少先队员的自豪感和使命感。

从线上走到线下

5 月底，全国疫情已经得到有效控制，我们启动了"战旗精神进社区宣传周"线下活动。队员们分头行动，在各自的社区内积极开展宣传活动。5 月的最后一周，在东城、朝阳、顺义、昌平等多个社区，都有我们宣传小使者的身影。他们满怀热情地向身边的小伙伴、社区的工作人员、经过的路人传播战旗精神。项目组还与社区合作，通过展板、发放宣传折页的方式宣传战旗精神。通过一系列活动，队员和家长们收获满满。

第一，队员们的综合素质得到全面提升，家国情怀得到良好培育。首先，通过准备队会、搜集素材、设计问卷、发放问卷等活动，队员们的主动性被激发，自主学习、探究学习、分析问题、解决问题等能力有所提高；其次，通过团队组建、方案调整、项目执行等工作，队员们的领导力、团队合作力在新型伙伴关系中得以历练，并逐步学会关爱、合作、沟通、思考、表达，综合素质全面提升；最后，在"云"服务学习的过程中，队员们的视野已经从书本拓展到现实，"脚步"从学校到社会，提升了社会责任感和担当意识。

第二，家校默契配合，家长心灵得到洗礼。一方面，家长们的参与热情被激发，无论是最初的"集油滴"，还是项目开展过程中的出谋划策，乃至每一次活动，他们全程都是反应迅速、全员参与、家校配合全面升级；另一方面，通过学习战旗精神、重温历史、抗击疫情、致敬英雄，家长们普遍反映经历了一场心灵的洗礼，抚今追昔，民族自尊心和自豪感油然而生，对党和国家充满了信心。

"长风破浪会有时，直挂云帆济沧海。"我们坚信一切困难终将成为过去。有无数革命先烈和当代英雄高擎战旗，我们伟大的祖国不会停止前进的脚步。我们的服务学习项目，同样会在战旗精神的召唤下，一直走下去。

指导教师：祁　冰

二、创想梦工厂——种下一颗公益的种子

（一）创想动因

战旗，是英雄前辈们"具有强烈的使命感、拼尽全力、排除万难、锲而不舍的精神"的象征。项目发起人孙丹晴同学在观看中华人民共和国成立 70 周年阅兵直播时，看到红色旗帜的方队，于是她问爸爸，这是什么方队。爸爸告诉她，这是战旗方队。战斗英雄们为了完成自己的使命，抱着必胜的信念，拼尽全力，排除万难，最终取得胜利，赢得了战旗荣誉。

由于平日忙于功课，孙丹晴同学很少看电视，对于革命历史的了解仅限于几个革命英雄的事迹，也完全没有听说过战旗精神。听了爸爸的话，她认为现在的学生虽然生长在和平年代，但一样背负着新的使命，也需要具备这种战旗精神。于是她发起"战旗在我心　传播在我行"服务学习项目，以小学生的视角，通过照片、视频、小报、学习单等研学资源，编写《战旗在我心　传播在我行》项目宣传手册，向社会传播同学们学到的战旗

精神，让战旗精神成为引导人们牢记历史、不忘过去、缅怀先烈、面向未来，激发爱国热情、凝聚奋进的力量。

（二）团队介绍

发起人及总负责人	孙丹晴	史家实验学校三（8）中队成员，富有爱心，喜爱阅读和运动，有很好的英文表达能力
团队伙伴	冀斯涵	史家实验学校三（8）中队中队委，性格开朗，思维活跃，有较强的沟通和表达能力。在本项目中负责外联工作
	苏嘉祺	史家实验学校三（8）中队中队委，热心公益，擅长与人合作，有很强的组织协调能力。在本项目中负责组织工作
	唐海轶	史家实验学校三（8）中队中队委，做事执着、专注，善于应用电脑制作PPT。在本项目中负责宣传工作
	刘原达	史家实验学校三（8）中队成员，做事认真、细心，善于计算。在本项目中负责财务工作
指导教师	祁　冰	史家实验学校三（8）中队辅导员，曾指导公益项目"为井盖穿上彩衣""文明遛狗　安全出行""濒危植物'笑起来'"，有丰富的项目指导经验
专家顾问	李　源	原空军大校军官，中国人民解放军空军特级飞行员，在军队工作30年，曾获科研立功一次。为本项目的组织实施提供帮助

（三）实施过程

"战旗在我心　传播在我行"项目自2019年12月发起，至2020年6月圆满结束，共分为学习倡议、推广服务、总结分享三个阶段。

第一阶段（2019年12月1日至2020年2月6日）：学习倡议阶段。这一阶段，项目组召开主题中队会，邀请原空军大校李源爷爷为大家讲述战旗的故事，领悟战旗精神；并开展项目网络问卷调查，共收集有效问卷434份。

第二阶段（2020 年 2 月 7 日至 2020 年 5 月 31 日）：推广服务阶段。在祁冰老师的辅导下，项目组成员制订了"云"服务学习活动计划，即以弘扬战旗精神为核心，以抗击疫情等重大题材为重点，将学习与实践紧密结合，全员参与，逐步推进。

2020 年 2 月 9 日，项目组成员参与"以战旗精神集结待命，用绚烂色彩抗击疫情"网上实践活动。同学们制作手抄报为武汉加油，在抗击疫情的同时扩大了战旗精神的宣传面。

2020 年 2 月 11 日，项目组开展《弘扬战旗精神　致敬战"疫"英雄》

的"微队课"，他们用绘画、朗诵、写信、表演等方式致敬战"疫"英雄。队员们树立了"长大要成为能够帮助别人的人"的目标。

　　2月21日，项目组全员参与"战旗精神网上学"线上活动，观看爱国主义教育影片。先后有100多位队员和家长参与，他们还将观后感通过微信平台进行交流。

　　3月4日，项目组通过网络平台，组织"为人民服务——永不褪色的战旗"线上学雷锋活动，传递榜样力量。同时，号召大家将雷锋精神转化为实际行动，融入学习和生活中，累积成长的力量，将来为社会发展做贡献。

　　3月7日，项目组开展"致最美丽的巾帼英雄"线上活动，倡议小伙伴们拿起手中的画笔，用自己特有的方式为在危机时刻挺身而出的巾帼英雄们送出最真诚的感激和祝福。

　　3月16日，项目组开展"延先辈足迹　展壮丽画卷——红色研学网上行"活动。他们整理并推送了25个在线红色文化博物馆和纪念馆网址，带着全体队员及其家长学习中国共产党的光辉历程，增强了自身作为少先队员的自豪感和使命感。

　　4月3日，项目组开展"缅怀英烈，铭记历史；高举战旗，继往开来"线上中队会。5月1日，开展"激情飞扬红五月　聚力共唱不放弃"线上活动。以诗歌、快板、音乐、绘画、书法、手工、动画等形式，表达对英雄们的敬意，追寻红色记忆，缅怀革命先烈。全员参与手语歌《不放弃》的录制，激发爱国热情，凝聚奋进的力量。

　　5 月 25 日至 31 日，项目组与班级志愿者分头行动，在东城、朝阳、顺义、昌平等多个社区，开展"牢记使命，勇于担当，不畏困难"战旗精神进社区宣传周活动。他们通过展板、发放宣传折页等形式传播战旗精神，引导公众牢记历史、不忘过去、缅怀先烈、继往开来。

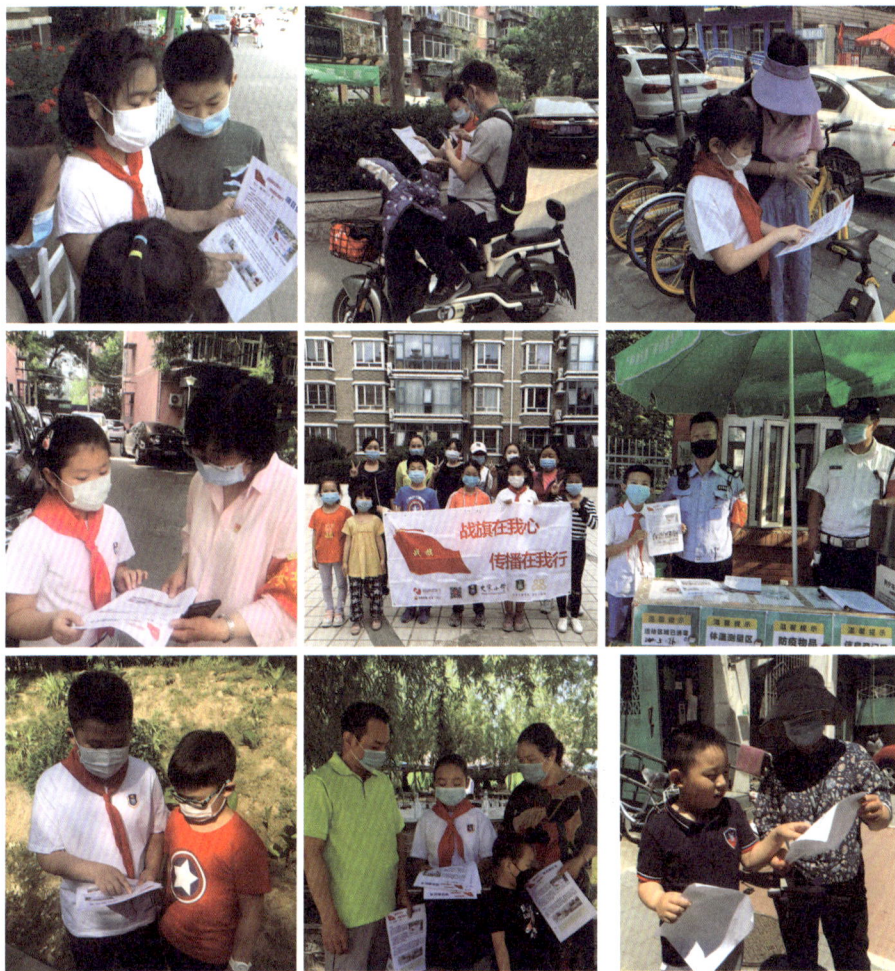

　　第三阶段（2020 年 6 月 1 日至 2020 年 6 月 15 日）：总结分享阶段。活动实施完成后，全体成员对活动进行梳理，总结经验，交流感受，整理项目成果，持续广泛宣传。

三、学生行动日记——记录公益之花盛开全过程

学生行动日记精选（一）

2020 年 2 月 1 日　星期六　晴

三（8）中队　孙丹晴

寒假开始不久，全国暴发新冠肺炎疫情，打乱了项目原有的计划安排。就在大家不知道下一步该怎么办的时候，祁老师在网上联系到我们。通过网络视频会议，我们项目组核心成员决定发布网络调查问卷。通过问卷，我们既可以了解到受访者对战旗知识的认知程度，又可以了解到他们希望通过哪些方式去学习相关知识，还可以给到我们许多项目宣传方面的建议。这真是个好办法！

在妈妈的指导下，我通过网络搜索到战旗的许多知识，还查到百部爱国主义教育电影、爱国主义教育基地等资料，为编写调查问卷做准备。妈妈说，调查问卷尽量简明扼要，要方便大家填写。最终，我精心设计出 10 个问题。

2 月 1 日那天，在苏嘉祺妈妈的帮助下，调查问卷在项目公众号上正式发布了！学校领导、老师和家长们发动亲朋好友们来填写问卷，为我们的

项目打气！短短 4 天时间，我们就收到 434 份有效问卷。大家的热情支持给了我更多的动力，我暗下决心一定要把项目做好！

经过这次调查问卷的编写与分析，我学到了许多新技能和新知识，觉得特别有意思！

学生行动日记精选（二）

2020 年 3 月 29 日 星期日 晴

三（8）中队 冀斯涵

自新冠肺炎疫情暴发以来，我们从大大小小的新闻媒体中看到人民军队参与疫情防控的报道。每一条消息都让我热血沸腾：不管发生什么，只要祖国有需要，我们的解放军总是第一时间冲在最前线；无论什么时候，他们都是我们心中最可爱的人！

可是有很多同学，包括家长，只知道解放军是来保护我们的，却不了解"解放军"这三个字背后的意义。于是从 3 月中旬开始，我着手整理"中国人民解放军军队发展史"，希望能让更多的人正确认识解放军军史，全面了解我们的人民军队。然而，我所掌握的知识有限，所以我向爸爸求助，让他带着我列出了我所要准备的内容——中国人民解放军在土地革命时期、抗日战争时期、解放战争时期以及社会主义建设时期的重要事件和重点知识。以这个为提纲，我通过互联网，边学习、边筛选、边记录，最终将所有内容整合在一份由上万个文字组成的 35 页 PPT 中。为了确保我所收集的信息准确无误，爸爸将这个 PPT 发给项目指导专家进行审核，得到了专家的高度认可和赞扬。

3 月 28 日，这份含金量十足的军史知识发布在项目公众号上，引起了很多读者的共鸣。大家纷纷留言，表示要珍惜现在的生活，好好学习，长大后为祖国的发展和富强贡献自己的力量！

四、学生反思工具——从回望中汲取前行的力量

学生反思精选（一）

姓名：刘原达　时间：2020 年 6 月 2 日

提案名称：战旗在我心　传播在我行

发生了什么	有何感受
为了更好地宣传项目，我们到社区沟通线下宣传的事情，得到社区人员的热情接待和大力支持，真的有点出乎我们的意料。她们的服务精神也让我们很感动	坐而谈不如起而行，沟通是非常重要的。要多探索、多尝试、多沟通，有时候看似困难的事情，只有去做了，就有可能得到解决或突破
有哪些主意	**有哪些问题**
现在，社区的功能越来越丰富和完善，应该在充分沟通的基础上，借助社区资源，尤其是社群资源，开展项目的线上与线下宣传	对新媒体的学习和认识不足，对传播的新形态、新渠道、新方式认知不到位，尤其在疫情影响下，这点尤显突出。应充分利用新媒体开展项目传播

教师评语

　　看得出来，你对活动中存在的问题进行了深刻的反思，同时又能结合项目，提出有益的建议，你的进步非常明显，希望你能够继续保持。让我们一起努力，为"战旗在我心　传播在我行"项目推广贡献力量！

学生反思精选（二）

姓名：唐海轶　时间：2020 年 3 月 18 日

提案名称：战旗在我心　传播在我行

发生了什么	有何感受
新冠肺炎疫情暴发，祖国面临严峻考验：博物馆、电影院、旅游景点等纷纷发布关闭或停业公告，政府也一再提醒大家尽量不要出门	疫情就是战场。一线工作者们是奋斗在前线的战士，我们待在家中，就是守护后方的战士

续表

有哪些主意	有哪些问题
可以充分利用网络的优势，收集一些适合同学们参观浏览的红色文化博物馆和纪念馆，组织和号召大家通过在线浏览官方网站的方式，在家中"云"参观。既不出门，又可以增长见识、开阔眼界，还可以带着父母、家人一起学习，以自己的力量去影响身边的人	网上学习对于我们小学生来说，有两方面的问题：一是不熟悉计算机操作，还需要家长的协助，暂时还无法独立完成；二是需要在网络浏览的过程中严格控制时间，不能以学习为开始，以游戏作结尾，一定要正确利用网络，而不是沉迷于网络

教师评语

你能够在老师指导下积极主动地完成任务，积极适应当前形势，拓展自身能力，较好地发挥了团队带头作用，激发了班级凝聚力，整个项目推进比较顺利。通过这种"云"游览博物馆的方式，增长了见识，达到了预期中的效果。继续加油！

五、家长感悟——在公益服务中和孩子一起成长

家长感悟精选（一）

一路走来，收获满满

孙丹晴家长

从 2019 年 12 月"战旗在我心 传播在我行"公益提案通过评审后，我陪同女儿参加了项目组的所有活动，切身感受到这个公益项目真的是让孩子和家长都收获满满。

首先，该项目让女儿学到了许多新知识。从 2019 年 12 月的战旗主题班会开始，女儿就开始自学战旗知识，我们一起整理出战旗小知识，为大家详细介绍了战旗的相关知识，让参加班会的原空军大校李源爷爷很意外，他没想到同学们对战旗知识了解得那么全面。在组织线上活动的过程中，女儿从活动策划、发布活动倡议、与同学沟通、制作中队会视频到学习手

语歌，不但学到了新知识，而且沟通的技能得到了大幅度提升。

其次，该项目让女儿品尝到了集体活动的快乐。从项目立项到在教室里排练节目，从少代会上的展示到去各大社区的推广……在每一场活动中，孩子们都表现出了非常高昂的精气神儿，团结一心、相互协作，流露出的开心和快乐深深地打动并感染了我们这些家长。

再次，该项目增进了家人间的感情。孙丹晴的爸爸在孩子的心目中一直是一个平日里懒洋洋的、对自己要求比较低，但对孩子的学习要求比较高的形象。但在这个项目进行过程中，孩子看到自己的父亲熬夜自学视频编辑软件，不厌其烦地反复尝试将一个个的视频片段整合在一起，还琢磨出各种特效，为视频添彩。爸爸这种通过自学去主动解决问题的做法感染了孩子，父女之间的感情由此增进不少。这是言传身教的好机会，对父母和孩子们来说都是非常珍贵的经历。

最后，该项目让女儿内心更加成熟。之前，孩子很少看《新闻联播》。但自从开展项目后，孩子对于实事新闻有了比较大的兴趣，尤其在疫情期间，天天必看《新闻联播》。在看到战"疫"英雄们的报道时，经常眼含热泪。我问她长大后想做什么，她说想做能帮助其他人的人。以前她是从来没有过类似的想法的。经过项目的历练，孩子对家务劳动也开始有了自觉，经常主动去刷碗，而且刷得挺干净！我想，这些都是孩子内心更加成熟的表现！

家长感悟精选（二）

育爱心　促成长

刘原达家长

爱心是公益活动的基础，所有公益活动起于爱心，致力于创造社会价值。孩子参加"战旗在我心　传播在我行"的公益活动也是对他爱心的培育过程。整个活动中，企业献爱心、老师献爱心、志愿者献爱心、家长同学献爱心，这一切汇成爱心的甘泉，春风化雨般默默滋润孩子的心灵，让他从小感受爱心、体会爱心、感悟爱心、生发爱心，这是孩子固本归真之本，未来服务社会之基，功在眼前，利在长远。

"在学习中服务　在服务中学习"是服务学习的内涵所在。通过参加"战旗在我心　传播在我行"服务学习项目，孩子得到了大量思考、调研、沟通、总结的锻炼机会，增加了很多实践学习、探究学习、小组学习的体验。在学习中，更感受到了服务的意义——服务社会、服务社区、服务班级、服务小组，这种服务意识的培养和树立为孩子打下了社会责任意识的基础。

总之，参加"战旗在我心　传播在我行"服务学习项目，孩子的爱心得到培育，孩子的综合素质得到发展，可以说是受益终生。我们希望能有更多孩子参与到服务学习项目中来，共同得到培养，为国家、社会造就更多有责任感、有担当意识的有益之才。

家长感悟精选（三）

战旗精神，我们在传承

苏嘉祺家长

作为核心成员的家长，我一路陪伴孩子参加了这次服务学习项目，发现它是一个共同学习、共同实践的过程。很高兴能有机会和自己的孩子一起做同一件事情，一起想办法，相互鼓励。孩子的专注力在一点一点地提升，他的表达方式更加多元化。同时，他发现了交流方式差异化的重要性。这个成长的过程我感慨颇多。服务学习项目是对孩子们社会实践能力的一次大的提升，孩子们不再局限于课本和课堂知识，大家走出学校，用最纯真的方式传播着社会正能量。他们专注地向身边的人讲述这次活动的意义，并呼吁更多的人参与进来。这次实践活动是对学校生活的有效补充、延展。一系列的活动表明新时代的小小少年"不一般"，三年级的小小少年已经开始用他们自己的方式与社会交流与融合，这个过程对孩子们来说是一次大的跨越，他们变得更加自信、大方，变得更加坚定、有目标。

六、帮扶对象——公益服务社会，爱心连接你我

帮扶对象感言精选

东环物业服务中心工作人员钟时宇："参加'战旗在我心　传播在我行'公益项目很有收获，以前并不了解战旗和战旗精神。我觉得这种精神是我们现在抗疫时期非常需要的，战旗背后的故事触动我心，它给了我力量，新时代的我们非常有必要将战旗精神继承并传承下去。希望这个公益项目会得到越来越多人的关注。我觉得这个活动太有意义了！"

七、成果展示——公益，我们一直在路上！

因表现突出，项目最终获得了由中国扶贫基金会颁发的"益路同行·优秀公益创新团队"奖章。

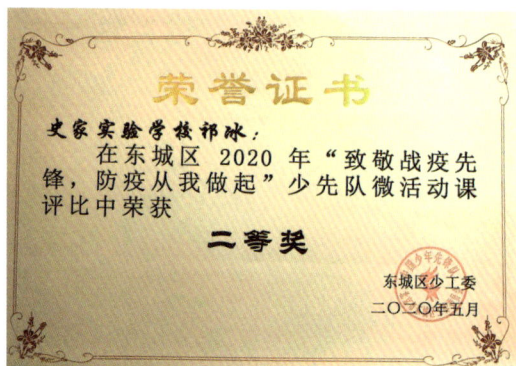

东城区少工委发的荣誉证书

思想·温度·品质

• 战旗在我心 传播在我行

"战旗在我心 传播在我行"服务学习项目在行动！

网易教育综合 06-18 16:04

史家战疫集结，服务学习来报到

2020-02-19 13:24　　来源：北京日报

史家教育集团
关注

"服务学习"是史家教育集团的德育特色，倡导让孩子们在学习中服务，在实践中成长，用课堂学习的知识和技能服务社会、服务他人。多年来，它也是史家创新落实立德树人根本任务，为党育人、为国育才的重要途径。

如今，在这个万众一心共同战"疫"的时刻，同学们更是心系家国。用自己的"服务学习"行动践行了家国情怀，播撒了爱的种子，为国家、为社会、为他人带来温暖和力量。突如其来的疫情隔断了人与人之间的距离，却隔不断同学们对祖国的深情眷恋，更隔不断孩子们对抗疫情的坚定决心和为国家、社会担当的无限热情。

在疫情面前，服务学习项目的同学们收到了来自集团副校长和大队总辅导员的一封倡议书后，纷纷网上集结报到，他们一起隔空共克时艰，自主开展了一系列服务学习项目，一起肩负责任，担当实干，彰显战"疫"新作为！

发起班级：实验校区三8班

发起学生：孙丹晴

指导教师：祁冰

什么是战旗精神？史家实验的孩子们会告诉你：那是医护工作者的使命，抱着抗疫必胜的信念，克服重困难，坚持不懈地与病毒战斗，直到最终胜利；那是肺炎肆虐，各行各业的战士们挺身而出，共赴国难；那是普通人不畏生死，不计代价地在这场战"疫"拼尽全力……这种战"疫"精神正是战旗精神的具体体现。同学们制作传承战旗精神、共取战胜疫情的小报，向奋战在抗疫一线的战"疫"先锋致敬！他们通过网络视频会议，设计调查问卷，回收了427份有效问卷。他们用制作小报、录制视频的形式，传承战旗精神、中国精神，万众一心，共同战"疫"。

在学习中服务，在实践中成长

——"战旗在我心 传播在我行"服务学习项目在行动！

打开网易新闻 查看更多图片 >

炎热的6月，正在大家收拾书包为开学做准备的时候，新中西里社区的宣传栏前，有个

"北京日报"App、"网易教育综合"公众号发布项目活动报道

感知时间

"感知时间"服务学习项目由史家小学三（1）中队王梦琪发起，三（1）中队全体同学参与。项目指导教师为史家小学张鑫然老师。项目自 2019 年 12 月开始筹备，到 2020 年 8 月圆满结束。项目组通过主题班会，对活动内容进行了预演与打磨。之后，项目组开通公众号，通过线上方式向公众尤其是小朋友宣传建立时间意识、合理利用时间的理念。通过线上调查问卷、三（1）中队运动读书打卡、抗"疫"英雄的一天以及疫情时期的重大事件时间梳理等活动，将时间概念贯穿其中，用"时间饼图"展现整个过程。收集调查问卷 80 余份，线下宣传活动受众约 500 人，现场直接参与活动者超百人。

一、指导教师推荐序

有人说时间就像沙子，攥得越紧，漏得越快，就该恣意生活。时间真的可以放手吗？基于这个问题，在学校开展的服务学习活动中，三（1）中队提出了"感知时间"公益项目，目的就是让更多的人感受到时间的珍贵，能够合理规划自己的时间，在有限的时间内创造出无限的可能。

时间属于自己，由自己来支配。同学们通过多次线上活动搜集资料，从名人名言中学习时间哲理，从中西方文化中领悟时间的魅力，从一张张规划图中感受时间的珍贵。一分钟你能做些什么？一分钟很长，可以跳绳 171 次，可以朗读一篇 200 字左右的课文，可以做出 18 道口算题。一分钟又很短，可以失去一个鲜活的生命；若发生剧烈地震，可以让无数的生灵惨遭涂炭。尽管一分钟很短，但我们的生命就是由无数个一分钟组成的，如果我们珍惜每一个一分钟，学会将其化零为整，就能干出很多伟大的事情。

时间不仅属于自己，更属于社会。墨子说："视人之国，若视其国；视人之家，若视其家；视人之身，若视其身。"每个人都是这个社会的一部分，每个人如何决定他们的时间，对于社会也有着至关重要的意义。项目组结合疫情期间不同行业的平凡劳动者，从他们与时间赛跑的故事中感受时间的珍贵和可利用性。

线下活动时，同学们来到朝阳公园，做起了小小宣传员。他们拿起传单，带着满腔的热情把我们的理念和想法传递给更多人。这个过程，使孩子们从个体逐渐转变为集体，也从"小我"逐渐转变为"大我"。孩子们收获的不仅是个人的成长，还有对国家、对社会的责任感和情怀。

孩子们，你未来的样子，也许就开始于一次与陌生人的对话，一次惺惺相惜的点赞，一场精心策划的活动。"感知时间"服务学习项目也许只是开启你人生道路的一束亮光，请相信团队的力量，希望你们也可以做点亮别人人生的那一束亮光。"感知时间"不仅是珍惜时间、规划时间、利用时间，更是让人在有限的时间里释放无限的可能，把人生过得精彩，过得有意义。

指导教师：张鑫然

二、创想梦工厂——种下一颗公益的种子

（一）创想动因

项目发起人王梦琪在参加小组讨论时，觉得所有父母对孩子的要求都

特别高，明明用一个小时才能完成作业，父母总嫌孩子慢；而孩子希望出去玩或者想要玩稍多点时间，父母又因为写作业时间长而拒绝。这让项目发起人王梦琪很不理解。有一次，妈妈让王梦琪画了一个"时间饼图"，把一天中做主要事情所花费的时间用不同的扇形面积来表示，不同事情对应不同的颜色。她把"时间饼图"拿到小组里讨论，大家立刻明白一天只有24小时，如果做某一件事情的时间长了，必然要减少其他事情的用时。所以，王梦琪和她的小伙伴发起了"感知时间"的活动，希望让更多的同学理解时间的有限性和此消彼长的原理，从而感悟并学习如何管理时间。

（二）团队介绍

发起者及总负责人	王梦琪	史家小学三（1）中队中队长，团结同学，有强烈的上进心和求知欲，在项目中负责沟通策划
团队伙伴	任奕瞳	史家小学三（1）中队宣传委员，喜欢看书、讲故事、画画、唱歌、跳舞，在项目里负责宣传工作
	谢卓欣	史家小学三（1）中队成员，数学课代表，学习珠心算5年，具有很好的逻辑思维和计算能力，在项目中负责财务工作
	朱怡诺	史家小学三（1）中队成员，热情善良，有很强的服务意识，乐于助人，在项目中负责组织工作
	李显杰	史家小学三（1）中队成员，沟通能力强，乐于参与班级工作，做事认真负责，在项目中负责宣传工作
指导教师	张鑫然	史家小学三（1）班班主任，专注于教育事业，富有教学经验且精力充沛，注重培养学生独立自主的意识和能力。在项目中配合学生协调校内事宜，启发思路，完善过程，指引学生将创想落地实施

（三）实施过程

"感知时间"项目自2019年12月启动，至2020年8月圆满结束，共分为前期筹备、组织实施、项目反思三个阶段。

第一阶段（2019年12月30日至2020年2月19日）：前期筹备阶段。

2020年2月11日，项目组开通"感知时间"微信公众号。通过微信公众号向更多小朋友介绍"时间饼图"等工具的使用方法。以班会的形式开展预演，介绍了一种时间管理方法，即把事情按照必要性分为三种类型：必须做、可做可不做、不必做。这种分类方法可以帮助低年级同学初步建立时间管理概念。

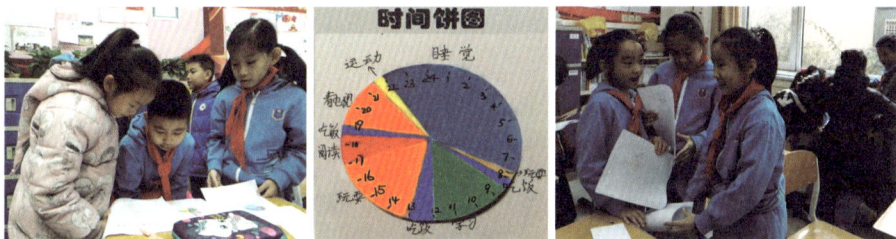

2020年2月14日，项目组发布公众号文章《与时间赛跑》。谢卓欣、朱怡诺、李显杰同学通过"时间饼图"规划一天的安排，学习、阅读、运动、练舞、游戏、做家务，一样也不少，把假期生活安排得充实而丰富！任奕瞳和王梦琪同学通过对新冠肺炎疫情的关注，更是体会到时间就是生命。

2020年2月19日，为进一步了解小学生对时间管理的现状及需求，项

目组通过问卷星平台发布问卷，收到82份有效问卷。

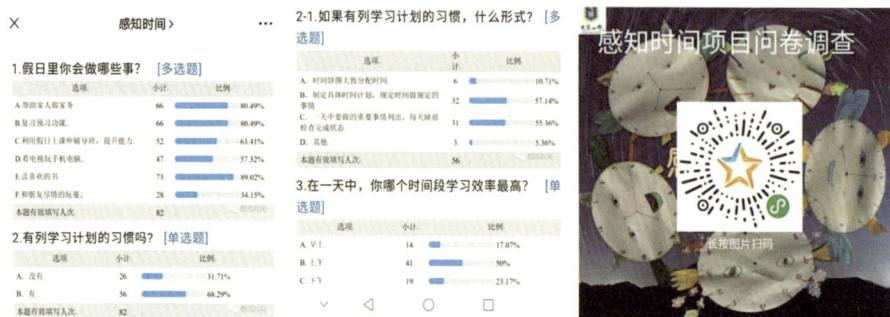

第二阶段（2020年2月23日至2020年7月31日）：组织实施阶段。

2020年2月23日，项目组将征集到的中国古人咏颂时间的诗歌——《杂事》《明日歌》《满江红·写怀》《昨日歌》发布在公众号上。同学们都在这个过程中感悟时间的内涵。

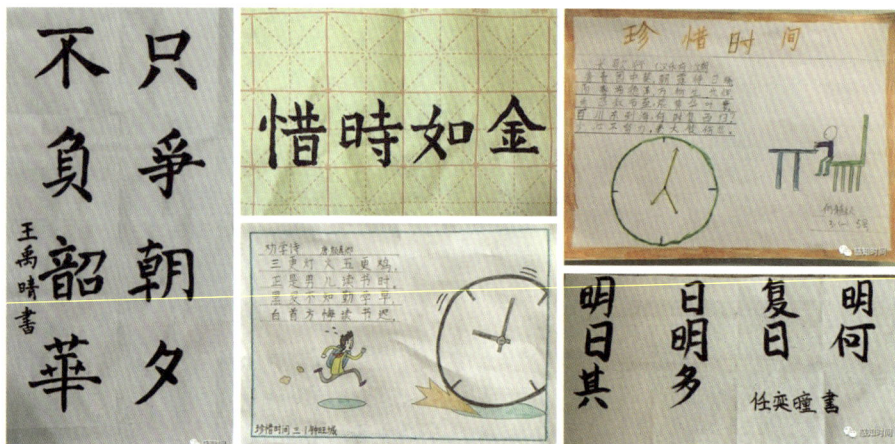

2020年3月4日，项目组成员通过了解抗疫英雄的工作和生活，做出了他们的24小时"饼图"，从而向更多的人宣传雷锋精神。这次的宣传活动将"时间饼图"与社会热点和同学们的关注点相结合，引发了同学们的兴趣。

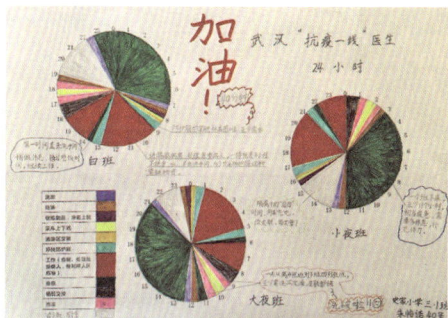

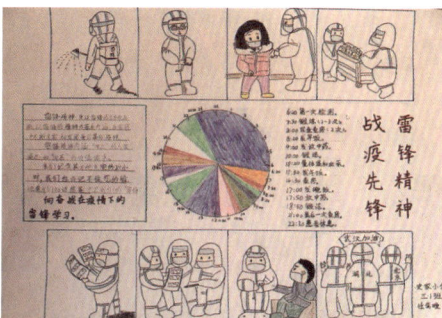

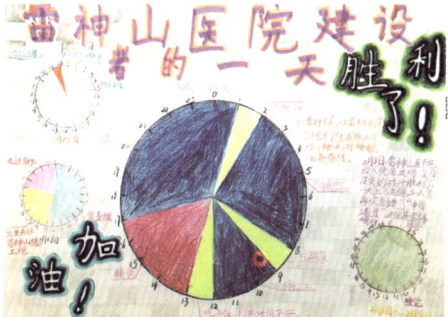

2020年4月5日，项目组发布公众号《清明节的纪念》；4月23日至25日，发布公众号《用英语表达对时间的感知》。项目组成员搜集了若干古今名人故事，告诉大家如何"增加时间的厚度"。李显杰给大家讲了《闻鸡起舞》的故事，朱怡诺讲了《孙康映雪》的故事。项目组还号召大家用英语表达对时间的感知。同学们通过手抄报、诗词朗诵、绘画、短剧、小课堂等形式，展示自己对时间的感悟。

　　2020 年 4 月 30 日，在张鑫然老师的号召下，项目组和三（1）班全体同学通过线上交流、采访、阅读、亲身体会等方式，了解不同的职业及其工作时间安排，并利用"时间饼图"、时间列表、思维导图等进行展示。

　　2020 年 6 月 6 日，项目组和班级志愿者同学前往朝阳公园进行项目宣传活动。宣传活动从上午 9 点开始一直到下午 2 点结束，共发放 500 张"时间饼图"宣传单，参与项目游戏的同学超过 200 人。

第三阶段（2020 年 8 月 1 日至 2020 年 8 月 20 日）：项目反思阶段。这一阶段，项目组将宣传的核心理念、工具以及方法进行了总结，分别于 8 月19 日、20 日在公众号发布《行公益，我们一直在努力》《开学在即，生物钟复位》。项目组利用"时间饼图"、最贴近低年级的感知方法——游戏，让同学们感受时间，让家长了解一些感知时间的工具，帮助家长和同学进行时间管理。同时，项目组从时间管理的角度号召同学们开始调整生物钟，为新学期做好准备。

三、学生行动日记——记录公益之花盛开全过程

学生行动日记精选（一）

2020 年 6 月 6 日　星期六　晴

三（1）中队　王梦琪

今天，我们怀着激动而兴奋的心情来到朝阳公园。我们在一个阴凉地搭起了易拉宝，将游戏工具和奖品放置后，就开始了宣传活动。

我给同学们和叔叔阿姨们介绍了"时间饼图"、抗疫情报以及书法作品。在感知分分秒秒的游戏中，很多人体会到了一分钟的时长。有的同学把一分钟感受得很长，有的同学把一分钟感受得很短。很多同学都喜欢吹气球的游戏。他们吹起气球以后都非常高兴，我也感觉特别开心。我感受到了他们对于我们的项目的喜爱。

有的叔叔阿姨听完我们的讲解后，又给自己的小朋友讲解时间的意义，教育他们好好利用时间，做时间的主人。我感到很自豪，我要继续努力，让自己成为时间管理的能手。

学生行动日记精选（二）

2020 年 3 月 5 日　星期四　晴

三（1）中队　朱怡诺

我和"感知时间"小组的伙伴们密切关注新冠肺炎疫情的发展。从新闻里，我们知道了工人叔叔们仅用 8 天的时间建成了一座有 1000 张床位的火神山医院；抗击疫情缺物资，叔叔阿姨们不停生产赶时间，分秒必争送前线；科研人员也不分昼夜搞研究，希望早日研发出新的抗体，战胜病毒；

医生护士们更是集结前线，争分夺秒抢救危重病人。他们为了拯救生命与时间赛跑的精神深深感动了我们。

在寒假期间，我们"感知时间"小组通过"时间饼图"规划一天的生活安排。我给自己的规划是：每天上午、下午分别安排一个小时的阅读时间、一个小时的运动时间。我还安排出一定的游戏时间，和爸爸一起下棋。我每天帮爸爸妈妈做家务，一些平时看似简单的家务，做起来却不简单。我学会了叠衣服，看着自己叠得整整齐齐的衣服，我好开心呀！其他小伙伴也把学习、阅读、运动、练舞、游戏、做家务安排得井井有条。通过规划时间，我们的假期过得充实而丰富！

学生行动日记精选（三）

2020 年 3 月 5 日　星期四　晴转多云

三（1）中队　李显杰

今天是学习雷锋纪念日。前几天，我们"感知时间"项目组发起了"最美逆行者的 24 小时"主题活动，鼓励同学们通过了解身边的"逆行者的 24 小时"体会时间的重要和雷锋精神的伟大。

3 月 4 日，我们的活动文章发布了。我从王梦琪准备的"雷神山医院建设者的 24 小时"中了解到，从 1 月 25 日的一小时招募到 2 月 8 日雷神山医院投入使用，上万名建设者争分夺秒抢时间，创造了让世界瞩目的"中国速度"。朱怡诺、任奕瞳通过采访妈妈的同事和查阅资料，为我们展示了"抗'疫'一线医护人员的 24 小时"。我知道了医护人员通过三班（白班、小夜班、大夜班）倒的方式做到 24 小时坚守，懂得了医护人员通过严格执行计划、规范操作，确保自己防护到位、患者照顾到位。我通过电话采访了交警阿姨和记者叔叔，了解到他们的 24 小时里经常会因为突发情况而需要快速变更计划，确保第一时间处理突发情况。

通过对身边"逆行者的 24 小时"调查，我更深刻地体会到了雷锋精神的伟大，对"感知时间"项目进行了更多的思考，无论是雷神山医院的建设者、三班倒的医护工作者，还是处理突发状况的记者和交警，都需要合理安排时间，不然工作就会出现失误，无法有效完成。作为"感知时间"项目小组的一员，我又进一步理解了合理安排时间的重要性。希望在今后的学习生活中，我能够养成合理安排时间的好习惯，真正成为时间的主人。

四、学生反思工具——从回望中汲取前行的力量

学生反思精选（一）

姓名：任奕瞳　时间：2020 年 2 月 23 日

提案名称：感知时间

发生了什么	有何感受
项目小组发起了线上诗词大会，通过古人关于时间流逝的诗句感悟时间，向古人学习珍惜时间。同学们有的讲解了中国古代计时法，有的朗诵了精彩诗词，有的展示了小报和书法作品等	我觉得同学们的分享很精彩，形式多样，有小课堂、诗词朗诵，有书画作品。通过这次线上感知时间诗词大会，我们对于时间有了更深的感悟：时间可贵，我们要珍惜时间，不要浪费时间，学好本领报效祖国
有哪些主意	**有哪些问题**
每一首优美的诗词背后都有着动人的故事。我们在读诗词时要了解背景故事，加深对作者、对诗词的理解	同学们还应进一步了解诗词创作的背景，加强朗诵技巧和情感表达，提高朗诵水平

教师评语

中国古代文化博大精深，你们从中找到了关于时间的部分诗词。通过"诗词大会"活动了解每一首诗词背后的故事，加深家国情怀。你们感受到了时间的宝贵和传统文化的魅力。希望你们通过这次活动能够对传统文化更感兴趣，同时不断提升朗诵水平，在多种多样的创意活动中发现自己的光彩

学生反思精选（二）

姓名：谢卓欣　时间：2020 年 6 月 7 日

提案名称：感知时间

发生了什么	有何感受
为了让更多的人了解"感知时间"项目，了解计划、管理时间的重要性，项目组在朝阳公园开展了线下活动，对公园内的游人进行项目展示和宣讲	前期项目组进行的线上活动，向游人展示了我们的项目成果，许多小朋友都愿意了解我们的项目、参加我们的游戏。活动还得到了许多大人的支持
有哪些主意	有哪些问题
受到疫情的影响，不能多次举办线下活动。但我们可以在自己居住的小区利用宣传栏介绍我们的项目，还可以和自己的好朋友进行视频，推广我们的"时间饼图"	由于第一次举办线下活动，大家的分工不是很明确，现场有些混乱

教师评语

　在线下的宣传活动中，老师看到了你们忙碌而努力的身影，见证了你们的成长。从胆怯的小女生到大方的介绍员，从不敢直面陌生人到逐渐开口交谈，项目组成员之间的配合越来越默契。通过这次活动，相信你们不仅可以自己"感知时间"，还能够号召更多人"感知时间"

五、家长感悟——在公益服务中和孩子一起成长

家长感悟精选（一）

感知时间，筑梦成长

谢卓欣家长

　时间感是我们感知世界的基础，生活中我们要合理地管理好自己的时间。

时间总是在不停歇地流逝，它帮助我们感知世界。那我们又是如何感知时间的呢？孩子们在"感知时间"这个项目中帮助我们找到了答案。自项目成立以来，孩子们一同学习、相互讨论，共同成长。她们通过绘制"时间饼图"对时间进行合理的分配。在项目开展期间，孩子们分工合作，查阅古今中外珍惜时间的名言警句，了解各行各业人员在工作中对时间的分配，还举办了多场有趣的活动。通过一系列活动，孩子们不仅加深了对时间的理解，增强了时间管理的能力，更是带动身边的同学、家人、朋友加入"感知时间"项目中，一起做时间的主人。这样的成长经历是孩子们最宝贵的财富。

家长感悟精选（二）

行公益，我成长

王梦琪家长

这次的"时间管理"项目，王梦琪通过向别人讲述"时间饼图"的使用方法，对时间感知的意识明显提高了。疫情期间，她学习管理时间，每天早晨填写计划表，养成了每天上午专时专用的好习惯。

线下活动锻炼了孩子的胆量，增长了她与别人交流经验的技能。同时，孩子感受到了别人对自己项目的关注，感受到通过自己努力得到别人肯定的满足感。我们也和孩子一样体会到公益带给人的意义与价值，在帮助别人的同时自己的价值得到凸显。感谢史家小学校领导、三年级（1）班班主任老师、中国石油和中国扶贫基金会给孩子们提供了这样一个展示平台，孩子们受益匪浅。

六、帮扶对象——公益服务社会，爱心连接你我

帮扶对象感言精选

北京金色摇篮小学二年级魏来的妈妈："'感知时间'这个项目非常好，孩子平时做作业拖拉，不会自己安排时间。通过参加活动，他体会了一分钟到底有多久，一分钟内可以完成哪些事，也学会用'时间饼图'来规划自己的时间、合理地管理时间。"

七、成果展示——公益，我们一直在路上！

自"感知时间"服务学习项目开展以来，项目组开展了主题班队会，建立了"感知时间"公众号，开展了线上调查问卷，还前往朝阳公园进行了一场现场宣讲活动。公众号推送的文章，平均阅读量300次以上；线下宣讲活动的受众人数在500人左右。因表现突出，项目最终获得了由中国扶贫基金会颁发的"益路同行·优秀公益创新团队"奖章。

项目组制作的海报

爱老，防摔大作战

"爱老，防摔大作战"服务学习项目由史家小学五（10）中队薛颖心同学发起，五（10）中队全体成员共同参与完成。项目指导教师为史家小学黎童老师。"爱老，防摔大作战"项目自2019年11月发起，至2020年7月圆满结束。项目组通过前期调研、知识宣讲、视频演示以及专家讲解等形式，对爷爷奶奶及其家庭成员进行防摔、自救与他救知识的普及与宣传，号召大家学习具体的防摔措施，呼吁更多的人关爱身边的老人。自项目实施以来，项目组通过绘制漫画、录制视频和撰写宣传文案等方式，传递对老人的关爱之情。项目组线下走进海运仓社区、南门仓社区，线上通过微信公众号、微博和抖音等新媒体进行了广泛宣传，累计举办10场宣传活动，收集了120多份调查问卷，录制了5个防摔小视频，38位项目成员绘制了50多幅防摔漫画，并邀请专家志愿者进行了两场线上防摔科普知识讲解，得到了社区各界的广泛关注与好评。中国教育网络电视台、人民日报全国党媒平台等多家媒体发布项目宣传报道。项目宣传视频入选新浪微博公益频道。

一、指导教师推荐序

"爱老，防摔大作战"服务学习项目是史家小学五（10）中队继"亲子坏情绪，Go Away！"和"伙伴坏情绪，Go Away！"服务学习项目之后，第三次入选公益项目。在前两个项目的历练下，服务意识已扎根在班里每一个孩子的心中。

倡议一经提出，就引起了全班师生的共鸣。为了增加项目的科学性，核心成员纷纷表示想集思广益，向我申请利用班会时间和全班同学进行沟通，集合全班智慧制订出最有价值的爱老防摔调查问卷。班会课上，发起人薛颖心阐述了这个创想的动因。班上同学纷纷表示理解和支持，我感到非常欣慰。

项目负责人组织五（10）中队全体队员组成了"史家小学阳光公益社服务学习行动队"。为了让公益项目更具科学性，孩子们邀请3位医生提供专业指导。项目组成员通过多次讨论，制订了详细的实施计划，计划在5个月的时间内开展不少于10场活动。

但新冠肺炎疫情来袭，打乱了原本的计划。孩子们并没有被突如其来的困难打败，他们通过微信视频，制订了新的实施计划，改变了原有的宣传方式，从现场讲演转变为线上宣传。

从2020年1月18日到3月1日，项目组成员通过查资料、咨询专业医生、线上发放调查问卷等方式，调查了60岁以上的老年人跌倒的原因。通过统计分析，并结合专家志愿者的建议，项目组编写了防摔的有效措施和方法。为了让更多的人在项目中受益，五（10）中队的38位队员还绘制了50多幅爱老防摔漫画。每幅主题漫画都有6个以上场景，揭示导致老年人摔倒的因素，并在每幅画上认真细致地写上了老年人自救、他救的小绝招和小建议。最后根据漫画内容（居家环境、外出环境、预防跌倒的个人防护）进行分类筛选，将部分漫画结集成册，形成了"爱老，防摔大作战"漫画创作集，用画笔传递对爷爷奶奶的关爱之情。

孩子们的项目意义重大，他们用自己的力量呼吁更多的人关爱身边的老人，带动更多的人树立尊老敬老的社会风尚，让尊老敬老落到实处。项目一经推出，就得到了社会各界的广泛关注与好评，人民日报全国党媒、搜狐网、中国教育网络电视台等主流媒体对项目进行了深度报道，充分肯定了项目的意义和价值。

通过这次公益项目，我很高兴地看到学生们的综合能力得到了显著提高。从发现问题到解决问题，从前期调研、制作调查问卷、分析调研结果、线上宣传，到绘制主题漫画、录制宣传小视频，学生们锻炼了自己的应变能力、沟通能力、组织能力、语言表达能力，用自己的实际行动吸引社会各界对公益项目的关注、思考和参与，用自己的实际行动弘扬家国情怀，传承时代精神，传递敬老爱老之心。

指导教师：黎　童

二、创想梦工厂——种下一棵公益的种子

（一）创想动因

人口老龄化日益严重，几乎家家户户都有老人。如何关爱并照顾好身边的老人，让他们能够安享晚年，是我们每个人都面临的问题。项目发起人薛颖心同学发现每天在小区锻炼身体的孙爷爷好长一段时间没有出现，通过妈妈才知道，孙爷爷摔了一跤，在家卧床休养。

这件事令她非常诧异，她没想到摔一跤能给老人带来这么大的伤害。通过查资料，她发现当前我国老人尤其是独居老人的比例正在不断升高，老人骨质疏松，一旦摔倒很可能会造成很严重的后果，甚至危及生命。因此，她想让更多的爷爷奶奶了解和学习如何有效地预防摔倒，以及摔倒后如何进行科学的自救。于是，薛颖心和小伙伴发起"爱老，防摔大作战"服务学习项目，旨在让更多的老人了解预防摔倒的具体措施，降低老人摔倒的概率，为他们的安全保驾护航。

（二）团队介绍

发起人及 总负责人	薛颖心	史家小学五（10）中队成员，做事认真负责，爱好阅读、网球和舞蹈，有较强的组织能力和沟通能力，负责项目的总体策划与组织工作
团队伙伴	龚小洲	史家小学五（10）中队成员，待人真诚，热心公益，擅长制作 PPT，负责本项目的宣传工作
	边笑漪	史家小学五（10）中队成员，性格沉稳，有较强的钻研与学习精神，负责本项目的财务工作
	韩桉北	史家小学五（10）中队成员，性格开朗、乐于助人，善于沟通与策划，负责本项目的外联工作
	张钰涵	史家小学五（10）中队成员，性格开朗、善良真诚，有独立的思想见解，善于表达，负责本项目的组织工作
指导教师	黎 童	史家小学五（10）中队辅导员，爱岗敬业、知性干练、热心公益，善于培养学生的创新与进取精神，能够很好地协调校内外各方资源，指导孩子们顺利完成项目计划
专家顾问	康 琳	北京协和医院教授，老年医学科副主任。为本项目提供专业支持
	杨胜平	中国中医科学院骨科医生，中国武术协会会员，北京市武术协会会员，梅花桩拳传人，太极拳传人。为本项目提供专业支持
	王英杰	北京协和医院骨科医生，博士研究生。为本项目提供专业支持

（三）实施过程

"爱老，防摔大作战"项目自 2019 年 11 月发起，至 2020 年 7 月圆满结束，共分为调研准备、项目实施和成果分享与总结三个阶段。

第一阶段（2019 年 11 月 20 日至 2020 年 1 月 14 日）：调研准备阶段。在这一阶段，项目组制订项目计划与实施方案，建立微信公众号、微博和抖音等宣传账号，向专家志愿者请教相关专业知识。在专家的指导下，根据收集的资料设计完成调查问卷，绘制宣传 Logo 及标语。项目组走进海运仓社区进行调研，听取社区老人以及社区工作者对项目的意见和建议；同时在班级宣讲，号召全班同学一起做公益。

　　第二阶段（2020 年 1 月 15 日至 2020 年 6 月 10 日）：项目实施阶段。在这一阶段，项目组邀请专家为团队成员进行线上培训，通过宣讲、模拟摔倒场景、动作解说等学习如何预防摔倒，以及摔倒后开展自救与他救应该采取的有效措施。项目组还开展了清明养生宣传特辑、"帮扶老人，情暖夕阳"以及"人之行，莫大于孝"防摔小视频等线上活动。同时邀请北京协和医院和中国中医科学院的骨科医生开展了两堂专题讲座，进一步扩大项目宣传效果。

　　2020 年 1 月 15 日，项目组邀请王欢校长、李娟副校长一同走进南门仓社区进行宣传与展示。项目组成员以自编自演、轻松活泼的舞台剧以及现场问卷调研的形式，向社区居民宣讲预防跌倒的重要性，普及预防跌倒的方法。

2020年1月18日到3月1日，项目组通过查资料、咨询专业医生、走访亲友及邻居，总结导致跌倒的重要原因。项目组采用问卷调查形式，设计调研二维码进行问卷的收集、统计与分析。

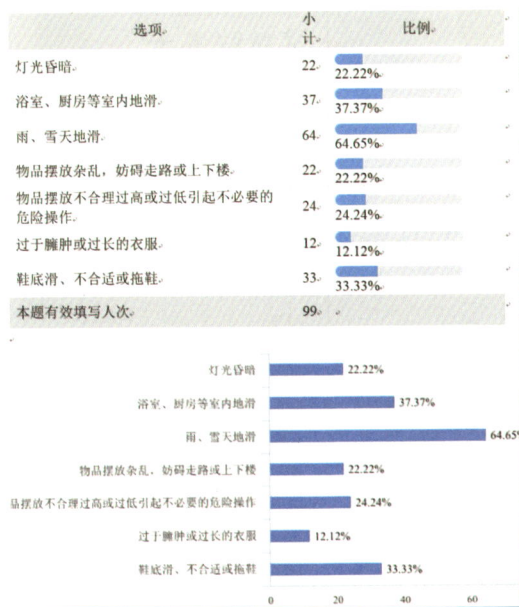

选项	小计	比例
灯光昏暗	22	22.22%
浴室、厨房等室内地滑	37	37.37%
雨、雪天地滑	64	64.65%
物品摆放杂乱，妨碍走路或上下楼	22	22.22%
物品摆放不合理过高或过低引起不必要的危险操作	24	24.24%
过于臃肿或过长的衣服	12	12.12%
鞋底滑、不合适或拖鞋	33	33.33%
本题有效填写人次	99	

老年人防跌倒调查问卷

2020年3月5日，项目组在网络上发布宣传特刊，温馨提示老人和千万个家庭注意居家安全核查和地面清洁；通过宣传防摔小贴士、小绝招等，为老人营造安全、安心的居家环境；同时针对老年人出门前的装备、出门后的应对，列出了安全小清单。

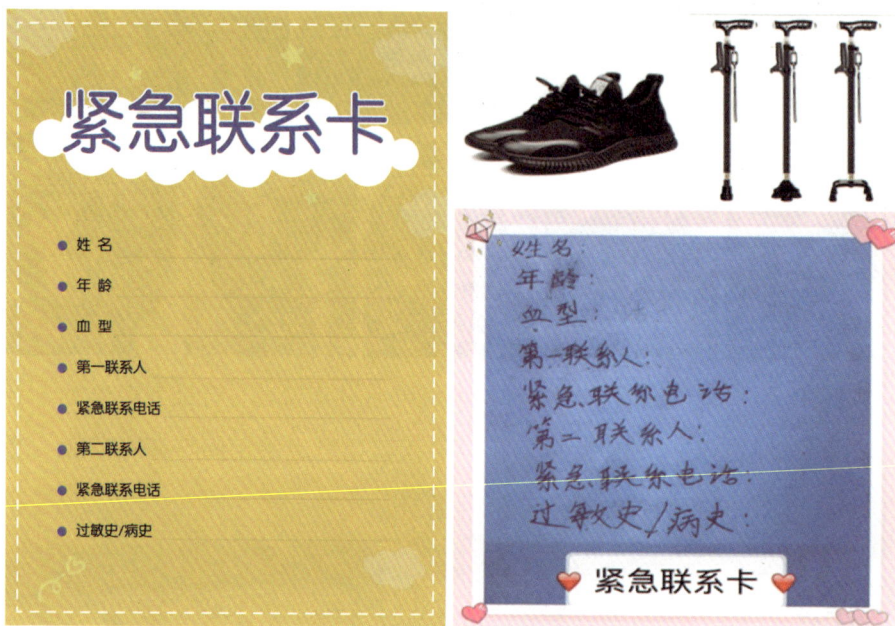

2020年3月6日，在黎童老师的号召下，五（10）中队全体队员结合生活经验与专家志愿者的建议，绘制了50多幅防摔宣传漫画。内容分为居家环境、外出环境、预防跌倒3大类共11个场景，每幅画上都有小绝招、小窍门和小建议。

2020 年 4 月 5 日，项目组在线上推出清明宣传特刊。项目组拍摄制作防摔宣传小视频，推出了一系列适合在家进行的体能训练，倡导大家关爱家中老人，指导和协助他们做适当的锻炼；特别邀请到中国中医科学院专业骨科医生录制了梅花桩拳的练习视频，为老人提供专业的指导。

2020 年 5 月 29 日，项目组发起"帮扶老人，情暖夕阳，防摔小技巧"网络宣讲活动。6 月 5 日，在微博、微信、公众号等多个平台发布"爱老，防摔大作战"的宣传视频，让更多的人直观感受到爱老防摔的重要性。

项目组为居家和外出的老人传授日常生活防摔小技巧，总结出老人易跌倒的 7 个关键时刻，在微信公众号发布丰富多样的防摔小视频。如：防摔注意事项、摔倒后简单的应急处理方法、简单易学的居家活动操、防摔小窍门、向专业医生请教相关医学知识等。

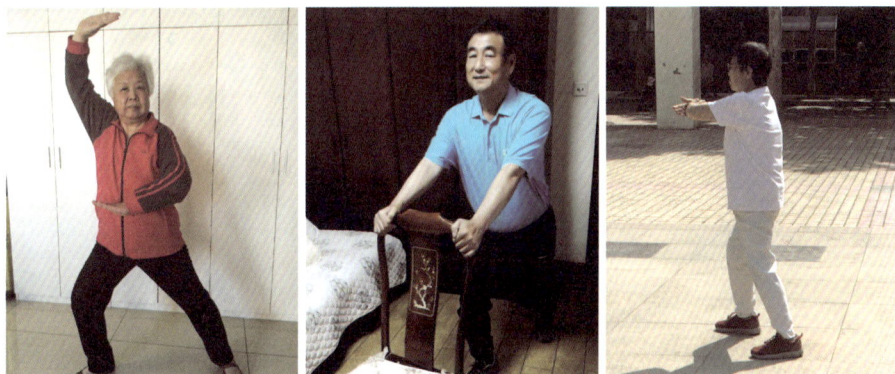

　　6月9日，项目组邀请专家志愿者王英杰医生开展"老年人骨质疏松性骨折的预防与处理"线上科普讲座。

　　第三阶段（2020年6月11日至2020年7月）：成果分享与总结阶段。在这一阶段，项目组进行项目复盘和反思，总结经验，在学校公众号宣传与分享。12月23日，项目组在史家小学校庆典礼上介绍并展示"爱老，防摔大作战"公益项目。

三、学生行动日记——记录公益之花盛开全过程

学生行动日记精选（一）

2019年11月26日　星期二　晴

五（10）中队　韩桉北

　　今天，我和薛颖心一起走进海运仓社区，与社区的爷爷奶奶们进行面对面的访谈，做项目前期的调研工作。

刚开始的时候我很紧张，因为这是我第一次承担这样的工作。但看到居委会工作人员和爷爷奶奶们和蔼、充满笑意的脸庞时，我没有了之前的紧张，并且对自己的这次调研活动充满了信心，迅速进入"工作"状态。

居委会佟书记先向参与活动的爷爷奶奶们介绍了我们项目的目的和意义，然后我们具体介绍了这次调研的内容——问卷。问卷发放后，我和薛颖心观察爷爷奶奶们答问卷的情况，并及时解答爷爷奶奶们的问题。我们认真、细心"工作"的样子，热心为爷爷奶奶们解答的态度，得到了爷爷奶奶们的认可。爷爷奶奶们也不时地进行讨论，还给我们提出了一些合理的建议。

我们在活动快结束的时候还采访了佟书记。佟书记很认真地与我们交流了自己的想法，肯定了我们的项目，还根据工作实际向我们提出了中肯的建议，希望我们完善项目实施计划，给老人在防摔救助方面提供有用的知识与有效的帮助。通过这次社区调研活动，我对我们的项目更加有信心了！我下定决心要和同学、老师一起努力实现这个项目的目标，帮助更多的爷爷奶奶、帮助更多的家庭。我也相信通过这次的服务学习项目，我能得到更多的锻炼，取得更大的进步。

学生行动日记精选（二）

2020 年 1 月 15 日　星期二　晴

五（10）中队　薛颖心

近期，我们项目组将要走进北京南门仓社区开展一场项目宣传活动。这次活动我们邀请到了一位特殊的嘉宾，她就是敬爱的王欢校长。同时北京市电视台对我们的项目进行了现场采访，我作为项目发起人既激动又兴奋。

下午两点半，活动开始了。台下坐满了社区的爷爷奶奶，我们从项目发起的创想动因、执行计划，以及项目想要达到的目标几个方面，为在座的来宾进行了详细讲解。王欢校长说老人们上了年纪，不小心摔倒是很常见的现象，我们的项目能从身边经常发生的事情入手，为身边的老人着想是非常有意义的。她鼓励我们一定要把项目做好，广泛地传播出去，争取让更多的人受益。在座的爷爷奶奶听了我们的讲解之后，对项目也非常感兴趣，还跟我们说起自己什么情况下摔倒过，当时是怎么处理的，项目怎么做能让老人更好地理解。同时，他们也给我们提了很好的建议，比如希望调查问卷的字能大一些，方便老人看清楚。

通过这次社区活动，我们深深地感受到了大家对公益项目的呵护与期望，相信在大家的鼓励与支持下，我们"爱老，防摔大作战"项目一定会越做越好。

四、学生反思工具——从回望中汲取前行的力量

学生反思精选（一）

姓名：龚小洲　时间：2020 年 1 月 15 日
项目名称：爱老，防摔大作战

发生了什么	有何感受
项目宣传中令我最难忘的一件事，是南门仓胡同演讲的那一次。我观察到老人们观看我们的演讲很开心。看到老人们开心，我也很开心，因为我们不仅给老人们带来了快乐，还让老人们了解到防摔倒的常识。我在心里暗暗地想：我要在网上学习更多的防摔知识，把知识讲给周边的老人。我更要关注奶奶、姥姥的安全	在项目活动中，我不仅体会到助人为乐的快乐，也敢于在公开场合大胆地展示自己。 　　在参加项目以后，我的心情也有了很大的变化，我变得更加乐观、更加开朗了。之前，我遇到一点伤心的事情就会哭，但是现在我会努力克服，锻炼心智，再也不会因为一点点小事就闹脾气了

续表

有哪些主意	有哪些问题
1. 扩大宣传范围，不仅在东城区的社区，还可以去朝阳区、西城区、海淀区等地的社区，让更多老人了解防摔知识； 2. 排练一些内容更丰富的小情景剧，这样可以让老人们更直观地知道怎样做可以防摔倒，摔倒后该怎么办，以及如何防止二次摔倒	1. 我们可以到专业人员那里学习防摔知识，以便更好地给老人们讲解； 2. 我们可以去采访一些老人，了解他们曾经摔倒的情况，汇总成资料，让更多的人了解和关爱老人的生活状况

教师评语
你是一位心中充满温暖并且能够带给他人温暖的孩子。你不仅从活动中获得了自信，还体会到了服务他人的快乐。你的建议正是项目继续开展下去的方向。希望在今后的活动中，你能利用合理的宣传方式，不断地扩大项目的影响范围，提高社会关注度，让更多老人从中受益

学生反思精选（二）

姓名：张钰涵　时间：2020 年 5 月 25 日
项目名称：爱老，防摔大作战

发生了什么	有何感受
项目需要拍摄一个宣传防摔知识的小视频，我打算先学习专家志愿者王英杰大夫专门为我们录制的科普视频资料，再进行录制。学习中，我发现视频中的内容远远超出了我平常所了解的防摔知识，于是我便从中摘取了几个主要知识点，经过多次录制，终于在妈妈的帮助下完成了防摔科普短视频	普及防摔知识，除了具体措施，了解其中的道理也非常必要。开始时我觉得防摔内容有些复杂，但经过反复录制，完成后感觉效果还是挺好的，讲解得比较清楚。我觉得只要用心，只要努力，只要多思考，就一定会有收获

有哪些主意	有哪些问题
我们可以尝试制作短视频、写小文章、画漫画，通过微博等网络渠道进行宣传；也可以实地走入社区进行宣讲以普及知识。形式要多样，内容要兼具知识性、趣味性和实用性	在面对大量信息的时候，我有时难以总结和提炼出其中的关键点，导致在视频宣传讲解的时候缺乏重点，过于啰唆

续表

教师评语

　　你善于发现问题和总结问题。你观察细致，发现拍摄视频宣传的方式过于单一，不容易吸引人群，影响项目的宣传范围。在考虑项目可行性的基础上，你提出了切实可行的解决方法，方案合理可行，建议在下次宣传活动中采用

五、家长感悟——在公益服务中和孩子一起成长

家长感悟精选（一）

敬老爱老，传承孝道

薛颖心家长

　　这几个月，我有了更多的时间陪伴在孩子身边，与孩子共同经历了项目执行全过程，感受到了孩子在服务学习中的成长与变化。面对摄像头，她一边努力地记忆着生涩难懂的预防摔倒的专业知识，一边还要练习能够帮助理解防摔知识的动作和手势；面对软件，她努力地学习着视频编辑、文字插入等新技巧；不能出门做宣传，她就通过微信跟项目组成员商量如何通过网络更好地展现项目宣传内容和成果。这些对于孩子来说都是磨炼与成长，她变得更加自信与沉着，更能从大局着想，注重团队协作，也更有责任心与进取心了。

　　在大力培育和践行社会主义核心价值观的时代背景下，学校和中国扶贫基金会给了孩子们一个更广阔、更自由的舞台，让他们在服务与学习的过程中不断历练、不断成长。孩子们更加关注社会、关心他人、懂得感恩。在这里，我衷心地感谢学校搭建的这个平台，为孩子们插上梦想的翅膀，并为追逐梦想奋力飞翔。同时，我也要感谢黎童老师对项目的倾情付出，对孩子们给予的帮助与支持。我更要感谢所有通过手机屏幕与孩子们互动

的爷爷奶奶，是你们的支持与关注给了孩子们前进的动力与信心。祝福孩子们在公益的道路上越走越远，愿每一颗公益的种子都长成参天大树，在他们的心中开花结果。

家长感悟精选（二）

陪伴孩子，共同成长

龚小洲家长

现在的孩子大多属于独生子女，基本上一个家庭五六个大人围着一个孩子转，孩子的依赖性和自我意识越来越强，缺乏对家人的谦让和感恩。

这次通过参加学校组织的公益活动，小洲从项目开始走进周围社区做活动调研，开展关爱老人健康的宣传，到整理活动记录，上网查询老人防摔知识和老人防摔器械，查找软件录制、剪辑小视频，每一个步骤都需要他专心参与和全力投入。这不仅锻炼了他的动手能力，更是通过活动懂得了关心和照顾他人。

作为家长，我负责协助孩子们运营公众号。在和小洲一起整理文章、编辑图片、更新公众号宣传内容的过程中，我最大的感悟就是：通过这个活动，小洲和家里老人的交流更多了，更加懂得去关心奶奶和姥姥的身体健康了，外出时总是提醒她们携带拐杖，注意走路姿势，有时搀扶着老人。同时，通过这个活动，孩子逐渐喜欢上了计算机，主动学习编辑文章、修饰图片、编辑视频、查阅资料，有些地方比我们这些大人懂得还多。这也让我认识到此次公益活动激发了孩子更大的潜能。

六、帮扶对象——服务社会，爱心连接你我

帮扶对象感言精选（一）

八龙桥居民王永生："新冠肺炎疫情期间，孩子们在网络上坚持宣传项目，传播防摔的科学小常识，项目宣传形式丰富多彩，宣传内容也很实用。比如那篇安全居家环境的文章，我仔细看了，并且对照自家的居住环境检查出不少隐患，还专门按照孩子们给出的建议添置了浴室防滑椅、防滑垫等。孩子们的这个项目对于老人来说真的很实用，很多老人会得到实实在在的帮助。"

帮扶对象感言精选（二）

左家庄西街居民倪传华："孩子们的公益项目宣传文章和小视频，我都认真看了。我很感慨，现在的孩子们真是了不起啊！项目开展得非常认真，计划周详，内容还很实用，我为他们点大大的赞！这个项目切实能帮助到年龄大的人，使他们认识到预防摔倒的重要性。我自己也学到了很多预防摔倒的小常识，我有时间的时候还会依照网上预防摔倒的动作进行锻炼。感谢孩子们，也希望你们今后推出更多有意义的公益项目！"

七、成果展示——公益，我们一直在路上！

"爱老，防摔大作战"服务学习项目因表现突出，最终获得了由中国扶贫基金会颁发的"益路同行·优秀公益创新团队"奖章。

项目组制作的宣传小视频

"爱老，防摔大作战"公益创想 爱心同行

在日常生活中，我们经常会遇到老人不慎摔倒的事例。摔倒后轻则骨折，重则可能带来更严重后果。什么原因容易引发老年人摔倒?哪些因素会增加老年人摔倒的危险?如何引导老年人自身和社会的重视?如何完善环境设施?如何正确预防摔倒?如何掌握自救与他救的具体措施?为此，北京史家小学五年级10班项目组发起了"爱老,防摔大作战"益路同行公益项目，旨在关爱老年人健康、倡导全社会爱心同行!

2019年11月26日，项目小组成立伊始，率先走进海运仓社区，与爷爷奶奶们座谈、调研，掌握第一手信息，听取广泛的意见，为制定合理、有效的实施计划打下坚实的基础。

中国教育网络电视台、人民日报全国党媒平台发布项目活动报道

消灭神翻译

"消灭神翻译"是史家小学五（17）中队耿歆懿同学发起，五（17）中队全体成员共同参与完成的服务学习项目。项目指导教师为史家小学宋宁宁老师。"消灭神翻译"服务学习项目自2019年12月初发起，至2020年7月底顺利完成。项目组通过线上形式，结合新媒体，包括微信小程序等进行项目宣传和推进，呼吁广大公众重视首都北京的英文标识翻译的准确性，进一步提升北京作为国际化大都市的形象。在疫情相对好转后，项目组先后前往三里屯、故宫博物院和日坛公园进行了项目宣传和推广。2020年7月1日，《北京市公共场所外语标识管理规定》正式施行。"消灭神翻译"项目恰逢其时，配合政府执行这一规定，为志愿者、公众和政府部门搭建桥梁，也得到了相关国家部门和外宾的认可。

一、指导教师推荐序

时光荏苒，又到了服务学习项目该总结的时刻了。回顾这一年来同学们在活动中的历练与成长，那一幕幕情景让人印象深刻。

开学初，耿歆懿同学发现生活中有一些离谱的神翻译，朋友圈里还经常有人把自己碰到的神翻译贴出来，博大家一乐。她觉得如果不加以纠正，这些翻译会让外宾们不知所云，更会影响他们在北京的出行与生活，这也会损害首都北京的国际形象。抱着高度的责任感与使命感，她带领全班同学开始了服务学习项目——"消灭神翻译"。

历练与成长

在开展活动的过程中，同学们热情高涨。然而小小的考验也在活动中应运而生，在项目展示的过程中，尽管我们在彩排中做到了精益求精，但是面对硕大的舞台和众多的老师、同学，初次登台的几位同学还是略显紧张。有的同学要登台表演时，突然出现了身体不适的状况。

胆怯和生病成为同学们开展活动遇到的第一道难关。不过，这些初生牛犊不怕虎的队员们很快就尝试着进行自我调整。登台前，他们严肃认真地相互打气。在他们相互拍手，微笑着走上舞台的一刹那，我知道他们已经迈出了自信与成功的第一步。与此同时，同学们也开启了由"小我"走向"大我"的华丽转身。

展露与丰盈

受疫情影响，项目组原计划开展的一系列线下活动不得已告停。但是，疫情并没有阻挡同学们的服务热情。2020 年 2 ~ 6 月，同学们仍如火如荼地开展了 2 次线下活动、10 次线上活动。三里屯街道、日坛公园留下了同学们胸怀家国、志愿服务的身影。特别是一篇篇有着真知灼见的线上宣传稿，也如雨后初阳，不断丰盈并滋养着阅读者的心灵。

作为这群朝气蓬勃的孩子们的老师，我和他们在这次公益之旅中并肩而行，通过一次次的交流与互动，我真切地感受到他们有无限的潜能与无穷的力量。

青春是美好的。在生命的底色中播撒下关爱、责任、担当的种子，让这些小小的种子在诚挚的心田生根、发芽。我想这正是教育和教育者所盼望与期待的。愿这颗承载梦想的小种子，能够为更多的人驱散黑暗，带给更多的人光明与希望。

指导教师：宋宁宁

二、创想梦工厂——种下一颗公益的种子

（一）创想动因

项目发起人耿歆懿同学幼年曾随父母在国外生活，有一定的英文基础，日常生活中也会关注一些中文的翻译是否准确。比如，她在北京某家商场的卫生间看到："小心滑倒"翻译成"slip carefully"（小心地滑倒）。她在想如果外宾们看到会如何反应？餐厅里的菜单也是神翻译重灾区。耿歆懿同学在某家餐厅的菜单上看到，将奇异果汁翻译为"strange juice"（奇怪的果汁）。北京是中国的首都，也是国际化的大都市，每年接待大量外宾，中英双语标识格外重要。可是大量存在的神翻译不仅词不达意，而且让人啼笑皆非。

这不是一件一笑了之的事情，如果不加以纠正，这些翻译会让英文标识的使用者——外宾们不知所云，影响他们在北京的生活和出行，而且十分影响北京作为国际化大都市的形象。因此，耿歆懿同学决定和小伙伴一起发起"消灭神翻译"服务学习项目，通过召集学生志愿者，聘请英文老师为顾问，号召大家在各种公共场所寻找和发现神翻译，并通过手机随手拍等方式反馈给项目团队，再联系相关的政府部门，纠正错误的翻译，为提升国际化大都市的整体形象出一份力。

（二）团队介绍

发起人及 总负责人	耿歆懿	史家小学五（17）中队成员，有较好的组织和协调沟通能力，英语成绩优异
团队伙伴	蓝艺萱	史家小学五（17）中队大队委员，组织能力强，具有团队精神，在本项目中负责组织工作
	禹诺铭	史家小学五（17）中队成员，善于沟通宣传、设计画画等，在本项目中负责宣传工作
	郑艾岩	史家小学五（17）中队成员，细心，善于管理，在本项目中负责财务工作
	高端子墨	史家小学五（17）中队成员，热心公益，善于沟通，在本项目中负责外联工作
指导教师	宋宁宁	史家小学五（17）中队班主任，热心公益，干练，具有很强的领导力、组织力、沟通力和执行力，教学经验丰富，善于引导孩子自我锻炼和提升
学生家长	高 冲	家委会主席，具有强大的组织和协调能力，并善于运用新技术、新媒体帮助项目实施
	曹 珊	多年国外工作和生活经验，能够指导孩子发现翻译问题，负责协调联络有关政府部门
	陈 芳	有公益热情和丰富的经验，能够协调指导孩子的项目

（三）实施过程

"消灭神翻译"项目自 2019 年 12 月初发起，到 2020 年 7 月底结束，共分为筹划准备、线上宣传发布、线下推广三个阶段。

第一阶段（2019 年 12 月 1 日至 2020 年 1 月 31 日）：筹划准备阶段。在这一阶段，项目组一方面制订方案，申请微信公众号；另一方面设计微信小程序并寻找程序员公益支持，联系千龙网落实后续工作等。比如，若发现神翻译，可以随手拍下后上传，从而更加高效地纠错。北京市政府通过千龙网也在征集神翻译，我们的项目可以直接对接、支持并配合政府的活动。

第二阶段（2020年2月1日至2020年3月31日）：线上宣传发布阶段。新冠肺炎疫情暴发后，项目组决定调整宣传方式，把重点放在线上。

2020年2月8日，项目公众号正式发布，宣告项目线上活动正式启动。2月12日，结合新冠肺炎疫情线上宣传《新冠肺炎疫情相关的英语学习》；2月17日，线上宣传《跟着王毅外长学英文》。公众号单篇文章阅读量达到650次，这也给项目组全体人员不少的成就感。

2月22日，开展线上活动"让我们怀疑人生的神翻译"；3月5日，结合雷锋主题进行线上宣传。

学雷锋也要与时俱进

消灭神翻译

进入三月份了，疫情之下的"消灭神翻译"小组已经被困在家里一个多月了，虽然不能去学校上课，但学习的步伐却从未停止。

3月5日是"学雷锋日"，每年的3月份我们都可以在电视、网络和学校的板报上看到雷锋画像和雷锋叔叔的光荣事迹。就在刚才，我们看到了一则关于雷锋及"雷锋精神"的调查视频。

看完这段视频，我们作为00后感觉到了些许的挫败感。看来大人们对雷锋叔叔的理解比我们要深刻得多。相比之下视频中个别同龄人的某些回答着实有点雷人，难道"雷锋精神"真得与我们00后渐行渐远了吗？

我的妈呀！打死我也不敢吃了，赶紧逃命去吧！

3月10日，线上宣传《消灭神翻译，更要消灭"恶意翻译"!》；3月13日，项目组针对疫情之下同学们长期在家中可能产生的焦虑等心理压力，发布了一篇中英文对照文章，为如何在疫情之下舒缓心理压力提供了简单可行的建议。

消灭神翻译，更要消灭"恶意翻译"!

消灭神翻译

新冠疫情开始以后，我们"消灭神翻译"项目的外联小组一直关注着网络上的各种动态和信息。在全国人民万众一心合力抗疫的背景下，我们时常被勇敢无畏的医护人员以及坚守在各自岗位的警察、快递员、物业工作人员等英雄群体的逆行而感动落泪。作为00后，我们头一次感到了亿万同胞团结一心的惊人力量，更深深地以生在中华大家庭里而骄傲和满足。

1. 尽可能维持正常的生活作息。
Try to keep a daily routine
保持充足的睡眠，合理饮食，避免过多摄入食物，合理安排时间，使生活充实起来。
Get enough sleep dine well and avoid overeating. Arrange your time properly and fill your life with various activities.

3月16日，一款适合手机随手拍和上传的小程序正式上线。起初，因预算有限，项目组寻找愿意免费为公益活动设计小程序的技术人员。最终，项目组找到了热心公益的程序员叔叔，在最短的时间内开发出小程序。

4月5日，项目组在线上宣传《清明时节雨纷纷》，展现优美的英文翻译；4月13日，线上宣传《全球抗疫下的"传神翻译"》。

第三阶段（2020 年 4 月 1 日至 2020 年 6 月 30 日）：线下推广阶段。北京疫情有所好转后，项目组结合当时网上流行的神翻译"You dida dida me，I'll huala huala you"（滴水之恩当涌泉相报），在外宾比较集中的三里屯，进行了一次街头采访外宾的活动。

4 月 21 日，项目组在三里屯随机采访了 10 余名外宾，听取他们对神翻译的感受和如何消灭神翻译的建议，并鼓励外宾下载消灭神翻译的小程序，发现神翻译后反馈给项目组。

6月1日，项目组在日坛公园组织了第二场线下活动，大力宣传和介绍消灭神翻译活动及小程序。活动当天，项目组累计发出100多份宣传单，扩大了项目的影响力。

三、学生行动日记——记录公益之花盛开全过程

学生行动日记精选（一）

2019 年 11 月 15 日　星期五　晴

五（17）中队　蓝艺萱

在我们学校举办的"学做先锋心向党，筑梦中华志许国"的少先队代表大会上，我们"消灭神翻译"项目组的同学们用情景剧的方式向全校同学展示了我们的公益项目，同时号召更多的同学加入我们的活动，和我们一起消灭身边的神翻译。

这次演出非常成功，但在表演前我们经历了很多的波折。从剧本的编写到服装道具的准备，从排练到最终的表演，我们敬爱的宋老师和亲爱的

家长们给了我们很大的帮助，让我们有了更多的信心和动力。在表演中，我们既紧张又兴奋，但我们都积极克服了。我们用幽默的语言和精湛的表演向在场的老师和同学们展示了什么是神翻译，以及我们为什么要消灭神翻译。表演结束时，台下响起了热烈的掌声，他们为我们的表演点赞、喝彩。这让我们对项目更是充满了信心。

这次表演的成功让我们体会到了做一件事情要有不怕困难的精神。接下来的日子，我们还会走出校园，走进社会，让更多的人知道并参与到我们的项目中。

学生行动日记精选（二）

2020 年 6 月 1 日　星期一　晴

五（17）中队　郑艾岩

今天是我们"消灭神翻译"公益项目线下活动宣传日。早晨 8 点，我和妈妈迎着朝阳前往活动地点日坛公园。9 点，我们小组的同学全部到齐。集合后，我们先拍一张合影记录下这有意义的时光。这是"消灭神翻译"公益项目在三里屯街访外宾后的第二次线下活动，我和小伙伴们都很激动，互相说着鼓励的话走进了日坛公园的大门。

因为疫情，而且又是工作日，所以公园里的年轻人很少，都是一些老人带着小孩子在晨练。这给我们的活动带来很大难度，因为项目主要针对的是年轻人。我们只能不停地在公园里寻找可以宣传的对象。经过不懈努力，每个人都找到了合适的人员。

我找到的第一位是个带着小朋友的年轻妈妈，她很开心地接过我手里的宣传资料，还问了我一些"消灭神翻译"的问题，我都一一做了回答。最后她感慨地说现在的小学生真是厉害。接下来是一对年轻的夫妇，我把宣传资料送给了他们，还跟他们讲解了项目的目的和意义，并举例"Open water room, ant climb tree"这样的错误，请他们如果发现类似的情况就用手机拍下后上传到指定地方。他们非常高兴地接受了，还表扬了我们的这种行为，并且表示很高兴参与这样的活动。

通过这次的活动，我对服务学习项目又有了更深刻的认识。在今后的生活中，我会把"消灭神翻译"一直坚持下去，让人们尽量少看到那些神翻译。

四、学生反思工具——从回望中汲取前行的力量

学生反思精选（一）

姓名：耿歆懿　时间：2020 年 2 月 20 日
提案名称：消灭神翻译

发生了什么	有何感受
新冠肺炎疫情暴发，短时间内难以结束。为了防止病毒传播，政府号召居家，大家无法去公众场所发现神翻译。我们该如何推动项目的实施呢？	疫情发生后，各行各业都在利用网络来完成各项工作。我们的项目也要充分利用网络来推进
有哪些主意	**有哪些问题**
当前大家都通过远程会议、新媒体或者微信小程序等开展各项工作。所以，我们项目组也要通过线上保持密切的沟通。另外，我们要格外重视公众号宣传，加快小程序的开发和发布，让更多人通过线上来参与我们的项目	需要发动更多的同学投稿来保持公众号的活跃度。开发小程序则需要找到热爱公益且愿意无偿支持的程序员叔叔。实施过程中遇到技术问题则需要与程序员叔叔反复沟通解决，最终设计出符合项目需要的产品

教师评语

老师被你全身心投入的精神深深地打动了。面对全新挑战，你绝不退缩，并且结合当下的各种新情况和新技术，积极主动地协调小组成员一起推动项目。你勇于担当，主动承担了大量的工作。老师欣喜地看到你不断地发现问题、解决问题，取得了全方位的进步！老师真为你的成长感到高兴！

学生反思精选（二）

姓名：高端子墨　时间：2020 年 4 月 21 日
提案名称：消灭神翻译

发生了什么	有何感受
三里屯街访外宾是我们项目的第一次线下活动，活动一开始比较顺利。但是，中途我们遭到了三里屯办公室工作人员的阻止，他们认为我们的活动打扰到顾客，并让我们立刻结束离开，还说需要提前报他们办公室审批	我当时感觉很委屈也有些生气，我们是在做公益活动，并不是发广告传单。但为了让这次活动能够顺利完成，我们不能强行争辩。我们需要跟他们讲道理
有哪些主意	**有哪些问题**
我们对办公室工作人员解释：我们在开展一个有利于改善首都国际形象的公益活动，不是在做商业推广，接受采访的外宾不仅乐意配合，还表扬中国小学生很厉害！我们确实不了解公益活动也要事先申请批准的规定，希望工作人员能予以谅解，允许我们完成这次活动，下次我们一定会提前申请报批的	工作人员允许我们完成正在进行的这场采访，但是今天的活动不能再开展了，而且今后要提前通知他们，得到批准

教师评语

在三里屯街访外宾是一个非常有创意的想法。虽然你们在执行过程中遇到了意想不到的麻烦，但是老师很高兴看到你们控制住了自己的情绪，能够冷静地与工作人员沟通来解决问题，并且意识到准备工作的不足。今后你们的活动一定会越办越成功！

五、家长感悟——在公益服务中和孩子一起成长

家长感悟精选（一）

享受多彩校园生活　铸就孩子精彩人生

高端子墨家长

感谢史家小学，在完成教学任务之余，给了孩子们诸多的展示空间和舞台，给了孩子们多彩的校园生活选择。通过参加这次服务学习项目，家国情怀、团队合作、责任感、换位思考，这些书本上的育人目标，真实、自然地浸入孩子的内心。教育的过程是设计出来的吗？的确是的，但教育的结果一定是内心的自主感知、生根发芽。结果与成败并不重要，体验、参与过程中的收获，才是孩子们得到的最大的财富。舞台上的主角就该是这些自然生长、全面发展的娃娃们。他们的人生起点有这样的经历，真是幸运！

记得两年前孩子参加学校"创智汇 MAKER 商业挑战赛"时，王欢校长的几句话感动了不少的家长："孩子，我们不在乎你们研发的新产品有多高科技、有多成熟。我们在乎的是你们是不是充满热情地参与其中并收获快乐；我们在乎的是你们是不是有一双慧眼、有独立思考的头脑、有独特观察的视角，能够发现生活中的问题，并且尽自己最大的努力去改善它；我们在乎的是你们在组建团队的过程中，能够确定目标，商讨方向，团结协作，能够把你们的想法变成现实；我们在乎的是不管创新的道路上有多少困难坎坷，面对成功，你们依然能够踏实钻研，面对失败，你们依然能够怀有最初的勇气和担当。"

这就是一个"师者"的高瞻远瞩。

我认为名次与结果并不重要。当看到孩子们说出"项目可以结束，但我们将把'消灭神翻译'的工作继续下去，形成一种习惯，变成未来生活中的一部分"时，我觉得这就足够了！我们乐于看着他们悠然地享受多彩的校园生活，我们更乐于悠然地看着他们慢慢长大！

家长感悟精选（二）

课本之外的成长

耿歆懿家长

作为项目发起人的家长，我刚刚接触"益路同行"的创意时，本以为只是提交一个概念和想法，没有意识到之后需要全流程地管理和投入整个项目的设计、动员、预算、实施与总结。对于五年级的孩子来说，他们有做公益的热情和创意，也初步具备了一些解决问题的能力，但缺乏项目管理、应对突发事件等的经验，需要家长和孩子们一起边做边学。整个过程虽有酸甜苦辣，却也受益匪浅，学习到很多课本之外的技能。

回顾项目从酝酿到实施这半年多的时间，感触比较深的有以下几点。

一是社会责任感。史家的教育经历使孩子们具备对公共事务的关注度与参与度。此次项目实施中，新冠肺炎疫情带来了很多困难和挑战，但是孩子们不惧困难，依然全情投入，坚持启动、实施公益项目，即使达不到最初的目标，也要尽可能让更多人关注英语标识这一社会问题。家长们也深受孩子们的精神鼓舞！

二是如何应对突发事件。孩子们年龄小，面对挑战容易产生挫折感，特别是疫情打乱了项目的部署和安排。作为家长，需要跟孩子们一起应对困难，帮助孩子们寻找方法来解决问题。疫情影响到线下活动，但由于科技的力量，项目组充分发挥线上优势进行宣传，也达到了很好的效果。

三是团队合作，各司其职。如何与他人合作、如何发挥团队合作优势对孩子们而言是非常重要的技能。这一公益项目为孩子们提供了绝佳的学习机会，使她们学会发现他人身上的长处，从别人的角度看问题，理解他人的难处，以及如何互相鼓励、互相帮助等。半年多来，我明显感受到孩子们在团队合作、与人相处方面的进步，这对项目的成功实施也是非常重要的。

我相信，项目对孩子们的积极影响将是长期的。"益路同行"的创意也为国家为社会培养出一大批致力于公益活动并有能力实施的年轻力量。这是一个利国利民的优秀平台。期待孩子们在这一平台上实施更多的好项目。

六、帮扶对象——公益服务社会，爱心连接你我

帮扶对象感言精选（一）

千龙网负责纠正英语标识的人员："千龙网受北京市政府委托，最近几年一直在开展错误外语标识的纠正工作，而史家小学'消灭神翻译'项目是对我们工作的有力补充！这群五年级的孩子非常让人赞叹，他们拥有国际视野，善于发现问题，还能够利用互联网技术开发小程序，让更多的人参与进来。千龙网之前一直是用网站电脑端来征集错误外语标识。孩子们的小程序启发了我们的技术人员，我们同期也开发了手机二维码，利用手机端来开展这项工作。我为这群具有公益精神和国际视野的孩子们点赞！"

帮扶对象感言精选（二）

印度驻华外交官："我们全家在北京已经生活了一年多，我女儿也是

一名小学生。史家小学的学生正在做的'消灭神翻译'活动让我和家人都非常惊叹。因为我们在日常生活中经常被一些错误和奇怪的翻译搞蒙。这对于北京的国际化也很重要，英语标识的正确性也关系到北京甚至中国在国际上的形象问题。此外，五年级的孩子就在做这样富有意义的活动，我也感到非常钦佩，希望我的女儿也能够参与他们的活动。非常期待通过这个项目，北京的英文标识会得到很大改进。"

七、成果展示——公益，我们一直在路上！

"消灭神翻译"项目组通过线上形式，结合新媒体，呼吁广大公众重视首都北京的英文标识翻译的准确性，进一步提升北京作为国际化大都市的形象。微信小程序上线之后，下载量达到 2000 次，微信公众号的阅读量累计达到 2000 多次。疫情相对好转后，项目组及时组织了 3 场线下活动，进行项目的宣传和推广。因表现突出，项目最终获得了由中国扶贫基金会颁发的"益路同行·优秀公益创新团队"奖章。

北京市人民对外友好协会常务副会长张谦女士寄语

北京市人民对外友好协会常务副会长张谦女士寄语：

规范公共场所外语标识是首都作为国际化大都市的需要。我本人多年来一直参与这项工作。以前，北京市一些公共场所的外语标识，有的让外国人不知所以然，更有令人啼笑皆非的神翻译。

通过政府职能部门的多年的努力和广大专家学者和市民的不断支持，外语标识渐渐走上正轨了。史家小学五年级17班耿歆懿同学就是积极支持这项工作的一个北京小朋友。作为一名小小志愿者，她在今年年初发起了"消灭神翻译"项目。这一项目和政府一直推动的规范外语标识工作目标一致，还充分利用了移动技术，开发了手机小程序便于公众积极参与，共同来消灭神翻译。

五年级的孩子年龄虽小，却拥有百分之百的小主人翁精

I want to congratulate GENG Xinyi, fifth grade student at Shijia Primary School, for her project to "eliminate incorrect translations" (消灭神翻译).

Having spent almost 30 of the past 45 years living in China - studying and working - I have certainly seen my share of these "mysterious" translations, whether on advertising, packaging, or instructional signs. Since I usually understand the written Chinese, I have often found these translations humorous. But Xinyi has pointed out to me that there are other more important aspects to these fallacious translations.

She has shown me that these

前美中商会主席、前美国驻华使馆商务公使蔡瑞德（William Zarit）感言

131

温暖相伴，一路有光——科技关爱科普活动

"温暖相伴，一路有光——科技关爱科普活动"（以下简称"温暖相伴，一路有光"）服务学习项目由史家小学三（9）中队陈卓然同学发起，三（9）中队全体成员共同参与完成，指导教师为鲍虹老师。"温暖相伴，一路有光"项目自 2020 年 1 月发起，至 2020 年 7 月圆满结束。项目组通过设计研发产品、网络需求调查、走访支教小学、动员全班同学制作小科技产品、捐赠暖光台灯、线上与张家口郝家营小学交流科技、为医护人员设计防护服降温神器等活动，完成了共计 11 次线上推广与宣传活动、3 次线下活动。项目得到了东城区政府的高度评价，并且被《东城区政务报》专题报道。中国网、"扬帆计划助学"公众号、"凝爱成长团"公众号等多家媒体对项目进行了报道。

一、指导教师推荐序

科技创新是人类不断进步和发展的重要驱动力，能源的获取和能量的转化一直是人类创新的重点课题。如果能有效地将废弃能量转化为电能，那么将是有利于全人类的一件大好事。三（9）班服务学习项目组致力于用科技改变未来，在服务学习的过程中传递着爱的温暖与光亮。

用心发现，科技创新

"服务学习"项目是史家教育集团的德育特色，更是育人亮点，它倡导同学们"学习中服务、实践中成长"，利用课堂所学，服务社会、奉献他人，从而根植担当精神、涵养家国情怀。同学们通过讲解台灯温差发电的原理，在示范制作的过程中启发他人思考，鼓励自主发明创造。同学们还把研制过程做成视频材料或说明书，寄送给资源不足的学校，用远程视频的方式，启发当地学生多思考、多动手。此外，同学们还发明了一些易操作、好传播的科技产品，进行推广宣传，让小小发明家的想法惠及、传播到更多更远的地方，为祖国的科技发展挖掘和培育更多的新生力量。

用情交流，科技服务

庚子年春，风雪迎春时，新冠肺炎疫情来袭。学校发出"服务学习、'疫'路同行"号召后，我意识到：危机亦是良机，疫情之中何尝没有育人良方？于是，三（9）中队"科技战'疫'、'童'舟共济"服务学习项目组在疫情期间没有停下用科技播撒爱的脚步。

孩子们想到利用蜡烛燃烧的热量来驱动温差发电片产生电能，再用电能点亮 LED 台灯，既提高亮度、保持稳定，又可延长时间，方便可靠。但蜡烛是消耗品，没有蜡烛该怎么办呢？孩子们大胆创想，经过试验发现一杯 600 毫升的开水能点亮暖光台灯 1 个小时以上，后亮度虽会减弱，但能持续发光 2 个小时。特殊时期，同学们心系疫区，亲手制作出兼具实用性与创造性的科技作品，用智慧点亮每一个抗"疫"的夜晚。

延期开学不停学，我们迎来了一个特殊的"学雷锋日"。作为指导教师，我依托服务学习项目，因势利导，在科技创新的深化、细化、具化上下功夫，组织学生依靠科技力量，践行雷锋精神，实施精准服务。该如何让暖光台灯发挥具体作用？如何借助科学技术研发更多更好更实用的战"疫"产品？小组成员崔穆涵提出把暖光台灯送给身边的守护者！夜幕细雨中，崔穆涵将暖光台灯送给了保安叔叔，项目发起人陈卓然也积极践行雷锋精神，迫不及待地将台灯送到执勤的爷爷奶奶手中。

登高而招见者远，顺风而呼闻者彰。小组成员践行"战'疫'有为、科技助力、服务有我"的思想，将台灯送给了许多一线战"疫"人员。同时，小组成员还广泛开展"小革新、小发明、小创造"活动，做出了一个个科技小产品。生动的载体、鲜活的形式、真挚的童心，孩子们在服务学习项目中领悟新时代雷锋精神的深刻内涵，承载为民服务、为国尽忠的使命担当，铭记"从小学先锋、长大做先锋"的思想。这是疫情给孩子们上的一堂特殊大课，我也借此机会，鼓励孩子们在科技理念的指导下践行服务精神。当疫情散去，这些眼中有光、心中有爱的孩子们，也必将携带这点点星芒穿越时光的长廊，照亮更远的地方。

用爱温暖，科技连心

初春三月，"温暖相伴，一路有光"服务学习项目组本应带领全班同学到张家口郝家营小学当"小老师"，然而疫情阻碍了项目组助教的脚步。在家长的帮助下，学生们自主录制了一些科技小视频，与郝家营学校的小伙伴分享。一个个简单的科技小产品蕴含着少年的闪亮智慧，更饱含着战"疫"的决心和守望相助的深情。同学们对科技的兴趣愈发浓厚，也更加珍惜友谊。在这特殊的时刻，我们更深刻地感受到了大家庭的相守、相助与温馨。活动中，家校协同，对同学们的视频进行汇总和整理，在项目组公众号上进行展示与分享，让更多的人足不出户就能学到知识、感受到爱心。

在这段短暂而难忘的"服务学习"期间，我引导孩子们学习与实践并举、立言与立行并重，线上与线下并用，让他们在学、思、践、悟、创，以及多向、多维、多层的实践活动中收获成长。此外，我引导学生稳步推进服务学习项目，坚持科技理念，践行服务精神，助力学生在这场疫情大考中成长。沧海横流显本色，苦难毕竟铸辉煌，亦是我情之所系、心之所向。服务学习的故事未完待续，孩子们会继续用科技力量驱散疫情阴霾，用服务热情重燃温暖和光亮！

指导教师：鲍　虹

二、创想梦工厂——种下一颗公益的种子

（一）创想动因

2018年国庆期间，史家小学三（9）班几位同学跟随爸爸妈妈去木兰围场游玩，发现离北京三四个小时车程的承德山区依然贫穷，在草原深处还有破旧的土坯房，每天限量供电，孩子们只能在昏暗的烛光下读书、写字，摇曳的火光既伤眼又危险。

项目组发起人陈卓然在台灯下写作业时，突然想到如果台灯不用插电就能亮，就能解决那些山区孩子晚上学习时的照明问题了。于是，陈卓然与爸爸一起通过材料选型和产品测试，攻克了一个个技术难关，最终研制出了"暖光台灯"。此台灯用一壶开水就可以点亮4~6个小时，并且亮度完全可以满足在黑暗中看书学习的需求。产品研制成功后，同学们为"暖光台灯"提交了实用新型专利申请，获得国家知识专利产权局颁发的"实用新型专利证书"。同学们想把产品介绍给更多有需要的人，尤其是其中的科学原理以及创新过程，让大家感受到这种小科技的力量和乐趣，激发大家爱科学、爱创造的动力。

（二）团队介绍

发起人及总负责人	陈卓然	史家小学三（9）中队成员，积极主动，勇于尝试新鲜事物，有较强的组织能力和沟通能力
团队伙伴	周亮羽	史家小学三（9）中队成员，热爱科学，喜爱科学试验，做事认真、细致，在项目中负责团队运营管理工作
	张永博	史家小学三（9）中队成员，积极、活泼，善于沟通协调、组织筹划，在项目中负责市场推广、宣传工作
	尹泽霖	史家小学三（9）中队成员，有较好的审美和艺术感知力，在项目中负责品牌形象设计、对外形象宣传工作
	崔穆涵	史家小学三（9）中队成员，认真负责，执行力强，善于沟通，在项目中负责财务工作
指导教师	鲍　虹	有23年党龄、教龄和班主任经历的一线语文老师，担任年级主任，连续3年担任史家教育集团伙伴成长项目导师，获得史家学院培训导师优秀成果奖
专家顾问	陈中英	华北大学北斗系统工程部负责人，有丰富的产品设计及生产经验。在本项目中承担重要技术实现和设计任务，能为科技教具的设计和生产提供指导与帮助，确保教具的可行性、创新性和科学性

（三）实施过程

"温暖相伴，一路有光"服务学习项目自 2020 年 1 月 15 日发起，至 2020 年 7 月底圆满结束，共分为项目筹划准备、项目实施推广和总结反思三个阶段。

第一阶段（2020 年 1 月 15 日至 2020 年 2 月 14 日）：项目筹划准备阶段。在这一阶段，项目组成员一方面制订行动方案，完成产品的优化，使暖光台灯兼具费用低廉、操作便捷、携带方便、性能稳定、安全耐用等特点；另一方面开通微信公众号等宣传平台，设计制作宣传材料。同时，项目组还前往行知实验学校、延庆第二小学进行实地调研考察，了解大家对暖光台灯的实际需求，就"科技支教"理念进行了交流和分享，为后续完善项目提供思路和素材。

第二阶段（2020 年 2 月 15 日至 2020 年 6 月 20 日）：项目实施推广阶段。在这一阶段，项目组通过开展线上活动介绍产品能量转换的科学原理和创新过程中攻克技术难关的过程。项目组通过调查问卷、疫情送暖光灯、录制科技小视频、专题宣传、线上交流、设计新产品等走进社区，并结合线上活动，宣传"用科技为社会服务"的理念。

2 月 15 日，项目组通过问卷星及公众号投票开展项目的调查问卷活动，收回 112 份有效问卷和 22 张投票。

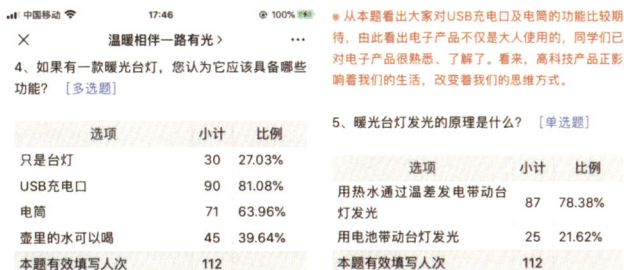

※ 从本题看出大家对 USB 充电口及电筒的功能比较期待，由此看出电子产品不仅是大人使用的，同学们已对电子产品很熟悉、了解了。看来，高科技产品正影响着我们的生活，改变着我们的思维方式。

4、如果有一款暖光台灯，您认为它应该具备哪些功能？[多选题]

选项	小计	比例
只是台灯	30	27.03%
USB充电口	90	81.08%
电筒	71	63.96%
壶里的水可以喝	45	39.64%
本题有效填写人次	112	

5、暖光台灯发光的原理是什么？[单选题]

选项	小计	比例
用热水通过温差发电带动台灯发光	87	78.38%
用电池带动台灯发光	25	21.62%
本题有效填写人次	112	

　　3月3日，项目组走进社区，把自行研发制作的暖光灯送给了值守的叔叔阿姨和安保人员。同时，小组成员在家延续"科技服务生活、科技改变未来"的思想，利用家里的废旧物，做成一个个科技小产品，并在微信公众号上发表。

　　3月下旬，三（9）中队全体队员以"灵动科技、快乐生活"为主题，开展线上宣传活动。他们通过录制科技小视频，和行知学校的小伙伴、老师分享生活中有趣的科学知识。3月20日、21日和24日，项目组推出了3期公众号，让更多的小伙伴动脑动手、爱上科学，感受科技的魅力。

　　4月2日、3日，项目组连续推出两期"致敬科学，缅怀先烈"专题公众号内容，回忆科学巨匠们的贡献，感受他们坚持不懈、潜心钻研的精神。4月4日，项目组在公众号推出《向英雄致敬　向逝者致哀——清明特刊》。

4月11日，项目组与张家口郝家营中心小学的师生们开展了一次别开生面的线上交流活动，迈出支教活动的第一步。围绕"科技关爱普及"主题，成员们展示了暖光台灯等科技小发明并做了科学讲解。

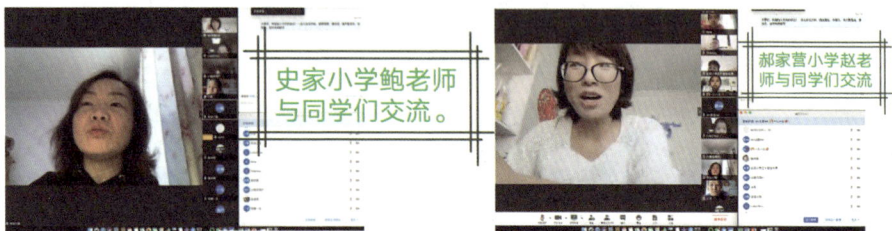

史家小学鲍老师与同学们交流。

郝家营小学赵老师与同学们交流

6月，核心成员周亮羽提出了"再设计一款能够降温的小产品，给抗疫英雄们送去凉爽"的大胆创想。项目组结合暖光台灯的科学原理，利用半导体材料的另一种"珀耳帖效应"（Peltier Effect），取得了实验的成功。项目有了新口号"暖光科技，可暖可凉"！

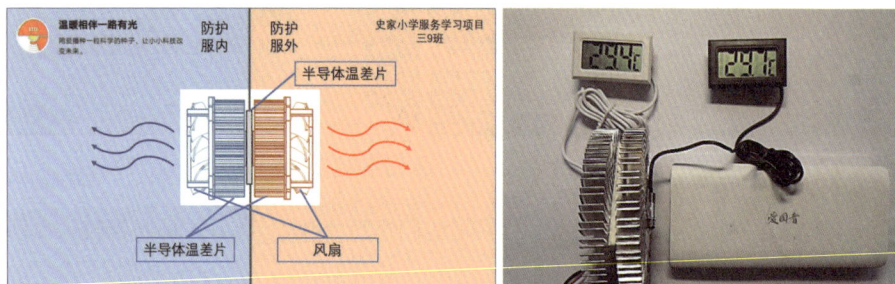

第三阶段（2020年6月21日至2020年7月10日）：总结反思阶段。在这一阶段，项目组完善创想，总结项目过程，交流经验，并在"六一"进行汇报演出。同时，项目组与服务过的学校建立友好的合作关系，持续宣传服务项目，争取再次走进校园进行项目推广。

三、学生行动日记——记录公益之花盛开全过程

学生行动日记精选（一）

2020 年 3 月 5 日　星期四　晴

三（9）中队　陈卓然

我们社区的守护者是由爷爷、奶奶、叔叔、阿姨们自发组成的。从清晨到深夜，他们一直坚守在门口给进出的人们测体温、查出入证，保证我们的健康、安全。在寒冷的冬季，他们每天一站就是好几个小时，早晨起得很早，晚上很晚才能回家。冬天那么寒冷，我非常心疼他们。每次路过门口，我都想怎么能帮上他们呢？我能做些什么力所能及的事情呢？

我想起了我们服务学习项目的暖光台灯。我们的暖光台灯只用热水就可以照明，这样他们既可以照明又有热水喝，也不用打着手电筒或在微弱的路灯下给进出的人们登记了。

说干就干，我就把我们的暖光台灯送给了他们。爷爷、奶奶们收到暖光台灯后特别高兴，晚上执勤时就用暖光台灯来照明。每当我走到社区门口时，他们总会微笑地看着我说："谢谢小朋友！"他们短短一句感谢的话，是对我们这个产品最大的肯定，也坚定了我实施服务学习项目的信心。我以后还要做各种小发明、小创造，分享给有需要的人，让更多的人感受到爱和温暖！

学生行动日记精选（二）

2020 年 3 月 3 日　星期二　晴

三（9）中队　崔穆涵

新冠肺炎疫情期间，我们看到了许许多多为人民服务的新时代"活雷

锋"。比如，义无反顾冲向疫情一线的医护人员，还有在小区门口负责测量体温的社区阿姨和保安叔叔。天气寒冷，条件简陋，无论刮风还是下雨，他们都坚守在大门口，守护着我们的安全。那我们能为他们做些什么呢？我想到了我们的暖光台灯。寒冷的黑夜里，我们的暖光台灯既能帮助叔叔阿姨照明，又能让他们在休息的时候喝上一口热水。我的这个想法得到了爸爸妈妈的支持，也赢得了鲍老师和服务学习项目其他组员的一致认可。于是我们马上行动起来。当我把暖光台灯交给执勤的保安叔叔，并为他演示操作的时候，叔叔为我竖起了大拇指，夸我是新时代的"小雷锋"。

我的心里暖暖的，小小的一盏灯，照亮了黑夜，照亮了你我，也照亮了我们践行雷锋精神、坚持实施服务学习项目的前路。我会继续努力，和小伙伴们一起，把暖光台灯分享给更多有需要的人，让更多的人感受到温暖和明亮！

四、学生反思工具——从回望中汲取前行的力量

学生反思精选（一）

姓名：周亮羽　时间：2020 年 4 月 3 日
提案名称：温暖相伴，一路有光

发生了什么	有何感受
清明将至，我们将科学家先烈们的光辉事迹精心录制成小视频，并配上文字发到我们项目的公众号上。这样可以让更多的小伙伴了解并感受先辈们的科学精神、奉献精神和民族精神	通过参加"致敬科学，缅怀先烈"活动，我深深地感受到了科学家先烈们崇尚科学、潜心专研的科学精神和满腔热血的民族情结。他们是"干惊天动地事，做隐姓埋名人"的英雄

续表

有哪些主意	有哪些问题
1. 开发更多更有效的传播手段，比如线下交流、邮寄录制光盘等； 2. 用更生动的表达方式，比如拍摄动画、编排歌曲、科学实验等； 3. 与更多的同龄人面对面交流，分享我们的经验做法	1. 受疫情影响，目前传播手段比较单一，介绍的内容不够生动； 2. 受篇幅、时间限制，不能将科学家先烈的光辉事迹比较全面细致地展现，以后可以做得更深入些； 3. 目前是以项目组传播为主导，以后可以多一些互动环节

教师评语
"自强不息，厚德载物"是你在这次活动中收获的精神力量。肯想问题、善于反思，是你收获的实践力量。你面对问题能基于实际找到解决问题的办法，特别了不起！老师为你加油！

学生反思精选（二）

姓名：尹泽霖　时间：2020 年 4 月 11 日
提案名称：温暖相伴，一路有光

发生了什么	有何感受
2020 年 4 月 11 日，我们与郝家营小学的师生开展了一次别开生面的线上交流活动。我们向郝家营小学的同学们介绍了服务学习项目的基本情况，还将暖光台灯等科技小发明做了展示和科学讲解	通过这次线上交流，我们不仅了解到郝家营小学与我们学校的不同境况，也感受到这样的知识分享带给我们的快乐，充分认识到主题中"暖光"和"有光"的真正意义
有哪些主意	**有哪些问题**
希望通过一次次科普支教活动，可以让他们爱上科学，无论在什么条件下，都可以从身边的小发明入手。让我们大家一起携手，共同畅游科学的海洋	线上活动受网速影响，效果不如线下面对面交流好。暖光台灯的科技原理没有被同学们完全理解。如果可以动手参与制作，会更好地了解发光原理

教师评语
你们的发明创造，让"暖光"和"有光"不再仅是单调词语，更是富有意义的思考和发现。老师期待你在成长道路中不断探索，畅游科学的海洋

五、家长感悟——在公益服务中和孩子一起成长

家长感悟精选（一）

公益济心灵，家国存大爱

周亮羽家长

通过服务学习项目的培养，孩子们不仅真切地体会到了关心他人、奉献社会的意义，感受到了传播正能量所带来的快乐和社会价值，还学会了分工和协作，锻炼了组织、演讲、讨论、创意、制作、归纳等各种工作技能。在服务学习项目开展过程中，史家小学的校领导们，尤其是班主任鲍虹老师，为孩子们付出了大量的时间和精力，用自己丰富的公益活动经验，为孩子们的行动提供指导，为孩子们的展示提供各种平台和机会。这让我们深切体会到，史家小学的治学理念不仅是要培养有知识有文化的人，而且是用百年树人的思想，在培育和塑造具有家国情怀的正能量小使者。

很幸运地加入了史家小学服务学习项目，很高兴让孩子拥有了一套不同寻常的培养计划，很希望周亮羽能在将来的人生中持续获得这样体系化的服务学习机会，成长为一个能够推动社会进步的人。孩子们参加服务学习活动的过程，也是我们家长自身经历洗礼和净化的过程。每次活动都让我们感受到社会的温情，感受到身边的浓浓善意。

家长感悟精选（二）

用科技点亮公益之光

张永博家长

这个项目不仅让孩子受益匪浅，对家长来说也是收获良多。科技公益

活动可以增进亲子关系，还能培养孩子对社会的初步认知。在活动中，家长和孩子的接触，有利于促进双方的情感交流，强化亲子关系。在带领孩子参加公益活动的同时，可以让孩子知道很多人需要获得别人的帮助，有许多事要得到大家的支持。通过体验，让孩子更懂得珍惜现在的幸福生活。除此以外，公益活动还可以培养孩子的爱心奉献和向善心理。在课堂上讲解的奉献爱心远没有一次亲身体验带来的记忆深刻，所以参加公益活动可以让孩子拥有一颗友爱之心。

青少年参与公益，会影响他们一辈子。让孩子学会用做公益的心态去做人做事，更好地理解公益，并愿意投身公益。引导他们从身边做起、从小事做起，在生活中感知公益，传递爱心的力量。最重要的是，在孩子心中种下分享和爱的种子，让他们明白真正的幸福来自给予。

六、帮扶对象——公益服务社会，爱心连接你我

帮扶对象感言精选（一）

张家口郝家营中心小学赵老师："北京史家小学是我们线上联谊的一所学校。其中三（9）班的孩子们个个怀揣着科学的梦想，大胆探索，创造出许多新奇又实用的小发明。我们感兴趣的老师已经关注公众号，把它推广到班里。让我们的孩子也和史家的孩子们一起遨游在科学的海洋里！"

帮扶对象感言精选（二）

豆瓣社区仓南胡同 12 号院义务志愿者："陈卓然小朋友聪明、可爱。疫情期间，他把小发明暖光台灯送给了守望岗位值班处。这个小台灯发挥了很大作用，夜间给我们带来了光明。它不但能够照明，还能让我们及时

喝到热水，日日夜夜地陪伴着我们。值班的爷爷奶奶非常感谢陈卓然小朋友，小小年纪爱钻研，少年强、中国强！"

七、成果展示——公益，我们一直在路上！

"温暖相伴，一路有光"公益项目因表现突出，最终获得了由中国扶贫基金会颁发的"益路同行·优秀公益创新团队"奖章。

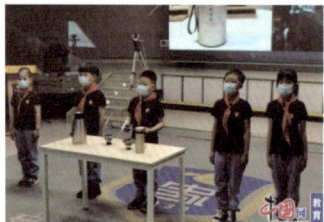

中国网 2020-07-31 10:46

因为北京疫情再次反复，小学生们已经整整一个学期没有回到校园了。他们都在家里干什么呢？记者采访到了一群用科技小发明跟"新冠疫情"作斗争的小学生——来自北京史家小学三年级9班的陈卓然、崔穆涵、周亮羽、张永博、尹泽霖。别看他们小小年纪，已经是学校"服务学习公益活动"优秀项目"暖光科技行动"的小组成员。

中国网发布项目活动报道

从小种下科学启蒙的种子，细心栽培，终能开花结果

凝爱成长团 6月24日

家长们如果细心观察，就会发现幼儿对外界有着与生俱来的好奇心，正是受这份好奇心的驱使，孩子们有着积极的求知欲和探索欲。如何让幼儿对科学知识、科学现象，持续地充满兴

"凝爱成长团"公众号对项目进行报道

用一缕青丝·换彼此欢颜

"用一缕青丝·换彼此欢颜"服务学习项目由史家小学二（16）中队的李瑀涵同学发起，二（16）中队全体成员共同参与完成。项目指导教师为史家小学杜楠老师。项目自 2019 年 12 月发起，至 2020 年 8 月圆满结束。项目组通过微信公众号、录制短视频、绘制画作、发放宣传彩页等方式向游人讲解项目的相关知识，让全社会了解和关爱癌症患者。项目组开展线上宣传活动 9 次，前往朝阳公园开展线下宣传活动 1 次，共发放宣传折页 300 余份、收集调查问卷 100 多份，发展了志愿者 90 人。项目让更多人明白头发对于患者的意义，进而带动更多人关爱患者群体并捐发。

一、指导教师推荐序

无私的爱可以点燃生活的希望，温暖的心可以慰藉困苦的生命。癌症患者在治疗中通常离不开放疗和化疗，这两种治疗方式的副作用之一就是脱发。治疗过程中患者不仅要克服身体的不适，更要面对严重脱发带来的心理阴霾。剪去的长发对于其主人来说意味着抛开过去从头开始，而当它们被制成假发戴在癌症患者头上时，则意味着尊严和希望，更多的是自信。据资料显示，市面上制作精良的假发价格不菲，而且非真人头发制作的发套可能会刺激患者敏感脆弱的头皮，头皮瘙痒可能造成更大的伤害，对病情恢复很不利，而真发却不易造成过敏和感染。

二（16）中队的李瑀涵和她的妈妈曾捐赠过自己的秀发给中国医学科学院肿瘤医院，帮助在疾病中挣扎的人们重拾美丽与自信。当我首次看到项目方案时，就被它深深地触动了，不禁让我再次想起她——婷婷。婷婷是我带了 6 年的学生，是舞蹈队主力队员，发病时她年仅 12 岁，我亲历了她在放化疗中经历的种种痛苦。

曾经的美好与遗憾都已过去，现在我们更多要思考的是，怎样帮助癌症患者，让他们在克服身体疾患的同时不失美丽，帮助他们重拾自信。这个项目，就是一个充满爱和正能量的活动。

众人拾柴火焰高，一缕青丝搭桥梁

这次的公益项目不仅启发了孩子们的公益之心，而且还是孩子们参加社会实践的开始。如何让二年级的小学生了解疾病的痛苦，如何激发他们的这份公益之心呢？我们决定在班里召开一次特殊班会，引发学生共鸣。班会中，李瑀涵同学为大家讲自己和妈妈捐发的故事，李佳宸同学与同学们分享他和爸爸一起编辑制作的血癌小朋友的视频，何思逸、常潇予、吴瑾轩三位同学从不同的角度与大家分享自己查到的资料和参与捐发项目的具体要求。

2019 年 12 月，项目组正式成立。我们集聚家校资源，为孩子和家长搭建桥梁，利用"妈妈读书会"和"家长进课堂"活动，进行项目宣讲。2020 年初因新冠肺炎疫情，我们计划中的很多活动无法正常开展，但我们为社会奉献公益爱心的脚步没有停下。项目发起人李瑀涵和她的妈妈多次组织大家召开视频会议，与大家讨论特殊时期我们该如何推进项目。李佳宸妈妈根据身边的真实故事为孩子们撰写脚本。在家长们的帮助下，孩子们各自在家进行练习，然后通过视频合练。7 月底，北京疫情好转，我们相约来到公园进行线下宣传，得到很多游客的赞许。

将小事做到完美，将小爱凝聚成海

自项目开展以来，我们一直坚持将每件小事做到完美，由小及大，将小爱凝聚成大海。从邀请爱心志愿者、收集分析调查问卷、制作宣传 PPT 和视频，到联系捐助对象，再到活动策划和执行……这些大量烦琐的工作，都是孩子们和志愿者们共同完成的。

为了保证每个环节都能顺利进行，大家全心全意地投入项目的准备中。由于制作假发需要优质的长发，两年内不得烫染，头发的长度必须达到 30 厘米，所以在选择捐发者时需要详细沟通。而且，为了让更多的人了解我们的活动，项目组的同学们亲笔绘制画作，设计制作了宣传环保袋和宣传彩页。线下活动的前一晚，宣传小志愿者们还在为第二天的活动认真排练……他们不是专业人士，但是因为爱，他们力争把每件事做到完美。

为"爱"蓄发，让世界为你心动

一颗颗童心充满了爱，一丝丝秀发传递着爱。教育不仅仅是书本上的知识，不应拘泥于书本的条条框框。生活中的日常，就是源于生活又高于生活的鲜活素材。"用一缕青丝·换彼此欢颜"公益项目是一堂生动的思想教育课，它让所有学生感受到什么是大爱，有助于促进学生心理健康成长，对他们的人生价值观起着很好的导向作用。长大意味着明理懂事、感恩关爱、勇于担当。捐发活动让孩子们在参与中得到爱的教育，扣好人生第一粒扣子。

我们是陌生人，也许永远不会相见，但是一缕青丝把我们联系在一起；我的秀发，你的美丽，这些剪不断、数不清的祝福与关爱永远伴随着你！

指导教师：杜　楠

二、创想梦工厂——种下一颗公益的种子

(一)创想动因

项目发起人李瑀涵是一个爱美的小女孩，美丽的长发是她的小小骄傲。3岁那年，小姨跟她说，中国医学科学院肿瘤医院在征集长度大于30厘米的头发，为遭受脱发痛苦的癌症患者制作假发，于是她决定把头发捐赠给医院。李瑀涵很不理解，那么漂亮的头发怎么能送给别人？小姨告诉她，有许多患有癌症的朋友都和她们一样爱美，但是治疗癌症会掉头发，没有头发使患者很伤心，捐赠的头发可以带给癌症病人新的希望。李瑀涵想让那些生病的小朋友能和她一样有美丽的头发。5岁那年，她和小姨第一次捐赠头发。

也是那一年，她真正地了解到癌症患者脱发的痛苦。因为最疼爱她的于阿姨患上了癌症，化疗和放疗让漂亮的于阿姨没有了乌黑亮丽的头发。无论夏天多么炎热，于阿姨总是戴着一顶帽子。她问于阿姨，为什么不把帽子摘掉呢？于阿姨摘掉帽子给她看了脱发的样子，说因为没有头发太难看了。那一刻，她能够感受到于阿姨的痛苦和无奈，明白了头发对于于阿姨和癌症患者的意义。2019年10月，她第二次捐发，同时妈妈也加入了捐发行列。于是，李瑀涵和小伙伴倡议发起"用一缕青丝·换彼此欢颜"服务学习项目，通过伙伴巡讲、派发宣传手册等形式发动更多的人参与进来，以帮助更多人。

（二）团队介绍

发起人及总负责人	李瑀涵	史家小学二（16）中队中队委。善良、热情、有爱心，心思细腻，具有较强的组织能力和沟通能力
团队伙伴	吴瑾轩	史家小学二（16）中队副中队长。有较强的组织能力和领导力，善于思考，在本项目中负责组织工作
	何思逸	史家小学二（16）中队中队委。做事认真、细致，责任心强，善于沟通，在本项目中负责宣传工作
	常潇予	史家小学二（16）中队小队长。阳光、开朗，有较强的团队合作精神和表达沟通能力，在项目中负责外联工作
	李佳宸	史家小学二（16）中队小队长。喜欢观察，对推理感兴趣，擅长数学，在本项目中负责财务工作
指导教师	杜　楠	史家小学二（16）中队班主任及数学老师。热心公益活动，富有责任心，曾多次指导并组织学生参加公益活动。具有多年的班主任工作经验和丰富的活动组织经验，能够给孩子们提供有效、细致的指导和帮助

（三）实施过程

"用一缕青丝·换彼此欢颜"自 2020 年 5 月中旬开通公众号以来，共开展线上宣传活动 9 次、线下宣传活动 1 次，共分为前期准备、宣传推广两个阶段。

第一阶段（2020 年 3 月 1 日至 2020 年 5 月 31 日）：前期准备阶段。在这一阶段，项目组核心成员讨论项目计划，设计调查问卷（第一期）。5 月 31 日，通过公众号发布了《关于为癌症患者捐赠秀发的问卷调查》，对关注项目受众的性别、年龄、职业及捐发意向等进行调查分析。

关于为癌症患者捐赠秀发的问卷调查

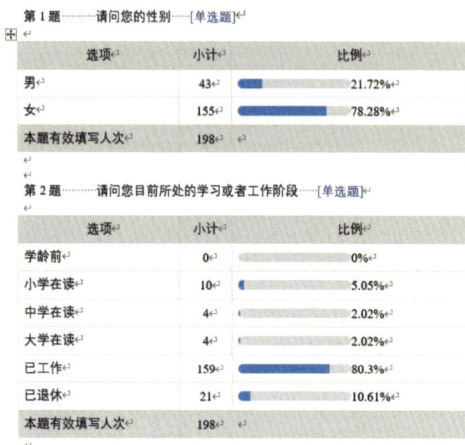

第 1 题　　请问您的性别 [单选题]

选项	小计	比例
男	43	21.72%
女	155	78.28%
本题有效填写人次	198	

第 2 题　　请问您目前所处的学习或者工作阶段 [单选题]

选项	小计	比例
学龄前	0	0%
小学在读	10	5.05%
中学在读	4	2.02%
大学在读	4	2.02%
已工作	159	80.3%
已退休	21	10.61%
本题有效填写人次	198	

关于为癌症患者捐赠秀发的问卷调查

长按图片扫码

第二阶段（2020 年 6 月 1 日至 2020 年 8 月 19 日）：宣传推广阶段。

6 月 5 日，公众号发布《捐发的故事我想讲给您听》，把发起者和身边人捐发的过程用视频与文字的方式展现出来，同时发布了宣传视频。6 月 17 日，公众号发布第三期宣传文章《一缕青丝·爱的温度》，通过介绍癌症、治疗癌症的方法、脱发的危害、捐发的方式等，开展了一次图文并茂的宣传。

捐发的故事我想讲给您听

用一缕青丝捧彼此欢颜　6月5日

美丽的长发是我的小小骄傲。

三岁那年，小媛媛跟妈妈说，中国医学科学院肿瘤医院为癌症患者征集真发用作假发。找很不理解，那么漂亮的头发怎么能送给别人？小媛说，我们的头发剪短还可以再长起来，捐赠的头发却可以给癌症病人新的希望。我也想让他们和我一样有美丽的头发，于是决定蓄发。五岁那

一缕青丝·爱的温度

用一缕青丝捧彼此欢颜　6月17日

癌症

据权威机构发布的《2020-2026中国肿瘤治疗精准医疗行业市场分析预测及投资价值咨询报告》显示，2018年全球新增癌症患者达1810万人，因为癌症死亡人数为960万人。

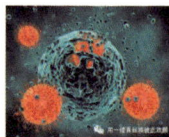

我国是人口大国，也是癌症高发国家，2018我国新发病例数380.4万例，占全球癌症新发病人数的20%以上，其中恶性肿瘤发病率为278.07/10万，死亡率为167.89/10万，肺癌、胃癌、结直肠癌、肝癌、女性乳腺癌是我国主要的常见恶性肿瘤，约占全部新发病例的77%。

　　6 月 25 日，公众号发布了视频宣传片《捐发 DISCO》。由项目组何思逸同学创作，以流行歌曲的方式，将捐发公益活动唱了出来，歌词简单易懂，节奏明朗欢快。7 月 8 日，公众号发布了《妈妈身边的故事二则》。项目组以发起者妈妈的视角，讲述了身边两位癌症患者的真实故事。

　　7 月 25 日，项目组联合二（16）中队的 10 名志愿者走进朝阳公园进行线下宣传。他们通过发放宣传手册、推广公众号二维码、收集调查问卷，向游人讲解项目的相关知识。宣传活动持续近 3 小时，发放宣传折页 300 余份，收回调查问卷 20 余份，发展项目志愿者 50 余人。

8 月 18 日，项目组通过微信公众号发布《用你的爱点亮癌症病人的生活，秀发征集令》；8 月 19 日，发布《清洗发套小窍门》，文章介绍了捐赠头发的要求、方式及注意事项，还图文并茂对假发的养护问题进行了讲解。项目不仅受到想要捐赠头发的公益志愿者的关注，更受到很多癌症患者的关注。项目为癌症患者提供了一个获取假发的新渠道，也为他们争取了美丽自信的机会。

8 月 19 日，微信公众号再次发布视频宣传片。此次宣传片系朗诵表演视频合辑，5 位同学各自录制了朗诵视频，由李瑀涵同学整合视频。视频生动地阐述了"一顶假发真正的价值"。

为因肿瘤治疗而失去头发的朋友，宣传和捐赠符合要求的头发。
用一缕青丝换彼此欢颜

据世界卫生组织统计中国每年新增癌症患者307万例，而癌症患者的治疗离不开放、化疗，这两种治疗的副作用之一就是脱发，严重的脱发给癌症患者带来的是心理上的阴霾！然而，一副制作精良的假发不仅价值不菲，还有可能导致癌症患者过敏、感染，对病情……   展开

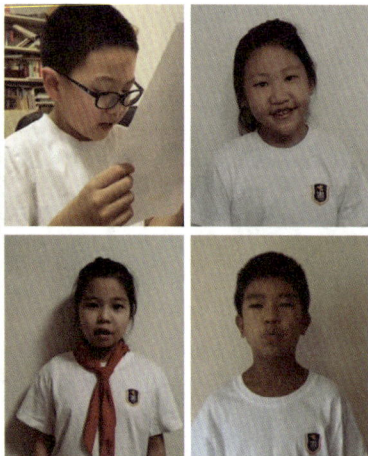

三、学生行动日记——记录公益之花盛开全过程

学生行动日记精选（一）

2020 年 7 月 25 日　星期六　雷阵雨

二（16）中队　常潇予

上周日，我们终于迎来了项目组第一次线下活动。在杜老师的组织下，我们项目组 5 位成员以及二（16）班的其他 10 位同学在朝阳公园分头行动，向路人分发宣传单，宣讲我们的公益项目，希望能得到更多人的支持。刚开始的时候我有些胆怯，在老师和家人的鼓励下，我很快克服了紧张情绪，主动走向经过的母女俩，有礼貌地向她们打招呼，介绍自己是史家小学的学生，在做一个有关向癌症患者捐发的公益活动。阿姨非常友善，不但和大姐姐耐心地听完了我的介绍，还认真填写了问卷调查。这给了我和一起宣讲的同学很大的信心，我们很快又走向第二位、第三位……不到一个小时的时间，我们就发完了上百份宣传单，收集到了数十份问卷调查。捧着沉甸甸的问卷，我和小伙伴们开心极了，既感受到了收获的喜悦，也感受到了大家的爱心。

我对我们的公益项目越来越有信心，通过更多的宣传活动，相信一定能发动更多的志愿者捐发，帮助到更多的癌症患者，共同传递这份暖暖的爱心。

学生行动日记精选（二）

2020 年 7 月 25 日　星期六　小雨

二（16）中队　何思逸

　　今天是个下雨天，不过雨不大。今天还是个特殊的日子，我们项目组的 5 名同学，再加上 10 名志愿者，一起来到朝阳公园做宣传。

　　首先我们的班主任杜老师将同学们分成 5 组，并对我们说了宣传的要求。我们听完要求后，在一棵树底下讨论怎样向路人宣传。

　　我们遇到了叔叔阿姨、爷爷奶奶，我们讲得很细。有些热心的阿姨非常愿意加入我们的项目；还有一些阿姨没时间，但还是很有礼貌地告别。我们一共向十几位游客做了宣传，虽然不多，但我们更了解了这个项目。今天真是一个有意义的日子！

四、学生反思工具——从回望中汲取前行的力量

学生反思精选（一）

姓名：吴瑾轩　时间：2020 年 7 月 26 日
提案名称：用一缕青丝·换彼此欢颜

发生了什么	有何感受
周末早上在朝阳公园做宣传和调查问卷。摆好宣传易拉宝后，项目组分成小组对公园游人进行一对一的讲解	做一对一讲解时，最好不要找正在跑步的人，也不要找在做集体广播操的人，因为突然的打扰可能会吓到人家，另外打断别人正常的活动，不太礼貌

续表

有哪些主意	有哪些问题
我们小组找了正在漫步的人、坐在椅子上休息的人，主要是年轻的阿姨、小姐姐，以长头发的为主。也向爷爷奶奶进行了宣传，因为他们的家人也可以参与	疫情期间公园游客较少，宣传可能会受一些影响。大人长发的一般都会烫染，所以最好找学生姐姐们，她们很多人是长头发，发质好，没有烫染

教师评语

你们小小的身影穿梭于公园里的林荫道，见到游客落落大方地介绍项目，言谈有礼，表述清晰，相信通过你们的介绍，会让更多的人口口相传，了解你们的项目，也让更多的人加入到捐发的队伍中来。老师为你们点赞！

学生反思精选（二）

姓名：李瑀涵　时间：2020 年 8 月 10 日

提案名称：用一缕青丝·换彼此欢颜

发生了什么	有何感受
刚开始线上宣传的时候，关注我们的人很少。我发现以视频形式发布的《捐发 DISCO》《捐发的故事我想讲给您听》上线后，我们的关注度明显提升，而以文字的方式宣传则关注度就比较低	宣传的形式多种多样，我们的线上宣传包括两次视频宣传和两次文字宣传，视频宣传观看率比文字宣传要高
有哪些主意	有哪些问题
可以多用一些表演才艺的方式，如吹、拉、说、唱、跳等制作成视频的方式来宣传，也可以用绘画、制作漫画的形式来宣传。还可以采用线下宣传，如去社区发放宣传手册、摆放易拉宝、张贴海报等方式进行宣传	关于癌症，很多人不愿意提及。我们怎么做才能让为癌症患者捐发的话题的关注度更高一些呢？

教师评语

小小年龄的你们，对于癌症患者的种种痛苦是很陌生的，但你们通过查找大量资料，了解活动对象的生活。为了更好地进行宣传，你们从不同角度采取各种新颖方式推进项目，非常了不起！

五、家长感悟——在公益服务中和孩子一起成长

家长感悟精选（一）

与孩子一起体会爱与生活

李佳宸家长

这次，我有幸与孩子一起参与了"用一缕青丝·换彼此欢颜"公益活动。随着活动的进行和深入，我也体会到，家长的参与不仅是帮助孩子完成任务，更是和孩子一起成长的过程。在这个过程中，我通过孩子的眼睛和思维去重新观察周围的世界，去思考我们应该做什么、不应该做什么，甚至要去思考如何重新解释这个世界。这是一种全新的经历。

佳宸在参加这个活动时问过我："妈妈，戴假发为什么对他们（放化疗病人）很重要？"这是个很简单的问题，但是回答起来非常不容易。无论是从美学、心理学的专业角度，还是从个人和群体关系的角度，对孩子来说都是很难理解的。当我试图用最简单最直白的话去回答这个问题的时候，我才发现，其实我并不知道真正的答案。

为了美吗？为了和大家一样吗？头发到底有多重要呢？和身体其他器官的病痛相比，和我们平时强调的自我认知相比，一项假发到底有多重要呢？后来我放弃了对这个问题的回答。

趁着夏天炎热，以避暑为借口，我给佳宸理了个很短的头发，几乎是剃光了。他对着镜子犹豫了很久，却始终没有说什么；但是当平时一起玩的小朋友邀请他的时候，他没有像往常那样飞快地跑过去。当有个小朋友惊奇地问他为什么剃光头发的时候，他甚至感到委屈和愤怒，拒绝了一起玩儿的邀请，抓着我的手跑了。

那天是他自己玩儿的，我陪着他散步。两个人，慢慢走，慢慢聊。我问他："你的头发还可以长出来，你的身体非常健康足以支持你选择喜欢的发型；可如果你的身体非常的虚弱，弱到你的头发都枯萎了，就像冬天的小草一样没有办法长出来；而你又想像现在这样散步，像以前一样和小朋友在一起玩儿，你会怎么办？""我要戴假发。"他说。

答案在行动中。

一顶假发对放化疗的病人有多重要呢？它是他们生活的一部分，就像穿衣服，像吃饭，像呼吸。你无法具体描述或衡量它的权重，但孩子已经明白了其不可或缺的含义。

感谢史家小学能提供这么好的平台，感谢杜老师，感谢发起和参与这个活动的同学家长，很幸运能与孩子一起体会爱与生活的含义。希望我们的活动继续进行下去，陪伴着小朋友一起成长！

家长感悟精选（二）

参与公益事业，为人间贡献温暖

吴瑾轩家长

自 2019 年 12 月起，一转眼已经陪伴孩子参与益路同行——为癌症患者捐发公益项目七八个月的时间。这期间，中国和世界经历了突如其来的新冠肺炎疫情，疫情打乱了原有的线下宣传计划，但同时也让孩子们更加深刻地认识到了疾病可能产生的严重后果。疫情给大家上了一堂真实生动的公共卫生教育课。

在做线上调查和宣传的过程中，有很多人说自己知道可以捐发，也想捐发，但是不知道应该怎么做，通过什么渠道捐。我想，我们这个公益活动的目的已经达到了：唤起爱心人士捐发的意识，为他们提供捐发方面的信息。

二年级的学生对于癌症可能还没有什么深刻的理解，即使家里有患者，一般也会瞒着孩子，不让他们看到痛苦的一面。这次活动使他们对癌症患者脱发的情况有了一定程度的认识，让他们学会要理解和尊重那些因为病痛而使外表发生变化的患者；理解癌症患者经历放化疗的痛苦，更知道脱发带给他们自信心的打击。为癌症患者捐发活动离我们的生活很近，它能够直接解决我们身边人的现实需求。

但愿我们能为癌症患者做一些力所能及的事情，希望有更多的人参与到公益事业中来，为人间贡献一份温暖，增添一分美丽。

六、帮扶对象——公益服务社会，爱心连接你我

帮扶对象感言精选（一）

参与活动志愿者李安然："用一缕青丝就可以换彼此欢颜吗？当然可以。一年前我在大姨的介绍下了解到癌症患者的治疗方式有很大的副作用，其中之一就是会引起脱发。通过捐赠头发的方式，可以帮助癌症患者重拾自信。我的妹妹留了很长的头发，为了帮助癌症患者，爱美的她把自己的头发捐了。我也希望可以以这样的方式来帮助那些癌症患者，所以我也在'攒'头发，之后捐给患者们，别让他们因为头发而自卑，让他们重拾生活的信心。"

帮扶对象感言精选（二）

参与活动志愿者宋芙蓉："我参加了由史家小学李瑀涵同学倡导发起的'用一缕青丝·换彼此欢颜'公益活动，准备用 2~5 年时间蓄起自己的头发，精心养护，等达到 30 厘米以后，剪下来捐给中国医学科学院肿瘤医院

患者服务中心。癌症患者经过放化疗秀发全脱，他们痛苦不堪。我愿意尽我微薄的力量，给他们送去一丝温暖一丝美丽，让他们重燃生活的勇气。这样的公益活动应该大力提倡。它对于提高社会的整体素质和凝聚力有很大帮助。"

七、成果展示——公益，我们一直在路上！

"用一缕青丝·换彼此欢颜"服务学习项目自开展以来，通过微信公众号线上宣传和朝阳公园线下推广，累计开展 10 次宣传活动。因表现突出，项目最终获得了由中国扶贫基金会颁发的"益路同行·优秀公益创新团队"奖章。

让冷门文化景点 "燃" 起来

　　"让冷门文化景点'燃'起来"服务学习项目由史家小学五（14）中队魏森森同学发起，五（14）中队全体成员共同参与完成。项目指导教师为史家小学沙焱琦老师。"让冷门文化景点'燃'起来"服务学习项目自2019年11月发起，至2020年8月圆满结束。项目组通过网络搜索、查阅书籍等，对北京地区的一些冷门景点进行探索，并通过公众号宣传，以提高景点知名度，提升景点的文化价值和经济价值。同时项目组把在实地考察过程中发现的文物保护不足之处，向管理部门反馈，进一步推动文物和文化遗产保护工作。截至2020年6月，累计推广历史文化景点11个，发布公众号文章22篇，38位项目成员制作了百余份宣传作品，向北京市文物局寄送建议信一封，并邀请文物局专家进行了一场线上文物保护知识讲解。《人民日报》《光明日报》、北京电视台《这里是北京》栏目等媒体对项目进行了报道。

一、指导教师推荐序

　　中国是享誉世界的文明古国，各族人民在漫长的历史进程中共同创造了宝贵的文化遗产。文物古迹就是灿烂文化星河中一颗璀璨的明珠。它们是历史的见证，是人类技术和文化的结晶，是人类创造活动的实物遗存，是民族精神的重要载体，是维系中华民族团结统一的精神纽带。对文物古迹的宣传与保护，是对历史和传统文化的保护，是对社会共同记忆和利益的弘扬，也是对优秀传统文化的继承和发展。

令人遗憾的是，在我们生活的城市中，很多具有重要历史文化价值的文物古迹并没有得到应有的关注和保护。魏森淼同学发起的"让冷门文化景点'燃'起来"公益创想一提出，就引起了五（14）中队全体师生的共鸣。通过自选和推荐，确立了项目的其他核心成员，分别是文家佑、许珂诚、童可佳、衡亚涵。核心成员经过激烈的讨论，初步确定了实施计划：对学校周边的冷门景点进行实地考察，分析景点"遇冷"原因，发现文物保护不足之处，找到相应的保护措施，并向管理部门写建议信，进一步推动文物和文化遗产保护工作。同时，探寻这些景点背后的故事，通过多种途径向社会传播推广，拉动景点人流量，提升景点的文化价值和经济价值。

面对突如其来的疫情，项目组同学迎难而上，主动作为。魏森淼同学带动核心成员迅速调整计划，他们首先开通了微信公众号，向社会推广这项公益活动；还针对这些景点精心设计了项目调查问卷，并对问卷结果进行了细致的分析，形成了调查报告；了解了大众对于文化景点的认识和期待，根据这些又制订了第二阶段的宣传策略。

针对大众对文化景点的不同期待，第二阶段的宣传采取了"踏访名将墓祠，感悟爱国情怀""寻找民间工艺，感受文化魅力""聚焦社会热点，传承时代精神"三线并行的方式。为了扩大项目的影响力，核心成员还与全班同学进行沟通，发挥每一个同学的特长，为这些冷门景点制作各类宣传材料。

实践的过程即是成长的过程。通过这次公益项目，我很高兴地看到学生们方方面面的成长。首先是勇于担当的精神。孩子们没有被疫情打败，而是积极商讨、开发了新的活动方案，保障活动的顺利进行，这份勇于担当背后饱含着同学们对公益事业的热情、对民族文化的热爱。其次是民族自豪感的提升。在每一期的宣传工作中，同学们要对这些景点进行大量的前期调查和研究，这个过程本身就是一个非常好的了解北京历史文化景点、学习文物保护知识的过程。班中有些同学开始只是对这些景点有兴趣，知道景点的大概位置等表面信息，后来能够头头是道地介绍出这些景点的规模、所纪念人物的光荣事迹等鲜为人知的文化信息。最后，在实践的过程中，学生们还锻炼了自己的应变能力、沟通能力、组织能力和语言表达能力，用自己的实际行动吸引了社会各界对公益项目的关注、思考和参与，用自己的实际行动宣传文化景点、传承民族精神、弘扬家国情怀。

指导教师：沙焱琦

二、创想梦工厂——种下一颗公益的种子

（一）创想动因

2019 年国庆期间，项目发起人魏森森一家怀着崇敬之心前往"明代土木堡之变遗址"自助游。土木堡之变是一场重要战役，对历史进程意义重大。但是到了之后他们发现眼前除了一个布满灰尘、颜色脱落的牌坊样的建筑上写着"明代土木堡之变遗址"外，周围全是煤炭、沙子以及大卡车和乱糟糟的路，丝毫不像一个历史文化景点。历史文物没有得到很好的保护，景点所在地经济也很落后，没有别的游人。可见，对比北京故宫、天安门等热门景点，旅游市场的发展有点失衡。

为此，魏森森和他的小伙伴们发起了"让冷门文化景点'燃'起来"服务学习项目，通过实地调查文化景点"遇冷"的原因、景点内文物保

护方面存在的不足，找到解决景点"遇冷"的方法、文物保护的措施，并向管理部门写建议信，进一步推动文物保护工作，保护传统文化景点。同时，制作冷门景点推广视频、文物保护视频，绘制冷门景点旅游地图，利用微信公众号等媒体向社会传播推广，充分实现景点的文化价值和经济价值。

（二）团队介绍

发起人及总负责人	魏淼淼	史家小学五（14）中队中队委，热心公益事业和班级工作，参加过"为井盖穿上彩衣""文明遛狗，安全出行"公益项目
团队伙伴	文家佑	史家小学五（14）中队中队委，心思缜密，做事有条理，文体特长多，善于沟通，在本项目中负责组织工作
	许珂诚	史家小学五（14）中队成员，表达能力强，擅长绘画和摄影，在本项目中负责宣传工作
	童可佳	史家小学五（14）中队成员，计算能力强，做事认真，原则性强，在本项目中负责财务工作
	衡亚涵	史家小学五（14）中队成员，为人热情，有很强的表演、沟通能力，在本项目中负责外联工作
指导教师	沙焱琦	多年从事班主任工作，有丰富的活动组织经验。用心探究学生的心理成长特点，坚持"因材施教"。指导学生紧扣项目的主题开展多种形式的调研、宣传和推广活动
家长志愿者	魏　立	人民警察，对打击文物犯罪、北京及周边地区地理等情况熟悉，可协助同学们与相关部门进行协调

（三）实施过程

"让冷门文化景点'燃'起来"服务项目自 2019 年 11 月发起，至 2020 年 8 月圆满结束，共分为筹划准备、线上与线下推广、成果展示分享三个阶段。

第一阶段（2019 年 11 月 20 日至 2020 年 1 月 31 日）：筹划准备阶段。面对疫情，项目发起人调整计划，带动核心成员通过网络搜索、查阅书籍了解了北京及周边地区的冷门景点的数量和大致情况，并对其中的一些景点进行深入探索，为下一步推广做好准备。

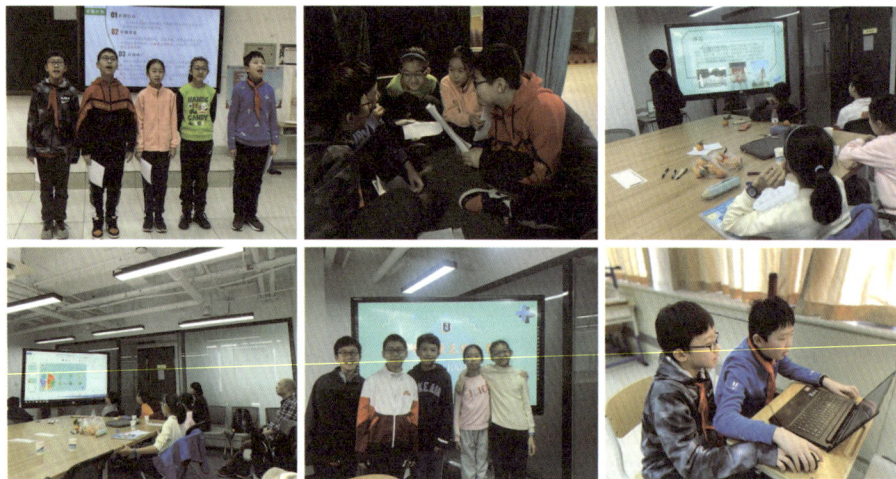

第二阶段（2020 年 2 月 1 日至 2020 年 6 月 30 日）：线上与线下推广阶段。在这一阶段，项目组开通微信公众号，开展网上调查问卷活动，实地探访景点。在向公众宣传项目的基础上，针对景点存在的文物保护、景点资源利用不足等问题，项目组给有关部门写信，提出建议和意见。

针对民众对文化景点的不同期待，采取了三线并行的方式：首先是"踏访名将墓祠，感悟爱国情怀"；其次是"寻找民间工艺，感受文化魅力"；最后是"聚焦社会热点，传承时代精神"。

在以"踏访名将墓祠，感悟爱国情怀"为主题的宣传中，项目组带领大家走进了南宋著名政治家、爱国将领文天祥的墓祠，介绍了文天祥祠的构造展品、文天祥的诗作成就以及他抗元殉国的英勇事迹。全班同学通过诗歌朗诵、讲故事、书法、篆刻、绘画、小报等多种方式参与到宣传活动中。

　　4 月 5 日，项目组带领大家"云"探访明末爱国大将军袁崇焕的墓祠，了解了他在沙场上抵御外敌、保家卫国的事迹，学习他不计较个人得失、倾心国家安危的情怀和壮志。

　　5 月 18 日，在北京市疫情持续向好的形势下，魏淼淼来到姚广孝墓塔，带领大家进一步了解明初著名的高僧，杰出的政治家、军事家、史学家和

诗人姚广孝的事迹，以及墓塔建筑的基础知识。同时，针对发现的墓塔保护中的一些问题，提出了意见和建议。

在3月20日至26日以"寻找民间工艺，感受文化魅力"为主题的宣传中，项目组带大家分别"云"参观了北京空竹博物馆和曹氏风筝工艺坊。同学们也用手中的画笔、电子产品精心制作了绘画和动画作品，对空竹这一非物质文化遗产致以敬意。

在以"聚焦社会热点，传承时代精神"为主题的宣传中，项目组带领大家线上走进雷锋纪念馆、中国防疫事业先驱伍连德的故居和中国华侨历史博物馆。感受雷锋精神，感受伍连德救死扶伤的医者情怀；了解华侨历史，感受华侨对祖国发展提供的帮助，并呼吁大家爱心回馈，尽自己所能帮助此刻身在海外的同胞渡过难关。

走进雷锋纪念馆 学习雷锋好榜样　　寻访伍连德故居，了解现代口罩起源　　侨海战疫——中国华侨历史博物馆

4月15日是国家安全教育日，项目组带领五（14）中队同学线上参观北京警察博物馆，了解了北京的公安史、刑事侦查技术、警种职能、警械设备等。同学们学习了《中华人民共和国国家安全法》，用手中的画笔画出了自己所理解的"总体国家安全观"。

4月23日是世界读书日，项目组倡导大家用阅读守护文物古迹——正阳书局，云上体验了旧时北京人的生活情趣。

5月1日，项目组带领大家线上游览时传祥纪念馆，了解劳模的先进事迹。时传祥精神阐述了一个通俗的道理：掏粪也是社会主义建设事业的一部分。

第三阶段（2020年7月1日至2020年8月20日）：成果展示分享阶段。在这一阶段，项目组参加学校第二学期结业仪式汇报展示，绘制了《冷门文化景点地图》，制作了宣传彩页，制作《成果展示册》。

8月8日，项目组成员先后前往龙潭公园的袁庙广场、本家润园社区开展线下活动。本家润园社区是袁崇焕墓祠的所在地，因为疫情暂未开放，但是同学们的宣传热情不减，积极到社区居民集中的地点进行宣传。

三、学生行动日记——记录公益之花盛开全过程

学生行动日记精选（一）

2020 年 3 月 8 日　星期日　晴

五（14）中队　文家佑

在疫情期间，口罩成了生活必需品。口罩能起到这么好的防护作用，是谁发明的呢？爸爸妈妈告诉我口罩是清末的伍连德发明的，而且他的故居就在北京。我感到十分惊讶！我们应该让更多的人了解他啊！于是我打算围绕伍连德故居写一篇文章。

写之前，通过上网查找，我知道了在清末时，哈尔滨发生了一场严重的鼠疫，伍连德紧急受命赶赴哈尔滨处理疫情。为了防止飞沫传播病菌从而造成更大的受灾面积，伍连德发明了一种纱布口罩。这种口罩制作简单，价格低廉，却可以有效地抵御病毒，因此很快就被百姓们接受了。当时的情形如此危急，但伍连德爷爷还能冷静思考，根据疾病的传播方式找到合理的解决方案，实在让我赞叹不已。我内心中对他的尊敬油然而生。我还搜集了一些关于伍连德故居的资料，了解到伍连德爷爷购买了东堂子胡同55 号（现东堂子胡同 4 号），作为其在北京的居所，后来因常年无人居住而荒废了。我感觉很可惜，想为宣传和保护这处景点做些努力。

于是，我根据这些资料写了一篇文章推送到公众号上。这篇文章被 400 多名粉丝阅读，我从留言中感受到读者对这个景点的关注，很有成就感。今后我还要继续了解和宣传这些冷门文化景点，让越来越多的冷门文化景点走进大众的视野，让冷门文化景点"燃"起来！

学生行动日记精选（二）

2020 年 7 月 10 日　星期五　晴

五（14）中队　魏森森

我们的项目主要分为两方面：一是向大众宣传冷门历史文化景点；二是给文物局专家写建议信，希望可以对一些保护得不好的景点进行专业保护。

我首先在知网上查了各种关于文物保护的论文，从中了解了一些保护文物的方法；其次，我去实地探访了景点，找到了一些文物保护的问题；最后，我结合手中的资料，写下了建议信终稿，寄给了北京市文物局。

起初，我对建议信没什么太大的把握，觉得寄出去可能不会有回音。可是有一天，班级群收到了一条消息，居然是北京市文物局局长给我们的批示！刚刚得知消息，我的心怦怦地跳，有点不确信这是真的。收到批示不久，陆陆续续有媒体记者采访我，北京市文物局保护处处长李粮企叔叔还给我们讲了有关文物保护的课。除此以外，我们的项目还登上了《人民日报》《光明日报》、北京卫视《这里是北京》栏目。

在一个安静的下午，我听着窗外雨声，回想起疫情期间，我从对于网络宣传一窍不通，到自学创建微信公众号，查找资料宣传了 10 个景点，更新了 22 篇微信公众号文章，研究并撰写调查报告，并受到了这么多人的支持与表扬，心潮澎湃，写下一首打油诗：

冷门景点文化多，

底蕴深厚需探索。

寻幽访胜人知晓，

文物保护利千秋。

四、学生反思工具——从回望中汲取前行的力量

学生反思精选（一）

姓名：许珂诚　时间：2020 年 7 月 31 日

项目名称：让冷门文化景点 "燃" 起来

发生了什么	有何感受
由于疫情的影响，我们的宣传活动主要通过公众号进行。为了达到更好的宣传效果，也为了让更多的同学参与到活动中，我们面向全班征集宣传这些冷门文化景点的作品。同学们非常积极，纷纷向我们发来了他们自己精心制作的图画、海报、书法、朗诵作品	这项活动不仅能够发挥我们善写会画的特长，而且在绘制宣传材料的过程中，通过查阅资料了解景点，我们增长了很多知识。 另外，通过研究公众号的阅读量我们发现，包含着同学作品的篇章阅读量总是比没有同学作品的高出很多
有哪些主意	**有哪些问题**
除了号召同学们参与宣传材料的绘制外，今后我们还要呼吁各行各业的人参与其中。 另外，我们还可以丰富宣传材料的形式，比如手工作品，甚至加入动画或是脱口秀等轻松幽默的形式介绍这些景点。我想这样的形式一定会起到更好的宣传效果	因为同学们大多是借助项目组提供的资料来了解这些景点，所以制作出的宣传作品有些雷同，不容易吸引人。为了避免这种情况，我觉得可以减少项目组提供的资料量，让同学们自主地搜集资料，这样作品的内容就会丰富很多，也可以帮助读者更好地了解这些景点

教师评语

你善于发现问题和总结问题。在这次活动中，你通过细致观察，发现了同学们绘制的宣传材料内容单一，不容易吸引人，影响项目宣传范围的问题。你在切实考虑项目可行性的基础上，提出了切实可行的解决方法，方案合理且紧跟潮流，建议在下次宣传活动中采用

学生反思精选（二）

姓名：童可佳　时间：2020 年 7 月 14 日

项目名称：让冷门文化景点"燃"起来

发生了什么	有何感受
由于疫情的影响，我们不能走出家门进行宣传，而是采取了线上宣传的方式，通过公众号推广。为了取得更好的宣传效果，我们还向全班同学征集了小报、文稿、绘画、书法等多种形式的宣传作品	在准备宣传材料的过程中，我对这些冷门景点的了解越来越多。以前我只知道有这个景点，但是现在我了解了它们背后的故事和它们存在的意义，我越来越喜欢这些冷门景点了。我希望更多的人知道这些景点，让它们像故宫、颐和园一样"燃"起来
有哪些主意	有哪些问题
为了让更多的人了解这些景点，等到疫情过去之后，我想到社区或者人流量大的地方进行宣传	在进行实地宣传的时候，有些同学可能会因为比较内向或害羞不好意思开口。我觉得我们要先做好充分的准备。另外，我们还可以提前演练。这样就可以更有信心了

教师评语

　　你作为项目的核心成员，倾情投入整个活动中，不仅计划了后续活动方案，还提前预设了可能遇到的困难和解决方法，想得非常周到。你的用心、努力深深地打动了我，希望你继续保持这个劲头，继续宣传我们的公益活动，让冷门文化景点"燃"起来

五、家长感悟——在公益服务中和孩子一起成长

家长感悟精选（一）

公益活动促成长

魏森森家长

　　服务学习课程是史家小学的传统项目，孩子从入学以来，已经参加过

三次公益项目。通过这个平台，孩子们投身到公益事业中，积极实现自己的人生价值。这样的公益活动，丰富了学校教育的形式，让教育不再局限于书本教学，而是能够跳出课本、走进校园、走入社会，真正丰富教育的精神内涵。

作为项目发起人的家长，有感于孩子参加公益活动取得的收获，在此分享三点。

一是公益活动对孩子社会情感发展的积极促进作用。对于一个孩子的社会性发展而言，情绪、情感的发展尤为重要，这是孩子将来亲社会作为的基础和前提。孩子的爱心是通过自然而然的模仿、潜移默化的渗透而逐渐形成的，是一个从外在到内在、从量变到质变的发展过程。在这一发展过程中，参加公益活动是培养孩子爱心的重要途径，家长和同伴是最直接的爱心传播者。在这次的公益项目中，孩子们通过搜集材料、实地探访景点和向公众宣传景点，了解了景点背后的爱国主义、集体主义、忠义思想、劳动美德等。这深深感染着孩子们，不断激发孩子们的家国情怀。

二是公益活动对孩子社会行为发展的积极促进作用。孩子的社会行为发展是其未来人格发展的重要基础，此阶段社会行为发展的好坏直接关系到其在以后生活中与人相处的方式、处理问题的方式、沟通的方式等。通过参加公益活动，孩子更加清楚地认识自己与他人的区别和联系、个体与群体的关系；掌握基本的人际交往技能，发展其合作意识、分享意识。在本次公益项目中，项目组核心成员分工明确，特别是疫情打乱实施计划时，项目组成员第一时间通过网络会议加强沟通、调整方案，在沟通的基础上加强合作，使项目顺利实施。孩子们主动解决问题后，享受到了成功的喜悦，也增强了他们的自尊心和自豪感。

三是公益活动对孩子知行转化的积极促进作用。从知到行转化是教育中最基本也是最困难的一环。孩子在课堂中学习各种理论知识，为树立正确的世界观、人生观、价值观奠定基础。同时基础科学理论知识为孩子们认识世界打开了窗口，基本的方法论为孩子们解决问题提供了工具，但如何将理论知识运用到实践中，需要一个恰当的平台。在这次公益项目中，孩子们不仅通过了解景点认识到景点背后的文化内涵，更是带着发现问题的眼睛去探索世界。在探访推荐姚广孝墓塔景点后，孩子们能深入思考，利用课堂所学知识，搜集、分析、整合素材，筛选出能够支撑、解决现实问题的材料，从而提出自己对于解决问题的见解和措施。这一点实为难能可贵，大大加速了孩子们从认识问题、发现问题到解决问题的转化，有利于实现知行合一。

家长感悟精选（二）

牢记历史文化　守护精神食粮

许珂诚家长

近几年，各省市都在建集吃、喝、玩、乐于一体的大型娱乐中心，供孩子们游玩。但每次回去后，总觉得少了点什么。相比于颐和园、故宫、圆明园等著名景点，北京市及周边还隐藏着很多相对冷门但文化底蕴深厚的文化景点。而本次挑选的冷门景点，可以让孩子在参观中学习到丰富的历史文化知识。选题独特，立意新颖，作为家长来说，我是举双手赞同的。

通过公众号、网络等形式，孩子们对该景点进行传播，让管理部门重视这些景点的日常维护，让更多的人到这些地方去玩、去学。通过参与这样的活动，既可以呼吁人们保护文物，不让历史文化被遗忘；同时也能培养孩子的责任心、历史感和团队合作精神，做一个有担当、有内涵、懂历史的好学生。

六、成果展示——公益，我们一直在路上！

"让冷门文化景点'燃'起来"项目自执行以来，因表现突出，最终获得了由中国扶贫基金会颁发的"益路同行·优秀公益创新团队"奖章。

《人民日报》《光明日报》对项目进行报道

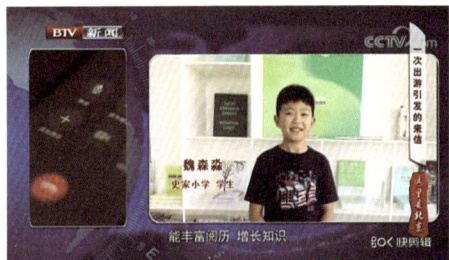

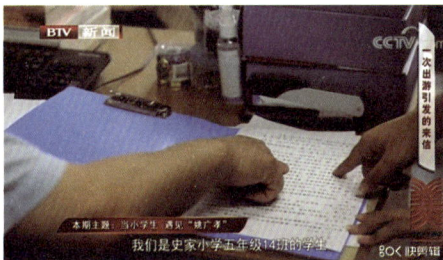

北京电视台新闻频道《这里是北京》栏目对项目进行报道

北京市文物局的叔叔阿姨们：

您们好！

我们是史家小学五年级 14 班的学生，正在参加"益路同行"公益项目，项目名称是"让冷门文化景点'燃'起来"。在这个公益活动中，我们主要推广那些具有深刻文化内涵的小众景点。我们去过袁崇焕祠、袁督师庙、文天祥祠、伍连德故居、姚广孝墓塔、北京空竹博物馆、时传祥纪念馆、北京警察博物馆、中国华侨历史博物馆、正阳书局等景点，发现绝大部分景点都保护的很好，如袁崇焕祠有专门的守墓人，文天祥祠是爱国主义教育基地，所有的景点基础设施都很完善，定期有维护修缮，还有专门的人员进行保洁。有的景点让我们学习到了知识，有的景点让我们深受到了教育，有的景点我们玩得很开心，在此，我们特别要向叔叔阿姨们说一声感谢，因为有了您们的智慧和汗水，我们才能跨越时空的阻隔，去探寻我们祖国有趣的历史和灿烂的文化，谢谢您们！

叔叔阿姨们，在参观学习的过程中，我们也发现一个景点——姚广孝墓塔，那里的保护情况不是很理想。

我们进入景点后发现那里既没有保洁人员，也没有保安。行道碑上长出了野草，围栏里的垃圾也没有被及时清理，公共厕所、景点道路也受到了损坏。

在参观的过程中，我们还发现行道碑没有玻璃罩保护，仅仅设立了围栏，碑上已经出现了各种破洞和裂痕，甚至还残留着利用为作。

陈名杰
2020.6.17

对信件的批示

无障·爱传播

"无障·爱传播"服务学习项目由史家小学二（12）中队潘圣依同学发起，二（12）中队全体成员共同参与完成。项目指导教师为史家小学李红卫老师。"无障·爱传播"服务学习项目自 2020 年 2 月发起，至 2020 年 7 月圆满结束。项目组通过向北京城建设计院专家请教学习、上网查找资料、市区各公共设施内实地考察等方式，在了解了城市各种建筑和公共设施内的无障碍设施的设计与应用的基础上，绘制出残障人士乘飞机、高铁出行，商场购物，公园景点参观游览，入住酒店等场景的导航图。通过微信公众号线上宣传、北京奥林匹克森林公园线下宣传等方式，向人们宣传推广无障碍设施、无障碍标识，以及残障人士出行可以利用的服务和协助，并呼吁全社会共同维护无障碍设施，让残障人士的出行再无障碍。公众号单期阅读量均达到 1000 人次以上。北京电视台《北京您早》栏目、《北京日报》《北京晚报》等多家媒体对项目进行了报道。

一、指导教师推荐序

当前，无障碍环境建设作为我国全面建设小康社会的重要内容，正在全面推进。但社会中还普遍存在对"无障碍"的片面理解，认为无障碍扶助的人群仅是残障人士，而实际上还包括老人、孕妇、母婴、病人甚至携带重物的人。

　　为此，我们开展了"无障·爱传播"项目，通过绘制各种外出场景的无障碍导航图、汇总无障碍标识、制作宣传册、排练小短剧，对项目进行宣传。团队成员还在寒假前利用课余时间，实地考察了学校周边的酒店、商场、餐厅、停车场、银行等公共场所的无障碍设施，对于维护得当、能够为残障人士切实提供便利的设施和标识，以及维护不当、被损毁，或者未正常使用的各种设施，均有了直观的认识。通过宣传手册发放、微信公众号推广，让社会各界提高无障碍设计认知，倡导在公共场所提供更多更便利的无障碍设计，呼吁社会大众成为无障碍设施的"义务管理员"，从自身做起，建设和维护好无障碍的社会环境。

　　然而，疫情打乱了我们所有的计划。经过短暂的思考和调整，团队转战线上，将原本计划在线下宣传的内容，变更为文章、图片和小视频等，进行线上宣传。团队成员分别录制了相关知识的小视频，在家长的帮助下制作成公众号推送内容，定期更新。孩子们利用线上会议的形式学习了相关知识，并总结出残障人士出行最常见也最需要协助的场景，画出了一张张导航图，为残障人士出行提供指南。

　　疫情期间，项目组利用班级微信群、学习小组以及线上会议等，将总结的知识和绘制的导航图分享给全班同学，并呼吁有时间有条件的同学也积极学习相关知识、参与活动。

　　北京的疫情得到控制后，团队成员终于有机会来到户外，走进奥林匹克森林公园进行宣传。团队成员和有浓厚兴趣和热情的班级其他同学，身着统一的无障碍小天使 T 恤衫，拿着印制好的宣传册，向过往的行人宣传无障碍理念。他们小小的身影，成为奥林匹克森林公园一道亮丽的风景线。活动也吸引了北京电视台等媒体的关注。面对摄像机镜头，孩子们落落大方地介绍了自己绘制的导航图，分享了整个项目执行中的心得与收获。随着近千份宣传册、300 个环保购物袋全部分发完毕，此次线下活动也圆满结束。

在整个项目的策划与执行中，孩子们锻炼了思考能力、组织能力、沟通能力和表达能力，并在疫情这样一个特殊的时期，锻炼了应变能力和面对挫折的勇气和决心，大大地提升了自信心和团队合作精神。整个过程中，孩子们各司其职，优势互补，表现出充分的责任心，使项目得以顺利进行，并取得了丰硕的成果。通过这样的探索与尝试，学生们树立了从社会中学习并最终服务社会的意识。我相信，这将为他们未来的学习、生活和工作，奠定良好的基础。

爱的反义词不是憎恨，而是忽视。希望通过我们的努力，提高大家对"无障碍"的理解，为构建无障碍环境做出自己的贡献，让无障碍走向"无障爱"。

指导教师：李红卫

二、无障·爱传播——无障碍小天使在行动

（一）创想动因

项目发起人潘圣依同学无意中听说爸爸的朋友、坐轮椅的文军叔叔因意外事故去世了，他才 47 岁，爸爸伤心了很久。文军叔叔是高位截瘫患者，创办了"北京截瘫者之家"，致力于公益事业，呼吁社会关注残障群体，加强无障碍设施建设。这次遭遇意外是因无障碍路口被占用，他推着轮椅另寻他路时跌落地库。爸爸一直在叹息：其实这场意外是可以避免的，如果无障碍通道不被占用，如果在有危险的地库顶棚围上栏杆以示警戒……

潘圣依跟父母出国旅行，在从火车站到不远处的酒店时，偏偏赶上下大雨。这条不足一公里的路上，上上下下有三百多级台阶。一家人拎着大大的行李箱冒雨走了半个多小时才到达酒店。被这些台阶阻拦的，除了拎

着重物的游客，也有推着婴儿车的父母，还有无助的轮椅使用者。回到北京之后，潘圣依开始留意起身边的无障碍设施。她从电视上看到，我们国家很多公共场所都采用了无障碍通道设计。她想，如果这些无障碍设施没有明确的标识、合理的使用和专业的维护，将会极大影响特殊人群的生活，也会影响文明社会建设。于是，她和小伙伴发起了"无障·爱传播"项目，传播无障碍知识和理念，让大家都自觉地使用城市里的无障碍设施，为构建和谐友好的社会环境贡献自己的力量。

（二）团队介绍

发起人及总负责人	潘圣依	史家小学二（12）中队副中队长，有较强的组织、管理和统筹规划能力，团队意识强，善于沟通策划
团队伙伴	李思霓	史家小学二（12）中队中队委，积极热情，乐于助人，有文艺特长，沟通能力较强。在本项目中主要负责外联工作
	杨涵钰	史家小学二（12）中队成员，做事细心，有条理，有很强的团队意识。在本项目中主要负责财务工作
	穆铁夫	史家小学二（12）中队成员，热心公益，善于沟通，有很强的组织能力。在本项目中主要负责组织工作
	刘家骅	史家小学二（12）中队成员，善于沟通，在班级和年级参与多项宣传讲解工作。在本项目中主要负责宣传工作
指导教师	李红卫	史家小学二（12）中队班主任，热心公益，多年担任班主任工作，教学经验丰富，注重培养孩子们的良好习惯。曾指导项目"城市树木美容师"和"救援噎食·挽救生命"，有丰富的活动经验

（三）实施过程

"无障·爱传播"自 2020 年 2 月发起，至 2020 年 7 月圆满结束，共分为调研学习阶段、筹划准备阶段、线上宣传推广阶段和线下宣传阶段。

第一阶段（2020 年 2 月 1 日至 2020 年 2 月 10 日）：调研学习阶段。在这一阶段，项目组成员主要进行了三项活动。一是原定前往北京市建筑设计院，学习和了解在公共设施和住宅中无障碍设施的设计规划种类与方案，以及在公共场所无障碍设施的规定，因疫情改为利用原有课件进行学习，由设计师和老师在线为同学们进行讲解和答疑。二是在老师和家长的协助下，项目组前往商场、酒店、停车场、银行等公共场所，实地认识和考察无障碍设施及其使用情况。三是总结公共场所无障碍设施的种类、使用情况，以及在疫情下如何利用公众号等进行线上宣传，制订线上宣传计划。

第二阶段（2020 年 2 月 11 日至 2020 年 2 月 20 日）：筹划准备阶段。在这一阶段，项目组注册了"无障碍传播小天使"公众号，完成了项目标识、公众号封面的设计，策划并拍摄了公众号开篇的小视频。

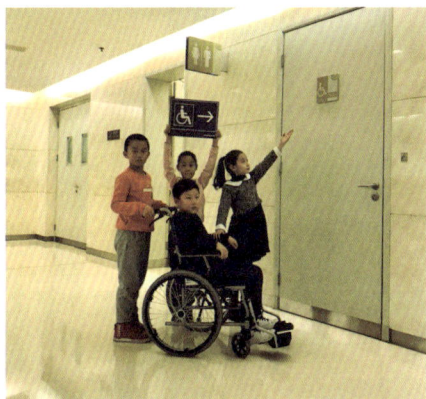

第三阶段（2020 年 2 月 21 日至 2020 年 6 月 30 日）：线上宣传推广阶段。在这一阶段，项目组共进行了 10 次线上公众号宣传、知识普及等活动。

2 月 6 日、8 日，项目组分别发布第一期和第二期公众号《有爱无障，我们是无障碍小天使!》《无障碍我们在行动!》。第一期开篇介绍了无障碍人群有哪些，以及我国需要无障碍设施的人群现状。第二期，项目组成员每人录制一段小视频，介绍当前我国许多无障碍设施的使用现状，并阐明了无障碍传播小天使的目标。

无障碍我们在行动!

无障碍传播小天使 2月8日

视频中小天使们提到了几种无障碍标识呢？请仔细观看视频呦，稍后我还有问题要提问!

无障碍标识目前有多少个？

目前我国标准 GB/T10001《第9部分：无障碍设施符号》规定了包含国际通用无障碍标识在内共 **15 个无障碍标识**。从广义的范围来讲，无障碍标识应包括触觉和听觉等标识以及所有无障碍特性的导向标识。今天无障碍小天使们先带来9个生活中最常用的标识。

2 月 22 日，项目组发布第三期公众号《无障"爱"导航图之飞机出行》。潘圣依手绘了导航图——乘飞机出行篇，并请专业设计师将手绘导航图设计成公众号印刷版。

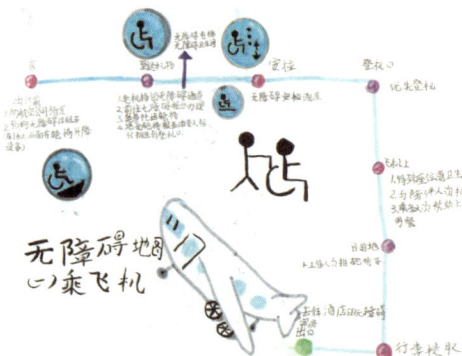

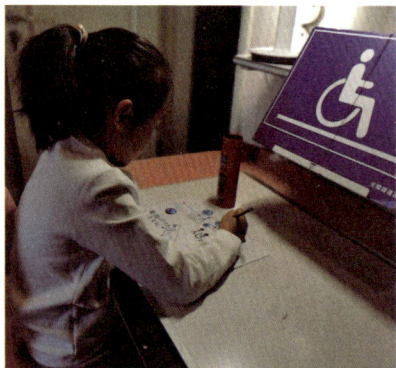

3月4日，项目组发布第四期公众号《传承雷锋精神的无障碍小天使》。二（12）中队的队员们制作了无障碍小剧、书法、队报，向疫情中涌现的"逆行者"们致敬。齐景民同学根据网上的小诗，改编了歌曲《爸爸，等你回家》，用朴素的旋律，讲述所有家庭期待家庭成员早日平安归来的心愿。

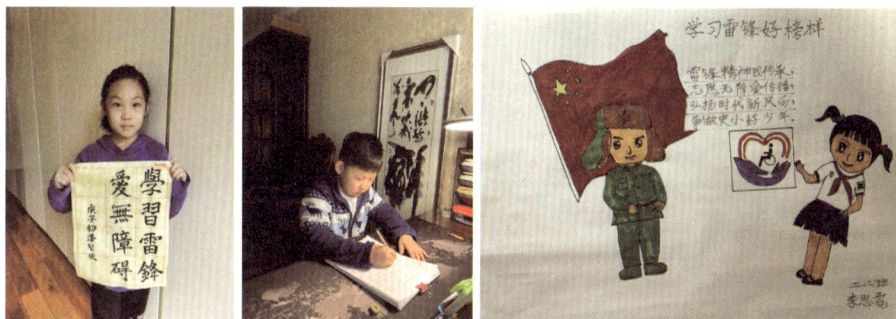

4月30日和5月11日，项目组分别发布第五、第六期公众号《无障"爱"导航图之高铁出行》《无障"爱"导航图之商场购物》。刘家骈同学在"五一"前夕推出导航图之乘高铁出行篇。杨涵钰同学通过对家和学校附近的购物场所观察、体验，绘制了导航图之商场购物篇。

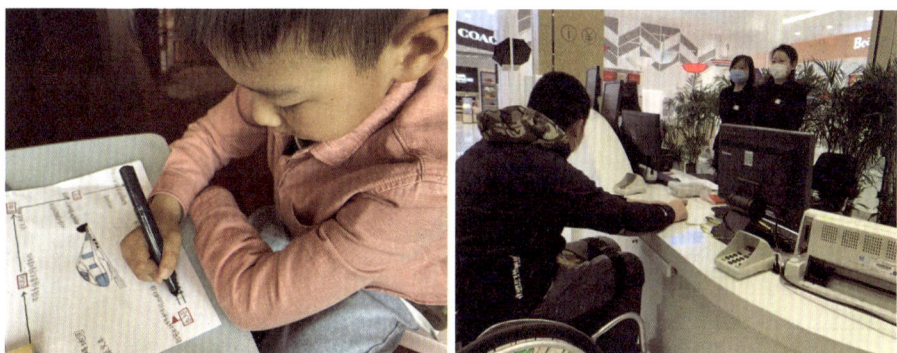

5月14日，项目组发布第七期公众号《无障"爱"导航图之公园游览》。穆铁夫同学对公园的无障碍设施进行了实地考察，发现很多公园都为残障人士准备了不同的无障碍设施。他将自己观察和咨询了解到的内容进行了汇总，绘制了公园游览导航图。

　　5 月 19 日和 5 月 29 日，项目组发布第八、第九期公众号《你都知道哪些无障碍常用标识？》《无障"爱"导航图之入住酒店》。项目组将国际和中国通行的各种无障碍标识进行了汇总。潘圣依同学结合自己跟父母一起出行观察到的内容，绘制了入住酒店篇，将无障碍人士入住酒店的常用程序、可以利用的服务和设施做了说明。

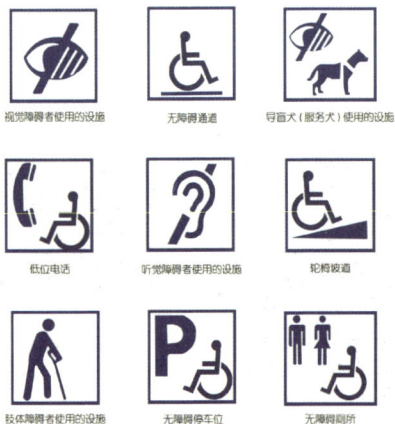

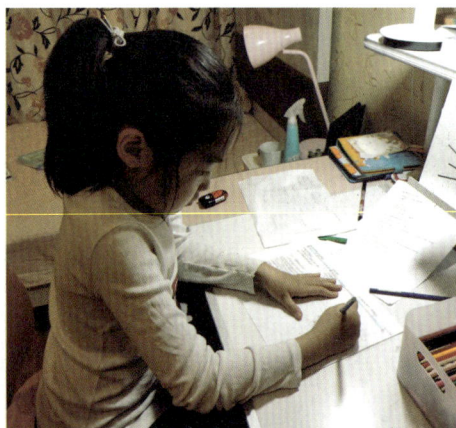

　　第四阶段（2020 年 7 月）：线下宣传阶段。

　　2020 年 7 月 19 日，项目组前往奥林匹克森林公园宣传。在公园南门，全班 30 名同学以 2～3 人为一组进行分组，宣传无障碍知识、讲解无障碍导航图。他们发放宣传手册近千份、环保购物袋 300 个。

三、学生行动日记——记录公益之花盛开全过程

学生行动日记精选（一）

2020 年 7 月 19 日　星期日　晴

二（12）中队　潘圣依

今天，我们"无障·爱传播"项目组经过一个学期的线上宣传和筹备

后，终于开展了期待已久的线下活动。下午两点半，我们项目组核心成员提前来到美丽的奥林匹克森林公园，把宣传册、T恤衫和环保购物袋都分批搬运进来，并且提前分发好，每份里面有5个环保袋和20份宣传册。班里同学到齐后，我们统一了着装和标识。李老师带领我们向核心成员外的其他同学讲解了今天的宣传要领。我们还模拟回答了游客可能提出的各种问题。

接下来，我们三三两两地对过往的游客进行项目宣传。在休息的时候，我们还相互交流了经验。例如，今天的天气非常热，我们尽量选择在阴凉的地方向游客介绍，这样，别人才愿意停下来听；我们发现，向带着孩子的一家人进行介绍，成功率会更高；还有，尽量不要打扰跑步的人……

到下午五点，我们所有的宣传册和环保购物袋都分发完毕，班级的同学再次集结，总结经验并交流了自己的感受。大家都对自己小组的成绩非常满意，尤其是当许多游客称赞我们"这么小的年纪能做这么有意义的公益活动""史家小学的孩子真是了不起"时，我们感到非常的自豪！希望通过今天的线下宣传，能让社会上更多的人加入维护无障碍设施的行列中。当然，这次活动还有另外一个最开心的地方，就是我见到了一个学期没有见面的李老师和亲爱的同学们！

学生行动日记精选（二）

2019 年 12 月 15 日　星期日　晴

二（12）中队　穆铁夫

活动开始后，猛然站在不认识的人面前介绍自己并说明来意时，还真有点紧张。我的第一个宣传对象是一位老奶奶，我和我的搭档一字不差地介绍完无障碍小知识和出行导航图时，奶奶露出了慈祥的笑容。奶奶拿出手机说："你说得真好，我应该怎么扫码关注呀？"我开始指导奶奶进行后面的操作。这个成功的开始让我不再紧张，接下来一个、两个、五个……很快我便送出了手中一叠厚厚的宣传册和几件小礼物。每次介绍结束后都会得到很多回馈，还会有一些小建议甚至有主动要给我们提供更多支持的人，这些让我更加深刻地体会到了我们这个项目的意义，无障碍设施不但需要建设，更需要传播。传播知识、传播精神、传播爱。

学生行动日记精选（三）

2019 年 12 月 15 日　星期日　晴

二（12）中队　李思霓

按照项目计划，今天我们要开展第一次实地调查活动，去公共场所了解各种无障碍设施的功能以及运行维护情况。我们选择了金宝汇购物中心、丽晶酒店、工商银行、停车场和地铁站等公共场所。为了能切身体会到出行的不便，我们还专门带了一辆轮椅。5 个小伙伴轮流坐轮椅，体验了无障碍坡道、无障碍电梯、无障碍升降机、无障碍卫生间、无障碍车位和无障碍客房等。

我们的调查活动得到了工作人员和路人的帮助。丽晶酒店的服务员阿姨向我们详细介绍了无障碍设施的使用要点。我还听到了路人的夸赞:"这些孩子这么小就参与公益活动了,真棒!"坐在轮椅上,我体会到了残障人士出行的不便,同时也感受到了无障碍设施带来的便利。虽然一下午的调查活动让人很疲惫,但我内心是很开心的,我觉得自己正在做一件对社会特别有意义的事情。

四、学生反思工具——从回望中汲取前行的力量

学生反思精选(一)

姓名:刘家驿 时间:2020 年 8 月 10 日
提案名称:无障·爱传播

发生了什么	有何感受
我发现城市的无障碍设施存在盲区。在繁华地区,无障碍设施比较完善;而在另外一些地方,设施相对不齐全,标识也存在错误。同时,我发现很多人对无障碍知识了解得不够全面,对于无障碍出行也不知道有哪些便利措施	随着城市建设的发展,大家对无障碍环境的建设和完善都有迫切的需求。不仅是残疾人,老年人、行动不便的人都有这个需求。已建成的无障碍设施需要进一步完善,还未建设的,需要在规划设计初期就把无障碍设施考虑进去
有哪些主意	**有哪些问题**
国家还需要进一步完善城市无障碍设施建设及维护的行为规范,将无障碍提升到更高的要求,做到有法可依,有明确的规范准则可以参考	无障碍设施建成后,有些地方不注意维护,存在无障碍设施损坏的情况;无障碍标识有错误,没有设置在更为明显的位置;对于无障碍出行的宣传还不够广泛

教师评语

同学们在无障碍传播公益活动中,不仅自己了解到无障碍的相关知识,而且把所了解的知识传播给更多的人,引起社会更多的关注和重视,为我们城市无障碍设施的完善和发展贡献了自己的力量!

学生反思精选（二）

姓名：杨涵钰　时间 2020 年 8 月 4 日

提案名称：无障·爱传播

发生了什么	有何感受
在活动中，发现有些市民对无障碍设施的认知存在误区：无障碍设施是供残疾人使用的。其实，不同的人群面临的障碍是不一样的。大部分人对于无障碍出行知之甚少	无障碍设施，不仅保障残疾人，还保障老年人、儿童及其他行动不便者。通过项目宣传，倡导大家共同关注无障碍环境建设，引导、鼓励、帮助更多残障人士融入社会
有哪些主意 1. 通过网络和社交平台向大众普及常用的无障碍标识，倡导大家成为无障碍设施的义务管理员； 2. 分别从日常生活、休闲娱乐、商场购物、公园旅行等方面设计无障碍出行的导航图	**有哪些问题** 大众自觉维护无障碍设施的意识较弱；目前国内很多地方的无障碍设施需要完善

教师评语

"无障·爱传播"项目是很有意义的公益项目。希望你们能保持这种热情，将无障碍知识传播开来。孩子们，加油！无障碍小天使们，你们真棒！

五、家长感悟——在公益服务中和孩子一起成长

家长感悟精选（一）

拥有传播爱的能力

穆铁夫家长

不忘初心是信条，无论遇到什么困难，孩子们都能风雨同舟、齐心协力。终于在一次次的线上宣传推广活动中，孩子们得到了更多的认可和关

注，这无疑更坚定了他们的信心与决心。没有一次努力是无效的，在核心成员努力时，其他同学也积极响应，终于在疫情得到控制的情况下，几十名孩子一起走到户外，向更多陌生的人们宣传无障碍设施的知识。

我相信感动大家的是幕后所有人的努力，在一个值得信赖的平台上，得到学校及所有指导教师最专业的指导和支持，是史家孩子们的幸运，也是一个优质公益项目的灵魂。感谢发起人潘圣依同学的邀约，感谢李红卫老师细心周全的指导，感谢每一个后援家长，是你们让孩子们相信公益的力量、拥有传播爱的能力。

家长感悟精选（二）

无障·爱　永传播

刘家驿家长

无障碍设施建设体现以人为本的现代文明理念，是物质文明和精神文明的集中体现，是社会进步的重要标志，对提高人的素质、培养全面道德意识、推动精神文明建设也具有重要的社会意义。而孩子们在小小年纪能够走出校园，通过"无障·爱传播"公益活动养成在实践中思考、尝试，形成解决问题的思维习惯，运用所学到的知识，将公益宣传推广给更广泛的人群。

在"无障·爱传播"项目开展过程中，我与孩子一同进行现场调查，一起讨论交流，一起思考如何改善无障碍建设问题等，既拉近了亲子关系，也让我发现了孩子身上有很多我从未看到的闪光点。他独特的视角，观察分析事物的能力，远远超过我对他的认知。感谢项目的发起人，感谢整个公益团队的老师和小组成员。在这项活动中，不仅让我和孩子对我们城市的无障碍情况有了更详细的认识，也让我们所有参与其中的人有所收获。"无障·爱传播"项目虽然即将结束，但"无障·爱"将会永远传播下去。

六、帮扶对象感言——公益服务社会，爱心连接你我

帮扶对象感言精选

北京市东城区培新小学二年级刘书畅："跟爸爸妈妈一起来奥森公园玩，碰到史家小学的同学在进行无障碍知识的宣传，听完他们的介绍，我才知道原来周围有这么多以前我不知道的无障碍设施、无障碍标识。而当我听说他们跟我一样也是二年级的小学生的时候，我很佩服他们能自己查阅这么多资料、绘制导航图。我希望我也能加入他们的行列，做一名无障碍小天使，帮助社会上更多的人！"

七、成果展示——公益，我们一直在路上！

"无障·爱传播"服务学习项目自立项伊始，项目团队通过现场走访、专家咨询等多种方式调研考察，设计宣传方案。为使宣传形式更加生动活泼，团队成员将宣传内容编排成自问自答的小短剧。项目组申请了"无障碍传播小天使"微信公众号，定期推送项目进展情况；同时自制项目宣传短片、宣传手册，手绘无障碍出行导航图，让更多人了解无障碍相关知识，倡导大家成为无障碍设施的义务管理员。北京电视台新闻频道《北京您早》栏目、《北京日报》《北京晚报》等多家媒体对项目进行了报道。因表现突出，项目最终获得了由中国扶贫基金会颁发的"益路同行·优秀公益创新团队"奖章。

北京日报　锐评　视频　看报　时事　学习

北京日报　　　　北京晚报

05版▼　　　目录　　　2020.07.21

'的电箱：

将改造

步铺开，其中
划CBD、海淀
"道路改扩多科合
套100余处电力
箱广重点。市城
现自、城郊等郊
路各杆合一工
各电力箱体三化
杆合一"电力
指导标准。

关动联调方式合
合地期地�](##峰排
配位下降与再](#
(环境问题)；加强
清理、精心微好
]地区，在施工过
程，加强雨中应
及[#]排水通畅和
可桥区，北京排
[#]下[#]桥区"一
水泵站"一站一
]积土诉求的快

时线路全长将达到144.8公里。相
关部门将对北京北站进行市郊铁路
适应性改造，研究设置市郊铁路专用
通道，方便市民乘车。

目前从怀密科学城至北京北站，
若乘坐公交最短需2小时。怀密线
引入北京北站后，怀柔科学城至中心
城通勤时间将缩短至1小时左右，对
于怀柔科学城、雁栖湖国际会都、上
地信息产业基地等重点功能区及沿
线各区发展，都有积极促进作用。

怀密线沿途分布着古北水镇、雁
栖湖、蟒山[#]长城、红螺寺、慕田峪森
林公园、云蒙间、黑龙潭、桃源仙谷等
十余个重点旅游景区，被誉为继S2线之
后，北京又一列"开往春天的列车"。
2017年12月31日，怀密线先期

19日，由史家小学二（12）中队潘圣依同学发起的"无障·爱传
播"公益项目团队，在奥林匹克森林公园南门广场向大众宣传无障
碍知识。　　　　　　　　　　　　　　　　　　　本报记者　程功摄

行时间最短135分钟，其中黄土店站
至怀密北站最短运行时间64分钟。

2019年12月30日，京张铁路
开通后，怀密线市内始发终到站由黄
土店站迁移至清河站，其他站不变。
清河站是京张高铁全线体量最大的
车站，怀密线在清河站与国铁、地铁
首次实现"安检互认""三网融合"，乘
客通过清河站即可以实现与地铁13
号线、京张高铁的同站换乘出行，极
大方便了出行。

不仅如此，怀密线（清河站至古
北口站）贯通运营，昌平北站一站直
达清河站只需半小时，雁栖湖站至清
河站车程仅1个小时，实现了中心城
区与怀柔科学城的交通连接，更将昌
平、怀柔、密云的浅山区串连为一体。

思想·温度·品质

小学生走上街头，告诉大人们什么是"无障·爱传播"

北京日报客户端 | 记者 程功
2020-07-20 21:16

7月19日，由史家小学二（12）中队潘圣依同学
发起的"无障·爱传播"服务学习公益项目团
队，带着他们设计制作的宣传手册和宣传品，在
奥林匹克森林公园南门广场向游客宣传无障碍理
念和无障碍设施建设的意义，讲解无障碍知识和
出行指引，让大家了解无障碍设施。据悉，该项
目团队在疫情期间停课不停学，也没有停下公益
宣传的工作，学生们自建微信公众号，线上沟通
宣传方案，发布自制小视频和手绘无障碍出行导
航图，向大众宣传无障碍知识，为残障人士提供
出行指南。

《北京日报》《北京晚报》对项目宣传活动进行报道

北京电视台新闻频道《北京您早》栏目对项目进行报道

给留守儿童讲睡前故事

"给留守儿童讲睡前故事"服务学习项目由史家小学三（4）中队杨芊润同学发起，三（4）中队全体成员共同参与完成。指导教师为史家小学徐卓老师。"给留守儿童讲睡前故事"服务学习项目自 2019 年 11 月 20 日开始，至 2020 年 8 月顺利完成。项目组发布了《西游记》《格林童话》《哈利·波特》《安徒生童话》《一千零一夜》等图书篇章连载，三（4）中队成员每日发表一篇童音朗读音频，累计发布了 100 篇各类原创作品。通过讲睡前故事，呵护广大留守儿童的心理健康，营造大爱社会，体现家教、家风宣传和中华民族的传统美德。项目组先后前往朝内南小街菜市场、朝阳公园进行项目宣传推广。公众号有多篇作品观看人数超过 400 人次，单篇作品转发最高超过 100 人次，音频故事累计播放近万次。

一、指导教师推荐序

睡前故事是家人联结的纽带。在讲故事的过程中，通过相互依偎或目光交流，孩子和父母有了更多交流的机会，产生温馨的情感和无穷的乐趣，孩子和父母的关系变得更加亲密。睡前故事有助于培养孩子勤劳、勇敢、善良、乐观的品德，塑造其良好的价值观和生命观。

小学生的大梦想

杨芊润同学的"为留守儿童讲睡前故事"一经提出就得到了全班同学

及其家长的大力支持。经过几番商讨,同学们决定建立一个讲故事平台,将温暖、富有哲理的故事带给留守儿童,让他们在获得安全感的同时,树立正确的人生观和价值观。通过班会讨论,我班建立了微信公众号,大家紧锣密鼓地准备起来。接下来,我们按照计划同时进行线下的宣传和线上的录制。

发起人杨芊润说,从开始组建核心,到全班同学参与,再到吸引无数关心"留守儿童"的社会人士加入,没想到自己的一个小小的梦想会得到无数人的支持。为社会做点有意义的事情,贡献一些力所能及的力量,这就是小学生的大梦想和他们的家国情怀。

迎接疫情带来的挑战

突如其来的疫情,使我们的线下宣传活动不得不暂缓,这对项目组提出了挑战:疫情下留守儿童的处境更加困难,如何才能如约为他们送上温暖与鼓励,陪伴他们度过这段艰难时光?

在班级网络班会上,同学们你一言我一语地讨论着。有的同学说可以播报疫情中的新鲜事,让留守儿童们知道最新的动态,更好地保护自己;还有的同学看到疫情期间涌现出大量可歌可泣的事迹,忍不住发出倡议:用我们的服务平台为抗击疫情贡献一份力量吧!

我们的宣传也起到了很好的效果。核心组成员赵思源说,自己的父母此时就奋战在抗疫一线,听了同学们的故事,知道他们从事的事业很伟大,更是加倍感到骄傲;希望亲人能平安归来,国家能战胜疫情。核心组成员呼落祺的家长说,自己平时关注最多的是孩子的成绩,在这次活动中,看到同学们表现出的国家有难匹夫有责的热忱,被深深地感动;作为家长,应该帮助孩子从中学会思考,树立正确的价值观,这比埋头学习更重要。

看到我们的宣传有了这么好的效果,我想:在疫情中我们看到的无数英雄就是我们身边的平凡人。画英雄的我们虽然笔触稚嫩，但在我们心中都会种下一颗未来生长的英雄种子。通过这次活动，学生对"善良、责任、勇气、担当"这些美好的词汇有了更加深刻地体会，将"国事家事天下事，事事关心"的家国情怀融入了生命的底色。

大家团结协作，最终将抗疫先锋们的故事选编成册，并录制成音频在服务学习平台上播放。通过我们的宣传，让更多人了解抗疫的艰辛，以及中国人民的坚强与祖国的伟大。我们的平台像一只百灵鸟，传颂英雄故事，传播新时代的雷锋精神和事迹，给留守儿童带去勇气，同时激励更多的人参与其中，为抗疫奉献出自己的力量。

将服务融入人生的底色

青少年是国家的未来、民族的希望，树立正确的人生观、价值观、世界观至关重要。项目组在疫情这场"大考"前，坚持服务学习的初心，集思广益、群策群力，出主意、想办法，在学习和实践中锻炼了组织能力、沟通能力、表达能力、分析能力，提升了自信心，培养了团队精神。孩子们优势互补，各司其职，使项目得以顺利进行。面对变化，孩子们调整方法，放眼时事，不断创新，最终收获了丰硕成果。

在这个过程中，孩子们成长了，他们让自己同民族的命运紧密相连，用实际行动表达自己对社会的关注。让爱国主义精神牢牢扎根，让家国情怀和爱国主义之花绽放，培育与践行社会主义核心价值观，为学生发展打好人生底色。

指导教师：徐　卓

二、创想梦工厂——种下一颗公益的种子

（一）创想动因

项目发起人杨芊润同学每天睡前都和弟弟听一个故事。故事有时是爸爸妈妈讲，有时是《凯叔讲故事》里的内容，每日必听。杨芊润从故事中学到了很多课外知识。

一部讲述留守儿童生活的纪录片触动了杨芊润。片中艰苦的生活条件，孩子们躲避摄像机时的样子，让杨芊润认识了同一个世界中另一个群体的生活。片中的孩子们长期住校，他们看着有点孤单。杨芊润希望这群与她同龄的孩子也能够听着有趣的故事安然入睡。因此，杨芊润和小伙伴们发起"给留守儿童讲睡前故事"项目，希望通过好的故事启发留守儿童，让他们自我鼓励、克服不足、丰富知识，最终健康快乐成长。

（二）团队介绍

发起人及总负责人	杨芊润	史家小学三（4）中队成员。想法新颖，有较强的综合能力；热心公益、做事认真；负责制订工作计划和项目的组织推进
团队伙伴	张惜然	史家小学三（4）中队成员，安静文雅，有较好的绘画基础和较强的动手能力。在项目中主要负责宣传工作
	张桐语	史家小学三（4）中队成员，做事认真、有耐心，有很强的责任心，愿意为团队付出。在项目中主要负责组织工作
	呼落祺	史家小学三（4）中队成员，热情开朗，积极参与社会活动，有公益活动经验。在项目中主要负责外联工作
	赵思源	史家小学三（4）中队成员，细致踏实，耐心上进，有思想。负责编制预算、采购用具、整理票据。在本项目中主管财务工作

指导教师	徐　卓	史家小学（4）中队班主任，热心公益，知性、干练，多年担任班主任工作，教学经验丰富，注重培养孩子们的良好习惯，能够给孩子们提供有效的指导

（三）实施过程

"给留守儿童讲睡前故事"自 2019 年 11 月 20 日发起，至 2020 年 8 月圆满结束，共分为筹划准备、精选故事并进行项目推广宣传、录制并发布故事、成果总结分享四个阶段。

第一阶段（2019 年 11 月 20 日至 2020 年 1 月 14 日）：筹划准备阶段。在这一阶段，项目组主要制订行动方案，制作项目标志，开通项目微信公众号。项目得到河南省鹤壁市淇滨区大赉店镇翟村寄宿制小学的支持。该校校长表示低年级寄宿学生入睡前情绪波动比较大，认为项目方案新颖可行，通过宿舍床头的小喇叭，根据校内实际情况进行设备部署，给孩子们送去温暖的睡前故事。

　　第二阶段（2020 年 1 月 15 日至 2020 年 2 月 28 日）：精选故事并进行项目推广宣传阶段。

　　为寻找合适的故事书目，项目组前往图书大厦。三（4）中队采取资源分组的方式，一同讲故事。班主任徐卓老师布置了读书录音打卡活动，内容包括童话传说、名人传记、历史故事，完成了素材积累的第一步。同学们在讲故事的同时分享学习生活中的趣事。

　　1 月 18 日中午，项目组到朝内菜市场进行线下第一次推广活动，通过展示架与宣传单推广项目内容与公众号。活动现场秩序井然，人流络绎不绝。市场尤经理也被同学们的精神感动，欢迎同学们再来市场宣传。

　　同时，项目组与留守儿童学校校长进行线上沟通，了解学生情况，努力让寄宿学生听到一个个精彩的故事。

　　第三阶段（2020 年 3 月 1 日至 2020 年 8 月 10 日）：录制并发布故事阶段。项目组录制各类故事 130 余篇，累计发布了 100 篇原创作品。多篇作品收听人数超过 400 人次，单篇作品转发超过 100 人次；累计音频故事播放近万次。

此外，项目组在公众号上发布了 4 则抗击疫情视频，表达了全体三（4）中队成员对抗击疫情的坚定信心。

6月7日下午，项目组走进朝阳公园，竖起展示架、分发宣传单，为"给留守儿童讲睡前故事"项目做第二次线下宣传。

8月10日，项目发起人杨芊润代表项目组和三（4）中队前往河南省鹤壁市高村中心小学参观推介。正值暑假，学校在进行加固翻修，实地参观令杨芊润同学很受触动，也更加坚定了她把故事讲下去、公益做下去的信心与动力。

第四阶段（2020 年 8 月 11 日至 2020 年 8 月 15 日）：成果总结分享阶段。项目组继续录制故事并在公众号发布，故事不停，公益不止，并集合录制故事的同学进行经验总结，分享心得。

三、学生行动日记——记录公益之花盛开全过程

学生行动日记精选（一）

2020 年 2 月 23 日　星期日　阴

三（4）中队　张桐语

今天，我录制了格林童话中《睡美人》的故事。为了讲好它，我做了精心准备。我先把故事通读与品读了一遍，保证对情节有所了解，通过抓住人物性格特点，在脑海中想象他们的形象；再根据形象，展现出他们各不相同的声音。准备工作做好了，我对自己满怀信心！

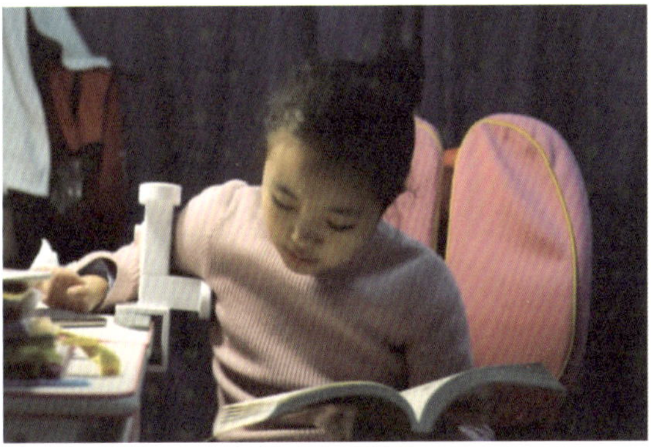

最后一步：录音。没想到，这一步可没有预想得那样顺利。第一遍，把“12 个女巫”读成了“22 个女巫”，自己都觉得好笑。第二遍，虽然没有读错字，但在塑造愤怒的女巫说话的时候，没有控制好力量……一遍、两遍、三遍，不是这里读错就是那里有问题，我沮丧地一头倒在床上，完全没了干劲儿。妈妈听到我没了声音，走进房间对我说：“先别着急，咱们找找原因。”我委屈地点点头。“有没有觉得越是认真，嘴巴就越是紧巴巴的，容易读错？”我好像悟出点什么了，噘着嘴说：“我太想

读好它了。""放松，想想凯叔给小朋友讲故事是不是就像面对面地聊天？你把自己想象成留守小朋友的同学，大家围坐在一起轮流讲故事……"在妈妈的提示下，我调整了一下情绪，动动嘴巴，伸伸舌头，把错过的地方都标注下来，又进行了专门练习。最后决定使用的那一版虽然还有些小瑕疵，但整体上有了不小的进步。两个多小时过去了，故事终于录制完成了。

通过今天录制故事的过程，我明白了，虽然自己喜欢讲故事，但用它来帮助别人并不是一件容易的事，它需要技巧、耐心、热情。当自己遇到困难时，想想留守小朋友多么希望听到好听的故事，而我讲的故事会给他们带来温暖和快乐，两三个小时又算得了什么呢?！能用好故事帮助别人，对我也是一件无比快乐的事！

学生行动日记精选（二）

2020 年 6 月 7 日　星期日　晴

三（4）中队　杨芊润

今天，我们"给留守儿童讲睡前故事"公益项目走进了朝阳公园。这是我们项目小组的第二次线下活动了。

我们今天的主要任务是，通过发传单、讲解项目内容的方式，让更多的人来关注我们的公益项目。我们带着既紧张又兴奋的心情开始活动了！我和小伙伴们分散开来，向过往的游客们讲解我们的项目。我们会简单地介绍一下项目情况，我们为什么要为留守儿童录制睡前故事。我们的活动引来了很多游客的围观，大家对我们的公益项目很感兴趣，他们认真地倾听我们的讲解，很多游客还关注了我们的公众号呢！他们赞赏我们小小年纪就懂得关心留守儿童。

我印象最深刻的是，有叔叔阿姨在听完我的介绍后，不仅关注了我们的公众号，还当场听起了我们录制的故事。他们一直夸赞："史家的孩子不得了啊，这么小就有这种思想和见识，当真难得啊！"他们的话，深深激励着我，也让我明白，我和小伙伴们在做一件非常有意义的事情，我们一定要把这件事做好！

四、学生反思工具——从回望中汲取前行的力量

学生反思精选（一）

姓名：赵思源　时间：2020 年 6 月 10 日

提案名称：给留守儿童讲睡前故事

发生了什么	有何感受
6 月 7 日，我们项目组走进了朝阳公园。我们通过发传单、讲解项目内容的方式，让更多的人来关注我们的公益项目。我们的这次线下活动，引来了很多游客的围观	游客对我们的公益项目很感兴趣，不仅认真地倾听我们的讲解，还关注了公众号。很多游客也关心留守儿童的心理健康
有哪些主意	**有哪些问题**
这种宣传活动，我们可以在多个地方举行。比如，在社区、学校等。我们可以让大家通过我们的线上平台，给翟村寄宿制小学的同学们带去内容更加丰富、形式更加多样的睡前故事	在线上平台，可以采用更多的形式和翟村寄宿制小学的同学们进行交流。比如，我们可以讲述自己在学校里的趣事、同学们的优秀日记、我们的博物馆之旅等

教师评语

　　你们的热情、朝气换来了路人的关注。利用宣传单、公众号宣传推广能够感染更多的人参与公益

学生反思精选（二）

姓名：张惜然　时间：2020 年 6 月 9 日

提案名称：给留守儿童讲睡前故事

发生了什么	有何感受
疫情期间，我进行了《西游记》故事片段的录制。在录制过程中，我特别有动力，想着自己的故事能陪伴留守儿童入眠，是一件非常有意义的事情。同时我认识了很多生字。我还邀请爸爸妈妈一起，分角色参与录音	首先，我对公益项目有了更深刻的认识：公益项目就是通过一部分人的努力，帮助另一部分人，带动更多的人，这样我们的社会就会变得越来越好。其次，通过录音陪伴留守儿童，让中华民族的经典著作陪伴我们长大。最后，我和爸爸妈妈度过了愉快的亲子时光，他们给猪八戒和如来佛祖配音，实在是太有趣了！
有哪些主意	有哪些问题
我们应该把这个公益活动坚持下去，变成全年级、全学校的公益活动，发动更多的人参与，帮助更多的人。疫情结束后，希望能和河南的留守儿童互动，期待听到他们的故事	在书目选择方面，我们可以提前和留守儿童沟通，进行更加细致的调研。在线下活动组织方面，我们的宣传渠道应该更加广泛。在录音方面，我们的读音可以更精准，阅读可以再流畅些

教师评语

授予他人，充实自己。这不仅是讲故事，孩子还全身心投入其中，感受快乐，这正是参与项目的收获

五、家长感悟——在公益服务中和孩子一起成长

家长感悟精选（一）

为爱行动　携手同行

呼落祺家长

通过这个项目，孩子们明白了要做成一件事，始终坚持、不断进步非

常重要。早在 2018 年孩子们上二年级的时候，项目发起人杨芊润同学和她的家长就开始在班主任徐卓老师的指导下，组织大家进行项目筹备工作，在经过长时间的需求调研、目标及可行性分析基础上，对项目实施方案进行不断完善，终于在 2019 年顺利通过评审，开始正式实施。

通过这个项目，孩子们锻炼了能力，开阔了视野。团队协作和对外宣传活动，提高了孩子们的组织沟通能力；讲故事提高了孩子们对语言的阅读理解和朗诵能力；项目财务管理工作，让孩子们对货币有了更加深入的认识，提高了"财商"。当然最重要的是，这个项目为孩子们打开了一扇窗户，透过它孩子们看到留守儿童和他们的父母这个社会群体的生活状态，孩子们被深深触动，自然而然地产生要帮他们做点什么的朴素想法。这些播撒在孩子们心灵深处的种子，携带奉献和分享的基因，未来一定会长成弘扬公益精神的参天大树。

如果没有"益路同行"这个平台，以上满满的收获是不可能取得的，所以非常感谢中国石油和中国扶贫基金会给予孩子们锻炼成长的机会，感谢史家小学，也要感谢杨芊润同学和她的家长、徐卓老师，是你们的精心组织和指导，让团队成员留下一段美好的成长记忆。希望以后在公益之路上，还能有机会携手同行。

家长感悟精选（二）

让留守儿童和我们的孩子一起长大

张惜然家长

孩子之间是有天然联系属性的，两个不认识的孩子很快就能玩耍到一起。孩子们为留守儿童精心挑选故事，反复练习阅读，思考设计问题。这些耗时耗力的工作，为什么孩子们乐此不疲？因为这个公益项目提供了一个很好的机会，让我们的孩子在稚嫩而纯真的年纪里，通过公益活动，分享知识与欢笑，排解疑问和困惑，公益的种子，就此在我们的孩子心中生根发芽。

在不少地区，留守儿童物质上的保障已经解决，而精神层面的关爱很容易被忽视。孩子们用心用情准备的睡前故事，就好似烛火，温暖而坚定地照亮留守儿童的内心。每次我在公众号上听到孩子们新录制的故事，都能够想象出这样的画面：留守儿童们认真听着故事，眼中闪烁光芒，他们的美梦一定香甜。

六、帮扶对象感言——公益服务社会，爱心连接你我

帮扶对象感言精选（一）

鹤壁市淇滨区大赉店镇翟村寄宿制小学教师张宝："感谢北京史家胡同小学三（4）中队的同学们带给我们的关心和温暖！当校长告诉我们北京的一群小同学要来看望我们，要给我们讲睡前故事后，我就一直盼望着，常常想象着我们见面时的场景。疫情虽然阻隔了我们相见，我却能听到你们娓娓道来的精彩故事。故事内容特别丰富，我似乎还看到了你们录制故事时认真投入的模样，十分地想念你们！"

帮扶对象感言精选（二）

朝内南小街菜市场尤经理："很开心同学们选择了南小街菜市场作为活动推广地。这里有很多进京工作的叔叔阿姨们，他们中有部分是孤身来到城市里工作，孩子却在老家学习生活的。当看到你们拿着海报诉说着来意，以及努力宣传关注留守儿童时，我发现小小的身影也可以发挥大大的力量。

你们为在京工作的家长和远在老家的孩子们建立起沟通的桥梁，同时，也让叔叔阿姨们深思陪伴成长的重要。关注下一代的健康成长是社会稳定发展的基础和祖国持续发展的必要条件。非常开心看到你们的努力，孩子们加油！"

七、成果展示——公益，我们一直在路上！

"给留守儿童讲睡前故事"服务学习项目自立项伊始，发布了《西游记》《格林童话》《哈利·波特》《安徒生童话》《一千零一夜》等故事连载，累计发布100篇各类原创作品。项目组还在公众号增设针对时事热点的"精彩活动"专栏，表达了对抗击疫情的心声，赞美了最美逆行者。因表现突出，项目最终获得了由中国扶贫基金会颁发的"益路同行·优秀公益创新团队"奖章。

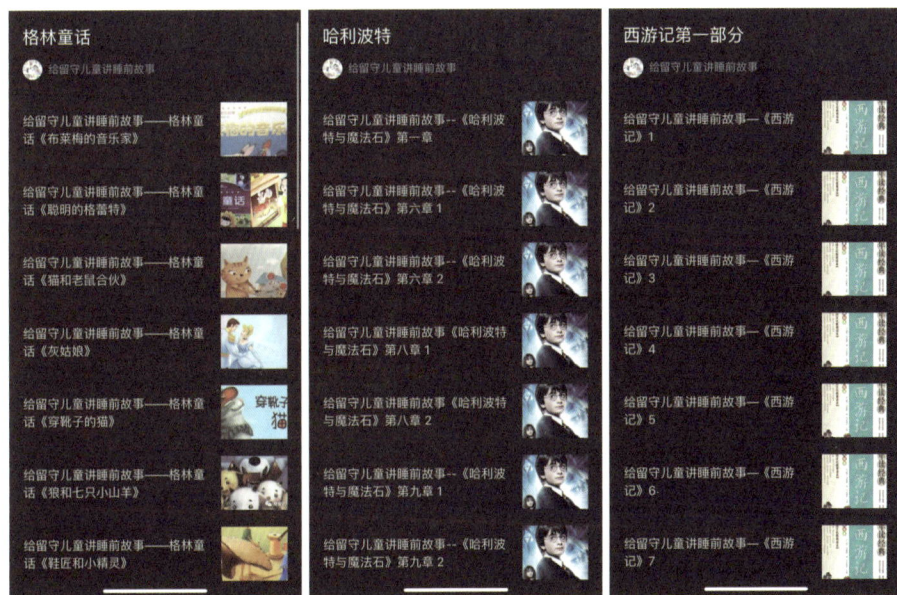

项目组部分音频作品

鹤壁市淇滨区大赉店镇翟村中心校

感 谢 信

亲爱的史家小学三（四）班全体师生：

你们好！

得知你们班主任徐卓老师指导的"给留守儿童讲睡前故事"公益项目成功入围后，作为项目施受方河南省鹤壁市一所寄宿学校的校长，我一时难掩内心的激动和兴奋，第一时间和我的学生们分享了这个好消息。由衷地感谢由中国石油赞助的"益路同行"这个公益平台，感谢史家小学长期以来对开展公益项目的指导和支持。

作为这群孩子的大家长，我一直用心呵护着孩子们的成长，也知道国家各层级越来越重视对各类青少年的心理健康辅导，有很多的社会公益组织和热心人士积极投身参与其中。所以，当项目发起同学的家长主动联系我时，我就预感到即将开展的是一项十分有意义的活动，必须鼎力支持，全力配合。我听说，你们来自北京一所知名小学，一个友爱的集体，希望以讲故事的方式，和我们一起聊聊天、谈谈心，尽自己的所能来帮助我们这里的留守儿童。在此，我感谢学校和家长对你们的栽培和教导，感谢你们温暖人心的小小善举，让你们在童年时期就懂得施予和付出，懂得奉献自己的爱心。

诚然，一个项目的施行是有时限的，但热心公益的善举是可以植根心底并相随一生的。积跬步而至千里，未来可期，你们的明天定会更加灿烂美好！

鹤壁市翟村中心校　校长：洪同才

2019 年 12 月 3 日

河南省鹤壁市翟村中心校发来的表扬信

阅兵精神我传扬

"阅兵精神我传扬"服务学习项目由史家小学五（4）中队袁凤仪同学发起，五（4）中队全体成员共同参与完成。项目指导教师为史家小学李婕老师。"阅兵精神我传扬"服务学习项目自2019年12月发起，至2020年7月顺利完成。项目组通过参加天安门广场的升旗仪式、参观国旗班、拜访礼炮部队、了解部队的发展史、组织队列训练等丰富多彩的活动，感受军人对党和国家的忠贞不渝和保家卫国的奉献精神。通过与军人叔叔共同学习军史，了解威武之师的发展历程；了解疫情期间部队奉命唯谨的坚守。项目组将收集的信息与这期间的感悟，以小报、公众号、视频等形式记录下来，并制作视频短片《中国军魂》分享给部队的军娃、其他学校的同学，让更多的人了解我们的军魂，我们的阅兵精神。

一、指导教师推荐序

"我们为什么要阅兵？""军人的飒爽英姿是怎样炼成的？""军人有着怎样的英雄故事、家国情怀？"国庆长假归来的孩子们，课间谈论的话题不再是假期旅游，而是这场带给他们巨大震撼的国庆大阅兵。对于小学生而言，这场举世瞩目的盛大阅兵，既是一堂生动的爱国主义教育课，更是一次荡气回肠的精神洗礼。

"阅兵精神我传扬"项目的发起人是班上的小军娃袁凤仪。当这个柔弱的小姑娘说出她的"国庆阅兵"提案的时候，我的心里是有些吃惊的。在孩子看来，阅兵可能只是她的军人爸爸那一段时间的工作经历；可在我看来，这是小军娃特殊的成长经历赋予她的敏锐观察力和感受力，是她对家与国的最初理解。这是个有故事、有气魄、有格局的提案。这一提案得到了全班同学的支持，班上另外两名小军娃耿浩淼、张雅淇和大队干部王雪珩、中队干部武千寻也加入了项目核心组。为了激励全班同学参与到这个项目中来，核心组成员编辑了阅兵视频短片，并且每人发表了一段演说。孩子们说得情真意切，非常感人。

因为新冠肺炎疫情的到来，孩子们原有的利用寒假走进军营的计划被取消。核心组成员处变不惊，及时召开视频会议，调整活动方案，将线下宣传搬到线上云端，并分主题学习、整理资料、开展公众号宣传等。活动进行得有条不紊。疫情虽然阻止了同学们出行的脚步，可是阻挡不住同学们传扬阅兵精神的热情。在 3 月 5 日"学雷锋日"，项目组请来了电影《离开雷锋的日子》中雷锋的扮演者吴军。吴叔叔与孩子们在班级"云"课堂进行了隔空互动，讲述雷锋故事、分享雷锋精神，让孩子们全方位了解雷锋这位共和国普通士兵平凡而又伟大的一生，让雷锋精神真正走进孩子们的内心。

2020 年的这个早春注定不平凡。一场疫情，带给人们的不仅是灾难，还有思考和成长。人民有难，军人当先。除夕夜一声号令，350 位军医义无反顾出征武汉，来不及与家人道别，挥手之间，已是战机轰鸣。"若有战，召必回，战必胜。"中国军人，再次让世界看到了热血荣光，也再次让孩子们深刻体会到了"阅兵精神"的真正内涵——听党指挥，能打胜仗，忠于祖国，人民至上。

有一个孩子在日记中写道："在每一个急难险重的关头，总是军人冲在最紧急的一线。在凶险的病区，他们为患者打开一扇又一扇生命之门。他们用钢铁般的意志，把脸上的血印和水泡当成勋章，在隔离服上写下名字和誓言，用最短的时间和最快的速度，救治同胞，决战疫情。这是个特别的春天，这个春天的故事值得我们永远铭记。"

孩子的世界是父母人生的投影。从这个意义上讲，军娃正是观察共和国军人的独特的窗口。军娃的身体里流淌着军人的血液，他们既是"后浪"，更是"江河"。走近军娃，便能更好地读懂军人。读懂军人，方能更好地关爱军娃。只有真正理解了那些发生在迷彩童年里的别离、思念、坚强和成长，才能读懂军人的奉献与牺牲、冲锋与坚守、阳刚与柔情、热爱与牵挂。

阅兵精神我传扬，阅兵精神需要更多人尤其是青少年的传扬。2020年6月，随着疫情的好转，项目组成员精心制作的视频短片也跨越三地，传进了北京市东城区黑芝麻胡同小学、四川省邻水县城南镇解愠中心小学、山东省蒙阴县孟良崮红军小学孩子们的课堂，收到的是来自不同地区的孩子和老师们一致的笑中带泪的赞叹和经久不息的掌声。尤其是山东沂蒙老区的这所小学，虽然校舍简陋、条件艰苦，并且大多数孩子从未走出过大山，但是这里的孩子们乐观、质朴，与军人有着特殊的情感，他们的祖辈中有很多人是当年的红军或红嫂，拥军、爱军已成为他们融在血液里的情感认同与文化传承。当视频短片在校园播放的时候，孩子和老师们都看得泪光点点，有许多孩子当场表达了长大要参军报国的愿望。从这些小小少年激动且又坚毅的眼神中，我们能深切地感受到，在这片红色的土地上，那世代传承的拥军情感从未熄灭；那让人热血沸腾的家国情怀，在这些小小少年的心间从此被激活。

目前，项目已圆满结束，但孩子们对阅兵精神的传扬不会止步，生活中处处可以成为致敬军人、传扬阅兵精神的舞台。懂责任，有担当，少年

213

强，则国强。相信孩子们已经从活动中、从"听党指挥，能打胜仗，忠于祖国，人民至上"的阅兵精神里得到了真正的成长正能量，这样的能量也将激励着孩子们在今后的人生旅程中乘风破浪，不负远方！

指导教师：李　婕

二、创想梦工厂——种下一颗公益的种子

（一）创想动因

庆祝中华人民共和国成立 70 周年阅兵式中，五（4）中队有 5 位同学的家长参与了国庆大典，他/她们以不同的身份圆满地完成这次阅兵仪式的任务。袁凤仪的爸爸作为现役军人，从 8 月份接受任务以后，近两个月一直坚守一线。不仅如此，为了完成这次阅兵式，部队的战士有的推迟了婚期，有的放弃了休假，也有的在阅兵结束后脱下戎装告别军旅……在军营，这样的故事不胜枚举。

同学们被这样的故事感动得热泪涟涟。大家都在好奇：军人叔叔究竟是超人还是普通人？他们有着怎样的情感世界、家国情怀？为什么要阅兵？钢铁之师、大国利剑是怎样炼成的？为此，袁凤仪和她的小伙伴们发起"阅兵精神我传扬"服务学习项目，通过采访、体验、宣传、与部队军属军娃建立联系等形式，让更多的青少年了解军人，了解军人背后的故事。

（二）团队介绍

发起人及总负责人	袁凤仪	史家小学五（4）中队成员。作为军人子女，深刻理解爸爸的军人职业特点和爱国奉献精神

续表

团队伙伴	耿浩淼	史家小学五（4）中队成员，学思敏捷，条理清晰。在本项目中负责财务工作
	武千寻	史家小学五（4）中队成员，校红领巾电视台主持人。亲和力强。在本项目中负责外联工作
	张雅淇	史家小学五（4）中队成员，校红领巾电视台主持人。在本项目中负责宣传工作
	王雪珩	史家小学五（4）中队大队委，组织协调能力强，工作负责，乐于为同学服务。在本项目中负责组织工作
指导教师	李婕	史家小学五（4）中队辅导员，东城区骨干教师，曾获东城区优秀少先队辅导员称号。所带班级曾获"北京市先进班集体""北京市星星火炬奖"等荣誉。所带班级的以服务学习为主题的少先队活动课，曾获北京市二等奖

（三）实施过程

"阅兵精神我传扬"项目自 2019 年 12 月发起，至 2020 年 7 月完成。项目分为前期准备、调研学习、宣传、总结反馈四个阶段。

第一阶段（2019 年 12 月 20 日至 2020 年 1 月 15 日）：前期准备阶段。在这一阶段，项目组制订实施计划，梳理资源，分配工作，安排时间和预算。在班级发放 38 份调查问卷，以五（4）中队为抽样代表，了解同龄人对阅兵的理解和关注的问题。调查发现，80% 的学生对军事相关知识有一定的了解，还有 20% 的学生表达了长大要参军的愿望。根据问卷结果，项目组做出了寒假的项目计划。

第二阶段（2020年2月21日至2020年6月7日）：调研学习阶段。在这一阶段，项目组参观了军事博物馆；还打算拜访军营，但突如其来的疫情打乱了所有计划。项目组立即行动起来，利用可行的资源，把项目搬到了线上。项目组首先将全中队同学分成4个小组，按"军队与国家力量""兵器发展""军队与国防""军队与和平"四个主题分头收集和整理资料，带着问题与解放军叔叔连线；并制作视频《中国军魂》，系统地讲解中国人民解放军的发展史。

3月5日，项目组邀请电影《离开雷锋的日子》中雷锋的扮演者吴军参加线上班会。吴叔叔与五（4）中队同学们进行了隔空互动，介绍了创作体会和对雷锋精神的理解，与同学和家长一起讨论如何传承雷锋精神。

3 月 31 日，清明时节，"云"班会遥祭英烈。在"云"班会上，王雪珩同学弹奏了《英雄赞歌》，全班同学通过绘画、小报、朗诵、音乐等形式，缅怀致敬这个时代最伟大的英雄。

4 月 8 日，五（4）中队开展了军娃讲述父母抗疫故事的活动。

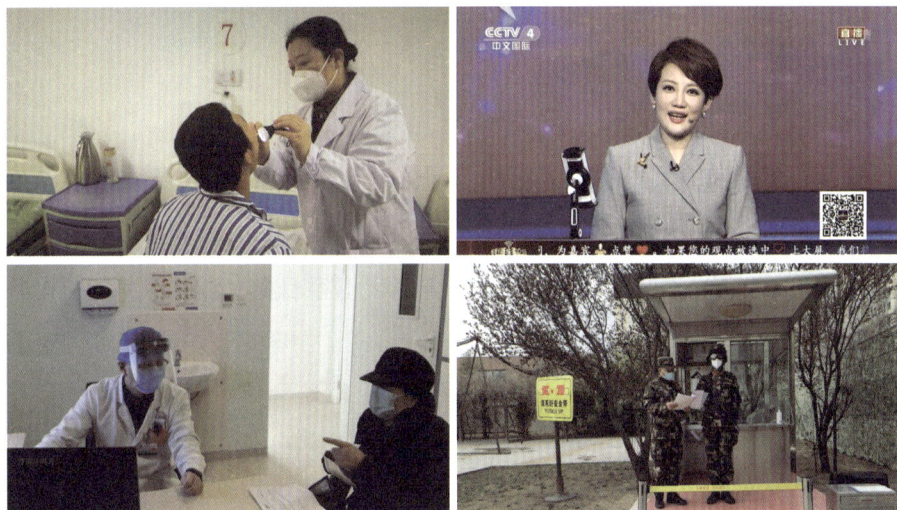

第三阶段（2020 年 6 月 8 日至 2020 年 7 月 6 日）：宣传阶段。从网上收集资料，与解放军叔叔视频连线学习，把学习和收集到的知识和信息制作成小报、视频，通过公众号发布。制作《中国军魂》视频介绍人民军队发展史，与军娃家庭建立了微信群，分享信息和交流心得。

　　在中队内以家庭、小组为单位进行了学习，并把项目组整理的资料发给了北京东城区黑芝麻胡同小学的同学（6月8日），四川省邻水县城南镇解愠中心小学（7月3日），以及山东省蒙阴县孟良崮红军小学（7月6日）。

　　第四阶段（2020年7月8日至2020年7月30日）：总结反馈阶段。在这一阶段，项目组对项目进行总结，总结经验，找出不足，为今后的项目做准备；项目组成员谈收获和感想，家长们也审视了孩子们在这个项目上得到的历练。让大家印象深刻的是，耿浩淼同学独自承担起公众号的制作，边学习，边探索，探索能力得到很大提升。

三、学生行动日记——记录公益之花盛开全过程

学生行动日记精选（一）

2019 年 12 月 8 日　星期日　晴

五（4）中队　袁凤仪

北京西客站的候车厅里，十几位已卸下领章、帽徽的叔叔整齐、无声地站成一排。两个月前，叔叔们还是阅兵方阵和执勤队伍中飒爽英姿的铁血英雄，今天，他们脱下军装，要告别军营了。叔叔们面色凝重，脸上写满了悲伤和不舍。这些叔叔都是服役期满的士官老兵，他们把自己的青春和热血都献给了军营、献给了祖国。其中有一位来自内蒙古锡林郭勒草原的苏尼尔叔叔已服役 12 年。苏尼尔叔叔的父亲前年去世了，家里只有母亲一个人。作为一名男儿，苏尼尔叔叔已实现了自己刚入伍时的诺言——忠于祖国、忠于人民。现在，他要告别军营，回去为母亲尽孝，像千万个草原孩子一样守护草原。爸爸说，好多叔叔退役时，身上都会带着伤疤，带着自己的军旅印记。爸爸说，对军人而言，一次参军，一生光荣。军人身上的每一处伤疤，都是值得骄傲一生的英雄勋章。

火车进站了，我以少先队礼致敬叔叔们。今天，我不只代表我自己，还有项目组的所有成员。我是带着项目组成员最真诚的祝福与敬意来送别叔叔

们的。我想回去以后把他们的故事讲给我的老师们、同学们听，我希望用阅兵精神来滋养、激励我们的内心，也给更多的小伙伴们带来成长的正能量。

学生行动日记精选（二）

2020 年 4 月 12 日　星期日　晴

五（4）中队　武千寻

妈妈今天给我打来电话，说现在是融媒体时代，我们班创办的公众号也可以用多种方式来展示成果，不仅是文字和图画。妈妈建议我写一段关于"阅兵精神"的理解和感悟，然后用手机录下来，作为公众号里的小视频发出去。妈妈还给我转发了几段这两天军人医生叔叔阿姨去武汉支援的新闻。我看到军人叔叔阿姨无论是入驻医院还是救治病人，都是雷厉风行、意志坚定。所有接受采访的叔叔阿姨都表达了吃苦在前、不怕危险，把病人的健康放在第一位的思想。这是多么无私、勇敢的一群人啊！这和我们在看阅兵时军人们保家卫国、不怕牺牲的精神是一致的，我被深深地打动了，有感而发，写下了我想告诉小伙伴们的感受。

我第一次参与建设公众号，今天第一次制作融媒体小视频，我还是充满好奇和兴趣的。参与了才知道，一个公众号的建设相当不容易呢，需要好好动脑筋和做很多幕后工作。我非常喜欢参与这样的活动，也学到了不少本领，真希望我们的公众号能够有更大的影响力，让阅兵精神更广泛地传播发扬。

学生行动日记精选（三）

2020 年 4 月 4 日　星期六　晴

五（4）中队　张雅淇

今天是中国的传统节日清明节——是个扫墓祭祖的日子。

上午，我跟随爸爸来到他工作的地方——解放军总医院第七医学中心，在半旗下向英雄默哀，同时也向老军医华益慰爷爷致敬。爸爸告诉我，华益慰爷爷是他们医院一位德高望重的军医，他对医学非常负责，对人民充满热忱，对医术精益求精，把毕生精力都倾注在军队医疗事业上，倾注在为人民服务上，非常令人尊敬。20世纪六七十年代，他支援西藏医疗队，海城、唐山地震救灾中都有他的身影，退休后仍坚守在工作岗位，年过七旬还在为病人做手术，在身患胃癌去世前决定将遗体捐给医院，用于医学解剖研究，真正把自己的一切都奉献给了国家和人民。2006年中央电视台《感动中国》栏目这样评价华爷爷：不拿一分钱，不出一个错，这种极限境界，非有神圣信仰不能达到；他是医术高超与人格高尚的完美结合，他用尽心血，不负生命的嘱托。

在我们的服务学习项目中，通过每一次的观摩、每一次的学习、每一次的研究、每一次的交流，身为军人的子女，我越来越能理解爸爸的"经常不在家"，越来越能体谅军人工作的辛苦，越来越能明白军人肩负的职责使命，也越来越为我们的国家和军队感到骄傲和自豪。以后，就算我们的项目结束了，我和我们中队的同学们也一定会一直努力，将我们国家和军人的优良传统不断传承和发扬下去。

四、学生反思工具——从回望中汲取前行的力量

学生反思精选

姓名：耿浩森 时间：2020 年 6 月 10 日
提案名称：阅兵精神我传扬

发生了什么	有何感受
2020 年 3 月 5 日的学雷锋日，由于受疫情影响，开展活动更加困难了。经过热烈讨论，我们决定开展线上活动。我们邀请到了吴军叔叔，为同学们上了印象深刻的一课	在这次活动中，我担任了编辑公众号的工作。这是我第一次编辑公众号，我十分紧张。通过与同学、老师和家长的不断交流与学习，我终于完成了。很感谢老师和同学们的信任，这次活动不仅锻炼了我的学习能力和动手能力，还让我更自信了
有哪些主意	**有哪些问题**
活动中，我们想让更多的人认识雷锋精神，经过不断的讨论，我们决定用制作公众号的方法呈现活动	第一篇公众号做了三天，效率非常低。这其中包括不断地修修改改、组内成员提意见后不停地学习。在这之后我已经越来越熟练了。希望以后能更好

教师评语

在这个项目中，你发挥了你细心、条理清晰的优势，工作井井有条。加油！

五、家长感悟——在公益服务中和孩子一起成长

家长感悟精选

家国情怀中的成长与感动

耿浩森家长

2020 年 12 月，当我休假回家的时候，女儿告诉我，她和 4 名同学在学

校开展的服务学习课程中代表班级发起了"阅兵精神我传扬"服务学习项目，并且已经审批下来了。

接下来的日子里，女儿时常跟我讨论关于阅兵的话题和军人的阅兵故事。在一次次的交流中，在我给她讲的一个个真实、感人的阅兵故事里，她理解了妈妈和所有军人一样有着共同的职责使命，理解了妈妈不能时刻相伴的无奈和牵挂，理解了当军人必须在国与家之间作出抉择时，无数军人为什么毅然舍小家为国家。这种牺牲奉献的背后，正是家国情怀催发的如山使命。从此，孩子更愿意主动和我说她的心里话，而不是把所有心事和愿望都写在日记中，手机里的妈妈似乎已渐渐走进孩子的内心。我也非常珍惜这宝贵的亲子交流时间和空间，同时内心也无比感激，是史家的服务学习课程给了军人与军娃这样的互动空间，也弥补了我们不能经常给予孩子陪伴的遗憾与亏欠。

2020年初春，新冠肺炎疫情暴发，让孩子们走进军营的计划被迫取消，核心组成员不得不调整方案，将线下活动改为线上宣传。这让毫无媒体经验的孩子们有些不知所措。关键时刻，女儿主动承担了这个光荣而又艰巨的任务。从申请微信公众号，到文章稿件的编辑排版、小视频的剪辑制作，每道流程她都尽职尽责，常常和小伙伴们忙到很晚。有多少次我想提醒孩子早些休息，可是当我看到她那强烈的求知欲和认真的工作劲头时，我又不禁深感欣慰，这种为自己热爱的事情勇于担责和努力拼搏的精神，不也正是阅兵精神在小军娃身上的体现和传承吗？

孩子们制作的公众号新闻吸引了很多读者，《阅兵精神我传扬》视频短片已从北京飞往山东、四川等地多个小学课堂，阅兵精神已在越来越多的青少年心中传扬。

前几日，偶然读到一句诗"我不知道母亲想我/能否换一种方式/比如，派干净的春风/来唤我的乳名"时感触颇深。作为一名军人，同时也作为一位时常不能陪伴孩子的妈妈，这首触动我的小诗或许还可以有这样的表达："我不知道女儿想我/能否换一种方式/比如，派干净的春风/来轻抚我的军装。"

六、帮扶对象感言——公益服务社会，爱心连接你我

帮扶对象感言精选（一）

小学生："我的太爷爷参加过'抗美援朝'，我的太奶奶是当年支前的红嫂。爷爷和爸爸也参过军，他们给我讲过很多在部队的故事，我也无数次想象过部队的样子。今天，我看了北京史家小学录制的《阅兵精神我传扬》视频短片，看了叔叔们在部队的训练和生活，更加坚定了我长大要参军报国的决心，尤其是我家代代都有参军的传统。北京，等着我，十几年后，我来保卫你！"

帮扶对象感言精选（二）

小军娃："我在史家小学的姐姐们制作的《阅兵精神我传扬》视频短片中看到我的爸爸了，爸爸穿着军装从天安门前走过，爸爸太帅了，爸爸是英雄。班上所有的同学都很羡慕我，他们都认为我有一个了不起的爸爸。另外，我的妈妈和爷爷奶奶看完这个视频都哭了，他们也是第一次看见爸爸在部队的工作和生活，我们都为爸爸感到骄傲。每当想爸爸的时候，我就会看这个视频，虽然爸爸与我相隔千里，可是有了这个视频，我感觉爸爸就在我身边，他是我学习的榜样。"

七、成果展示——公益，我们一直在路上！

"阅兵精神我传扬"服务学习项目自开展以来，历时 8 个月，先后走进

北京市黑芝麻胡同小学、山东省蒙阴县孟良崮红军小学、四川省邻水县城南镇解愠中心小学的课堂，成功帮扶千余人，取得了较大的社会影响力。核心团队成员组织班级同学走进军事博物馆，了解了中国军队及兵器的发展；积极联系班里的军人家长，收集军人在阅兵大典以及部队生活、学习、训练的视频资料，制作了《阅兵精神我传扬》视频短片，并分享给山东、四川等地的小学，在师生之间引起强烈反响。另外，项目组还与不同省区的 6 个军人家庭建立联系，与小军娃进行线上互动，让他们全面了解父母在部队的工作与生活。因表现突出，项目最终获得了由中国扶贫基金会颁发的"益路同行·优秀公益创新团队"奖章。

项目组制作的视频短片《中国军魂》

正念——牵手先心病儿童

"正念——牵手先心病儿童"服务学习项目由史家小学三（7）中队孙泊文同学发起，三（7）中队全体成员共同参与完成。项目指导教师为史家小学吴金彦老师。该项目自 2019 年 12 月发起，至 2020 年 8 月顺利完成。项目组通过学习正念技术，以录制正念技术练习视频、与福利院儿童线上开展正念互动、深入医院与医生护士交流正念、正念陪伴先心病儿童等多种形式，开展项目活动。自项目实施以来，项目组先后接受专业心理医生及心脏外科护士的培训、制作推送正念牵手公众平台、录制正念技术练习视频，在新冠肺炎疫情时期将正念带给战斗在一线的医务工作者，"云"牵手福利院儿童，到解放军总医院第七医学中心儿童心脏外科牵手先心病儿童。项目组共举办了 10 场活动，获益人数达 3000 余人次。中国红十字基金会认为关注干预先心病儿童的心理健康与手术治疗同样重要，项目组进行了新的尝试，特别是以同龄儿童牵手患病儿童。为此，中国红十字基金会为项目组颁发了证书。此项目完成后，将在中国红十字基金会成立"青少年儿童正念技术推广"专项。

一、指导教师推荐序

作为一名有经验的服务学习项目指导教师，我从未遇到过本学年如此难实施的项目。突如其来的新冠肺炎疫情，令原有项目计划变得几乎不可能，特别是我们这个项目的实施，最终要在医院完成，疫情下医院是高危单位，先心病儿童的手术全部停滞，种种困难超出之前的预料。但是，团队并没有气馁，在超长假期利用微信群、推送公众号，执着前行，圆满完成项目。

我们班在一、二年级时，成功完成"小小消防员"项目，是全班同学参与的。这次孙泊文同学申请"正念——牵手先心病儿童"项目，我并没有提出要求，而是让发起人自己组织核心小组，自己招募志愿同学，让参与的同学自主讨论。他们没有让我失望。作为指导教师，在此过程中，我也再一次认识到孩子们未来面临的社会的复杂性、变化性和不确定性，"与其临渊羡鱼，不如退而结网"。通过服务学习项目，激发孩子们的内在动力，不仅仅是组织实施一个项目，更重要的是感悟。为实施项目，孩子们从零开始，学习正念、练习正念、感悟正念、践行正念。在这个过程中，孩子们意外发现正念的练习，不仅能够帮助患儿，而且让自己变得专注平和，提高了情绪管理能力。"赠人玫瑰，手有余香""帮助别人，遇见更好的自己"在这个过程中得到完整的诠释。

每次活动前，核心成员们在家长志愿者的协助下，提前与医院、福利院等进行联系，协调活动时间、场地，确定活动流程。活动中小组成员分工有序，各尽其职；活动后汇总资料，群策群力，推送公众号展示成果。整个过程既有个人能力的历练，又不乏团队合作精神。

一分耕耘，一分收获。这次益路同行公益项目，将会成为他们人生中浓墨重彩的一段经历，相信他们在人格成长、情绪管理等方面也会有令人欣喜的收获。

指导教师：吴金彦

二、创想梦工厂——种下一颗公益的种子

（一）创想动因

项目发起人孙泊文曾因为视力问题做过一次手术。在手术室门口，他看见了一个和他差不多年纪的小朋友，躺在车上，浑身插满了管子。在医院工作的妈妈告诉他，那是一个从很远地方来的小朋友，要做很大的心脏手术。孙泊文不知道"很大的手术"意味着什么。当他康复后向妈妈提起想去看望做心脏手术的那个小朋友时，妈妈没有答应，因为那个小朋友正在监护病房治疗。孙泊文问妈妈："我能做些什么？"妈妈看了看他说："手术前你最想要什么？"孙泊文不加思考地回答："最棒的玩具、最好吃的糖果。"妈妈又问："手术前你什么感受？""害怕！"孙泊文回答道。

也就是这样一次手术经历，这样一次手术室门前的"偶遇"，让孙泊文同学萌生了一个想法：能不能做一些事情，帮助那些即将面临手术的小朋友消除恐惧。于是，孙泊文和他的小伙伴们发起"正念——牵手先心病儿童"服务学习项目，以带动更多的人了解正念，希望给病痛中的小朋友带去欢乐、消除恐惧。

（二）团队介绍

发起人及总负责人	孙泊文	史家小学三（7）中队成员。热爱公益，热情、善良，成绩优秀，团结同学
团队伙伴	朱席颖	史家小学三（7）中队中队委。组织能力强，管理能力强。在项目中主要负责组织工作
	高雨辰	史家小学三（7）中队小队委。踏实肯干，具有亲和力。在项目中主要负责外联工作

续表

团队伙伴	朱家漩	史家小学三（7）中队中队委。乐于助人，大方开朗。在项目中主要负责宣传工作
	李智恩	史家小学三（7）中队成员。富有同情心，学习能力强。在项目中主要负责财务工作
指导教师	吴金彦	史家小学三（7）中队班主任，热心公益，担任多年的班主任工作，教学经验丰富，注重培养孩子们的独立意识和良好习惯。曾组织和带领"BASS刷牙法推广"项目顺利实施，具有丰富的公益项目指导经验

（三）实施过程

"正念——牵手先心病儿童"项目自2020年2月1日正式启动，8月10日顺利完成，共分为准备、组织实施和总结反思三个阶段。

第一阶段（2020年2月1日至2020年2月29日）：准备阶段。在这一阶段，项目组细化活动方案，设计完成了心理问卷准备，制作活动主题Logo和申请公众号等。团队成员跟随专业医生完成了正念技术的学习和培训。2月下旬，积极联系医院和儿童福利院等机构，选择干预对象和群体。疫情下，团队及时更改了实施方案，重新确定项目实施时间和方式。同时，继续强化自我培训，确保在项目实施过程中自身本领过硬，切实起到帮助他人认识疾病、面对恐惧、消除焦虑的作用。

第二阶段（2020 年 3 月 1 日至 2020 年 7 月 31 日）：组织实施阶段。3 月至 7 月，项目组以正念技术为核心，配合音乐、阅读、陪伴等方式，开启了面对面的干预交流。

一是填写问卷。完成 20 名心脏病儿童手术前、手术后心理调查问卷的填写，并对问卷进行分析，有针对性地制定干预时间和方案。

二是术前干预。团队成员前往病房探望即将手术的小朋友，共同练习正念技术，同时赠送书籍、陪伴阅读、播放舒缓音乐，帮助他们消除术前的恐惧感。

三是术后回访。团队成员在恰当时间前往病房再次回访，继续通过正念技术的练习，帮助小患者们忘却术后的不适和疼痛感。

四是定期探望。按照计划每周组织一次探望，帮助即将出院的小朋友建立起康复的目标和信心。

五是学以致用。在整个项目进行过程中，小朋友们也积极给家人和身边的朋友推广和传播正念技术。这让大家认识到，原来情绪是能够通过方法调整的，正念技术可以帮助大家缓解生活中的困苦和烦恼。

2 月 20 日，孙泊文同学录制《正念》视频，在"正念牵手"项目公众号进行分享，并借助东城区少年宫平台进行线上推广。

疫情下的正念练习——益路同行，让我们练起来！

正念牵手　2月27日

居家学习，快乐网课，情绪稳定，支持爸妈，战胜疫情。

2 月 20 日至 3 月 10 日，项目组成员利用网络学习交流正念技术，同时还邀请父母一起参与到正念技术的练习中。

3 月 26 日，项目组前往解放军总医院第七医学中心看望术后先心病儿童。

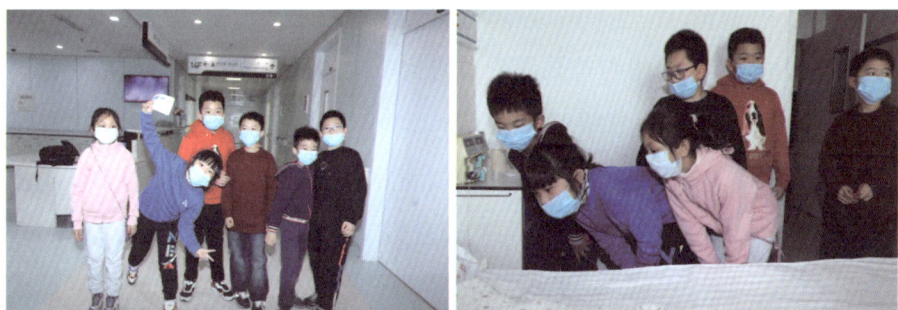

4 月 12 日，项目组与上海市儿童福利院互动交流，内容为介绍推广正念技术；同时，开展线上故事会，通过讲述、聆听，结合正念技术的学习应用，消除疫情等因素带来的恐慌和焦虑情绪。

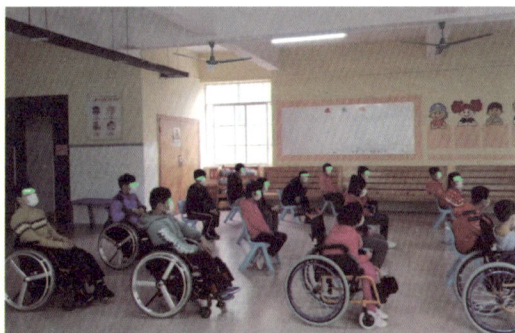

4月25日，项目组与长春市儿童福利院进行线上活动，介绍推广正念技术，并与福利院老师和孩子们一起学习如何应用正念技术。

5月18日，项目组与抗战在疫情防控一线的医务人员进行线上互动交流，共同学习正念技术，缓解工作压力，调整情绪。

5月30日，项目组与乐昌市社会福利院进行线上活动，介绍推广正念技术，并与福利院老师和孩子们一起学习如何应用正念技术。

6月22日，项目组前往解放军总医院第七医学中心看望先心病儿童。项目组赠送书籍，并与先心病儿童一同练习正念技术，帮助他们消除术前的焦虑和恐惧感。

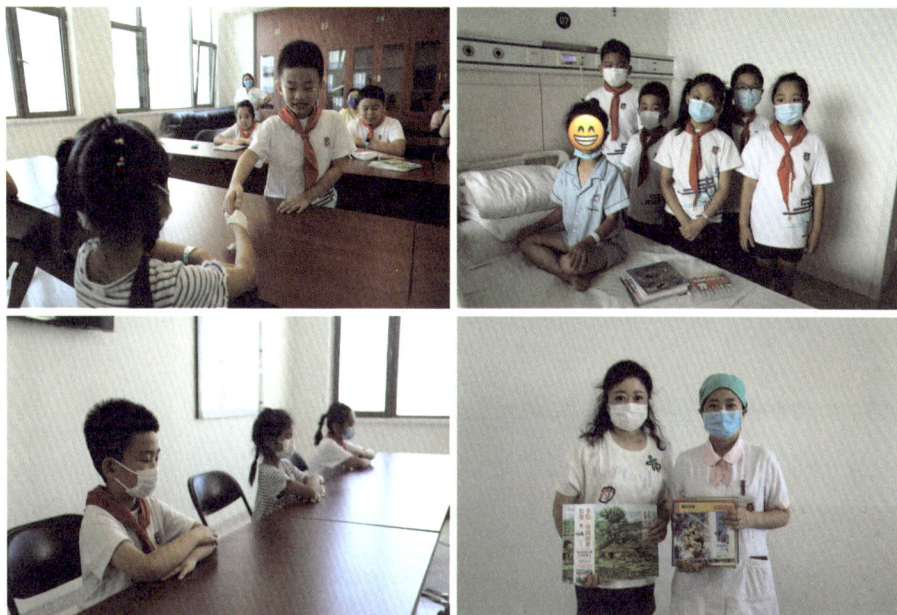

7月18日，项目组与阳江市社会福利院再次进行线上互动，推广正念技术。

第三阶段（2020年8月1日至2020年8月10日）：总结反思阶段。在这一阶段，项目组积极整理资料，汇总数据，制作项目小片，同时撰写总结报告。项目活动虽然结束了，但并不代表正念技术的推广画上句号。项目组将继续推广正念技术，让更多人受益。

三、学生行动日记——记录公益之花盛开全过程

学生行动日记精选（一）

2020 年 8 月 4 日　星期二　晴

三（7）中队　孙泊文

　　今天下午，艳阳高照。我和项目组同学相约到解放军总医院第七医学中心开展线下活动。经过超长假期，我和小组的同学还是第一次见面，心里还有些兴奋呢！

　　到达病房时，我突然有点紧张。护士长阿姨已经在会议室等着我们，简短几句嘱咐后，她带来了 3 个先心病待手术的女孩，分别是 6 岁、10 岁、12 岁。大家坐好后，我深吸一口气，暗暗稳定下情绪。按照反复练习的正念技术，我边说边带领大家做了起来，大家都很配合地闭上眼睛，顺利完成正念练习。接下来，我们每个人依次走到她们面前微笑着鼓励她们，并且送给她们玩具和书籍。最后，我们陪着 6 岁的小女孩走向手术室。在手术室门口，她突然感到害怕，不想进去，我们赶紧告诉她："深呼吸！深呼吸！"她小声回应一句"谢谢"，并向我们摆摆手。我们 5 个人都用力挥着手说："加油！加油！"

　　在回家的路上，我们一直讨论，她手术会成功吗？会疼吗？还好，我

们有正念技术！我们尽自己的努力帮助她们，自己也感到了平和、快乐！能够有机会按照我们自己的想法，完成益路同行项目，真是一件开心、有意义的事情！

学生行动日记精选（二）

2020 年 8 月 4 日　星期二　晴

三（7）中队　朱席颢

2020 年底，我参加了孙泊文同学牵头组织的"正念——牵手先心病儿童"服务学习项目，有幸成为其中的一员。项目成立后，我们一起学习了什么是"正念"，一起练习"正念呼吸法"；我们还一起去医院看望了先心病患儿。通过学习，我知道了"正念"的意思就是克服恐惧，勇敢、乐观地面对问题

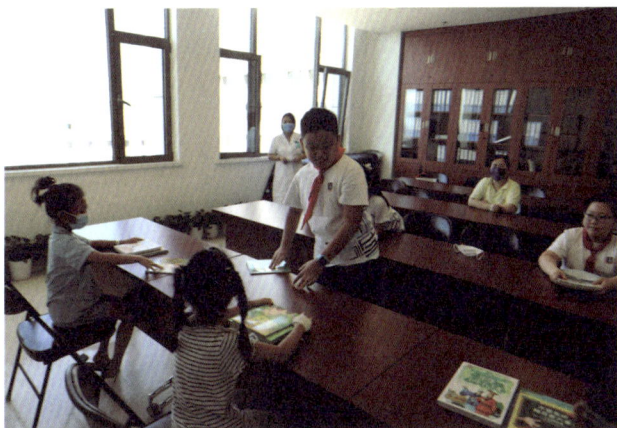

和困难，同时要学会让自己保持平静的心情，遇到事情不要急躁。我和妈妈还一起看了《正念 10 分钟》这本书。通过看书，我知道了，帮助别人也是"正念"的一部分。书中说，每周做 5 件善事就可以改善我们的情绪，特别是一天之内做各种各样的善事。

妈妈说虽然我年龄不大，但是这不影响我做一些力所能及的"小善事"。于是，我帮助妈妈做饭，帮爸爸拖地。我还和爸爸一起参加了小区疫情防控的志愿执勤工作。我发现，帮助别人真的能让自己心情变好。

四、学生反思工具——从回望中汲取前行的力量

学生反思精选

姓名：孙泊文　时间：2020 年 8 月 4 日

提案名称：正念——牵手先心病儿童

发生了什么	有何感受
今天我们走进解放军总医院第七医学中心儿童心脏外科，向医生、护士、先心病儿童介绍正念技术，带领了他们练习正念技术；还给先心病患儿赠送了玩具和书籍，以缓解他们的焦虑、恐惧等不良情绪	面对即将手术的同龄小伙伴，真想他们能够快点好起来。我在带领大家练习正念技术时有些紧张。在陪伴患儿进入手术室时，也有些担心："手术会成功吗？"回到家，又感到完成了这次活动，自己很满意
有哪些主意	**有哪些问题**
即将手术的儿童会有各种各样的问题：手术会疼吗？我害怕怎么办？我可以不做手术吗？等等。由于我们只是围绕正念技术准备的，忽略了她们最关心的疾病知识。所以，以后要补一下有关先天性心脏病的医学知识	在活动过程中我们大家都有点紧张。先天性心脏病儿童的情绪，特别是在手术室门前的恐惧，对我们有些影响。这与我们平时居家练习的环境大不相同。还好，我们坚持住了，没有一个人逃避。一起为她们加油！

教师评语

你是一个善良、勤思考的孩子，能从实践活动中发现问题、总结问题。针对人群的需要，想得更为深远、妥帖，为我们日后的活动提供了宝贵的建议。同时对于活动中自身的不足也提出了有效的解决方法，希望接下来的活动中能看到你在这些方面的改进。加油！

五、家长感悟——在公益服务中和孩子一起成长

家长感悟精选（一）

正念的力量

李智恩妈妈

非常幸运我的孩子成为这个项目的一员。从我们一起组织学习"什么是正念"，到学会"如何正念"。我和孩子从中受益匪浅。在教育她的过程中，时而激动时而焦虑。每当这时候，我们就互相给个暗号，各自正念10分钟，梳理各自的问题，再想办法去解决问题。正念似乎有种神奇的力量，让我们关注了周围细碎的美好并保持情绪的稳定。

正念就像太阳把温暖带给每个人。把正念带进生活中，无论做什么都会安静下来，才能专注，让身心结合，让我们学会爱自己，爱周围的人。而我也真实地感受到对待问题的态度和方法比问题本身更重要。不好的情绪会使人心神不宁。正念就是安抚情绪的最好的办法。

我们会将正念继续践行下去，希望每个人都能释放内在的正能量，使我们更能接近真实的自己，让自己像太阳一样去温暖周围每一个人。

家长感悟精选（二）

在公益中成长

朱席颢妈妈

学习正念以来，我觉得最大的变化就是愤怒的情绪越来越少，并逐步学会与它和平相处。有时感觉自己在面对孩子的一些问题时不能"好好说话"，容易着急上火，容易大吼大叫，缺少必要的"容错"。作为一个大人，

不能被负面情绪抓住领子，成为它的奴隶。要学会通过正确的呼吸和感知，平复自己的情绪，成为情绪的主人。这样言传身教，孩子也会明白愤怒只是一种情绪的表达，它来得快也必须去得快，因为它不能解决任何问题；解决问题，要冷静，要有方法。

与正念相识不久，如同"他乡遇故知"，它为我打开新的心灵窗口，也为我拓展了看世界的视野。接下来，我们继续一路同行。

六、帮扶对象——公益服务社会，爱心连接你我

帮扶对象感言精选（一）

解放军总医院第七医学中心儿童心脏外科护士长："我从事儿童心脏外科护理工作10余年，对于手术前后患儿的恐惧、焦虑情绪，我和同事总要花大量的时间给予安慰，往往效果欠佳。非常感谢史家小学三（7）中队的5名同学为我们介绍正念技术，而且带领患儿练习正念，让我们看到非常神奇的效果，在很大程度上改善了患儿的不良情绪。他们认真、努力、细致，在病房里遵守秩序，不厌其烦地一遍一遍示范，耐心和患儿沟通。他们的爱心、责任心受到全科护士及病患的好评。感谢孩子们！感谢孩子们送给科室及患儿的玩具、书籍！感谢孩子们的'正念牵手'！"

帮扶对象感言精选（二）

解放军总医院儿童心脏外科门头沟区患儿（女）："我今年6岁了，上学前班，我爱画画。两周前我在医院做大手术，遇到了大哥哥、大姐姐，他们面对面教我深呼吸，非常好玩，还送给我好些书和玩具，而且一直把我送到手术室门口，为我加油！我特别开心，妈妈也直夸我勇敢。现在我

就要出院了，我还想和大哥哥、大姐姐一起玩。我让护士长谢谢他们，我为他们画了一幅画，给护士长了。谢谢!"

七、成果展示——公益，我们一直在路上!

自项目开展以来，项目组接受专业心理医生及心脏外科护士的培训，制作推送正念牵手公众平台，录制正念技术练习视频，还在新冠肺炎疫情时期将正念带给战斗在一线的医务工作者，"云"牵手福利院儿童，到解放军总医院第七医学中心儿童心脏外科举办活动。通过实践，项目组成员帮助那些焦虑的人们平复心情、平稳情绪、维护健康。项目组得到了中国红十字基金会颁发的志愿服务证书。因表现突出，项目最终获得了由中国扶贫基金会颁发的"益路同行·优秀公益创新团队"奖章。

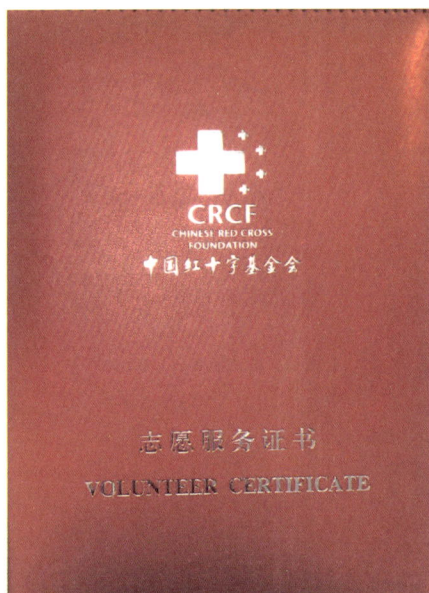

项目成员获得中国红十字基金会志愿服务证书

为了雨过天晴的美丽

"为了雨过天晴的美丽"服务学习项目由史家小学五（5）中队曾子越同学发起，五（5）中队全体成员共同参与完成。项目指导教师为史家小学王瑾老师。"为了雨过天晴的美丽"项目自2019年11月发起，至2020年8月结束。项目组将线上与线下活动相结合，利用微信公众号、动漫小视频、伞包改造教程等线上活动，先后在北京日坛公园、史家胡同、金宝街社区等地开展宣传活动，同时在杭州妇幼保健医院、京杭大运河河畔公园、叶青苑社区等多地进行推广活动。本项目致力于解决湿雨伞的收纳困扰，传递为他人着想的善意和减少塑料袋使用的环保理念。

一、指导教师推荐序

"为了雨过天晴的美丽"是一个看似简单却深藏玄机的项目，是孩子们想在史家小学里生根发芽，更想在多彩社会中开花结果的服务学习公益项目。

萤火微光，聚之成烛，以小善传递人间大爱

当孩子们以极大的热情准备开启人生第一个公益项目时，突如其来的新冠肺炎疫情将一切暂停。疫情期间如何开展一项公益活动成为摆在孩子们眼前的新课题。疫情是一道坎，也是开展生命教育难得的机会，让孩子

们以此读懂生活这本书。从某个角度看，孩子们既是读者，从"书"中汲取营养，也是"书"中的主人翁，演绎自己的故事。

在疫情初期，孩子们的迷茫和困惑在所难免，甚至有些灰心丧气，此时老师和家人的鼓励尤为重要，让孩子们明白办法总比困难多。孩子们翻阅抗疫第一章节，读懂了坚持。逆境中前行不是被打倒，一条路走不通，就换一条路走；没有路可走，摸索着也能走出一条路。大家重新燃起热情，"以我所学，尽我全力"，开启项目"云宣传"模式，创作出有趣的动漫视频，向其他地区和国家的亲朋好友进行宣传。在线下活动受限的情况下，项目组把项目的活动方案化整为零，发挥个体的作用进行宣传，虽然影响力有限，但影响了一个人，就意味着影响了一个家庭。孩子们的力量就像萤火虫的光亮，虽然微弱，但是一点点汇聚，也能像烛火一般照亮世界。孩子们的一张张宣传照片，正是他们发出的荧荧微光。他们每一个人的努力和坚持，汇聚在一起就是一道温暖的烛光。

孩子们翻阅抗疫第二章节，读懂了感恩。当看到驰援一线的最美逆行者、夜以继日的城市守护者，孩子们更加体会到居家抗疫的生活也是多么来之不易，无数个默默无闻的平凡英雄替我们挡住了风雨。这激发孩子们换位思考，主动调整活动方案，在后续的活动中展现出"老吾老，以及人之老——关爱老人""特别的爱，给最美丽的他们——致敬最美逆行者""大爱无声——致敬最平凡的守护者"三大主题系列活动，向给予和守护他们幸福生活的人们致敬。

孩子们翻阅抗疫第三章节，读懂了协作。在疫情防控等级降级之后，孩子们终于迎来了翘首以盼的线下活动。此时的孩子们化零为整，个体的力量促成整体的力量，为了一个共同的公益梦想，心往一处想、劲往一处使。分工有不同、能力有大小，在整个活动过程中，他们各尽所能、彼此鼓励，认真倾听别人的声音，使项目一次次顺利开展，收获颇丰。积极向上的团队，彼此包容、尽责、协作，奠定了他们社会化成长的基石。

从化整为零，到化零为整，冬去春来，又到暑夏。"为了雨过天晴的美丽"是一个带着温度和湿度的服务学习项目。孩子们在项目开展过程中学做人、学先锋、学立志、学创造，将一个同心圆越画越大，把自己和他人联系在一起，把家校联系在一起，把家国联系在一起。

繁花有百态，花开不同形，尊重每一种不同的成长

如果把孩子们比喻成花朵，那么每一朵花的花期不同、花形不同、花香不同，各有各的特色，百花齐放才是大自然的本真。不管是什么样的花朵，都应该有它绽放的时间和空间，都能给大地留下芬芳，装点我们美丽的家园。孩子们也一样，每一个孩子都是独一无二的，我们不能要求他们整齐划一地成长，同一时间开花、开出一样的花……作为班主任，我能够做到的是，关注每一个孩子的个体差异，尊重每一种不同的成长，鼓励他们成长为独一无二的自己。

项目组的杨西语同学，温文尔雅，平时沉毅寡言，当她要求加入项目团队时，我还暗暗担心她不能够胜任宣讲任务。在班级里彩排时，她的声音连周围的同学都听不太清楚，更别提要在学校礼堂的舞台上展演。然而真正到了上台的那一天，她的表现大大出乎我们的意料，她台风沉稳、声音洪亮，小小的身躯爆发出巨大的能量，和平时相比，完全展现出另一种风貌。那一刻，她成了"闪光点"。为了能够成为项目组的一员，她让妈妈买了麦克风，在家一遍遍练习宣讲词。日后在项目组开展的活动中，她展现出极大的热情，成功完成各项展演宣传活动。这一次，她的成长标签是"勇气"。

许致行同学是最后一位确认加入项目组的核心成员，他从为"创智汇"团队鼓掌的人，转型到服务学习项目的主力军，从"业务小白"到"业务骨干"，他所展现的是积极主动的学习态度和谦逊宽容的阳光心态。他"笨

拙"地完成自己的伞包改造；根据防疫情况变化，他为团队一次次修改活动方案；线下活动时，他主动寻找目标人群现场宣讲……他所有的努力得到项目组同学们的认可和赞许。这一次，他的成长标签是"融合"。

项目发起人曾子越同学承担项目的规划和组织。在项目筹备阶段，她忙于设计项目提案，热情组队招募成员。在项目实施阶段，因疫情防控要求，项目一度开展缓慢，她首先调整好自己的状态，和其他成员一起讨论怎样有效开展活动。在组织线下活动时，她和成员们分工协作，各尽其职，把活动搞得有声有色，吸引了很多居民和游人的关注。这一次，她的成长标签是"担当"。

成长是孩子们自己的事，谁也不能代替他们，但应允许他们试错、允许他们纠错。"为了雨过天晴的美丽"项目给了孩子们展现不同成长风貌的舞台，孩子们在践行公益梦想的过程中收获了属于他们自己的成长。

当我看到"为了雨过天晴的美丽"项目活动的集锦视频时，内心非常激动。我很自豪，这是我班里的孩子！他们用脚步丈量从公益梦想到公益行动的距离，用小善传递人间大爱！我相信，超燃的画面感动了我，也会感动更多的人。

指导教师：王　瑾

二、创想梦工厂——种下一颗公益的种子

（一）创想动因

项目发起人曾子越同学每年寒假都会去南方陪姥姥、姥爷过春节。作为一名生活在北方的孩子，很不适应江南阴雨潮湿的冬天。下雨天出行会让曾子越感到手忙脚乱：在乘坐公交车和地铁时，要防止伞上的雨水溅到

其他乘客身上。虽然很多公共场所备放一次性伞套解决湿雨伞的问题，可是人们用完伞套随处乱扔，既不美观也不环保。为此她和同学们将"湿雨伞的收纳困扰"作为课题研究，尝试解决这个问题。通过反复试验，他们取消了雨伞自带的伞套，把伞套的面料（尺寸加大）缝在雨伞一侧，将收好的雨伞翻转后变成伞包，兜住向下滴的雨水。这样改造以后的"伞包"，达到了防水、环保、易操作的目的，改造的选材可以废物利用，方法简单易学。

曾子越同学和同伴发起"为了雨过天晴的美丽"服务学习项目，将这个从真实生活中学习获得的成果服务于现实生活，让伞包走出学校，走进社会。通过这个小改变，减少环境污染，增进人与人之间的和谐关系。

（二）团队介绍

发起人及总负责人	曾子越	史家小学五（5）中队大队委，热心公益，关注环保。有较强的号召力和统筹能力，擅于倾听他人的意见
团队伙伴	戴悠行	史家小学五（5）中队中队委，开朗活泼，喜欢大胆设想、小心求证；爱设计，文字编写能力强。负责项目宣传工作
	杨西语	史家小学五（5）中队成员，有很强的团队意识，能顾全大局，做事认真负责、专心细致，追求完美。负责项目财务工作
	赵泽羲	史家小学五（5）中队中队委，有责任心、上进心和团队协作精神，执行力强；做事有条理。负责项目组织工作
	许致行	史家小学五（5）中队成员，知识面广，擅长内外沟通，勇于挑战自我，敢于尝试。负责项目外联工作
指导教师	王瑾	史家小学五（5）中队辅导员，热心公益，长期担任班主任工作，注重培养孩子们的责任担当意识，尊重、信任孩子们，能激发孩子们的潜能。能够帮助孩子们规划项目愿景，把控项目推进步骤，指导孩子们在过程中积累经验教训

（三）实施过程

"为了雨过天晴的美丽"项目自 2019 年 11 月发起，至 2020 年 8 月顺利完成，分为前期筹备、线上宣传、活动开展、总结分享四个阶段。

第一阶段（2019 年 11 月 20 日至 2020 年 2 月 10 日）：前期筹备阶段。在这一阶段，项目组核心成员开展项目的准备工作：创想项目方案、制作活动宣传海报、申请开通微信公众号，介绍和发布项目活动。

2 月 8 日，项目第一次推进。曾子越利用杭州之行，给杭州的小伙伴进行短暂的项目培训，让他们熟悉"伞包"的原理和改造步骤。戴悠行向国外的小伙伴们诠释"伞包"，项目的理念随着互联网传送到大洋的另一端。赵泽羲和许致行通过视频共同商议重新设计项目推进方案和流程。

第二阶段（2020 年 2 月 11 日至 2020 年 4 月 30 日）：线上宣传阶段。在这一阶段，疫情改变了大家的学习生活，项目最初的多项设计方案无法实施；成员们通过制作动漫视频等方式进行线上"云"宣传。

2 月 18 日，杨西语和爸爸一起绘制了漫画作品，在一个小故事中展现项目初心、伞包的制作和使用方法。通过网络宣传展现项目。

3 月 4 日，项目组通过视频会议，提倡自己动手、找出家中可利用的材料改造旧雨伞。会议结束后，大家有的将抗击疫情和学雷锋精神相结合，设计出独特的伞面图案，向"逆行者"致敬；有的将防疫科普知识制作成生动有趣的卡通图案。

8 月 5 日，项目组通过微信公众号线上分享伞包制作教程。

| × | 史家小学 2015 级 5 班 › | ⋯ |

Step1

　　找齐需要的工具和材料。一把雨伞、一块任意材质的防水面料、2 根长约 35cm 的布条（可以用伞套改制）、剪刀、缝衣针、彩线。

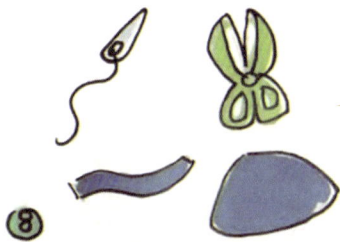

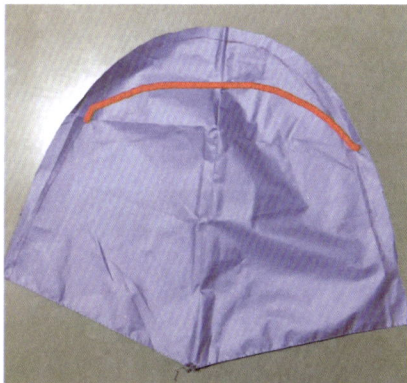

| × | 史家小学 2015 级 5 班 › | ⋯ |

Step2

　　测量尺寸，裁剪材料。伞包可大可小，没有绝对的尺寸要求，一般在一根伞骨约 24cm 处做好标记，将防雨面料按所需的大小裁剪好备用。

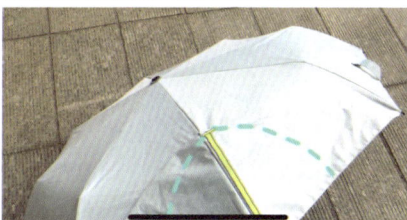

　　第三阶段（2020年5月1日至2020年8月10日）：活动开展阶段。根据疫情防控要求，项目活动分为个人宣讲和集体活动相结合的方式。个人宣讲主要由核心成员及志愿者通过有限的社交机会向周边的人群宣传。集体活动主要在防控等级降级后，在日坛公园、史家胡同、金宝街北社区进行。

　　5月，开展"老吾老，以及人之老——关爱老人"宣讲活动。项目组成员们从身边的老年人群体开始，向遇到的爷爷奶奶一遍又一遍地讲解和演示"伞包"的制作方法，使他们在使用中感受伞包的便利之处。

　　6月，开展"特别的爱，给最美丽的他们——致敬最美逆行者"宣讲活动。项目组成员通过改造伞包记录和表达这份敬意，并用伞包为这些"最美的逆行者"遮挡风雨，对他们衷心地说一句"谢谢"。

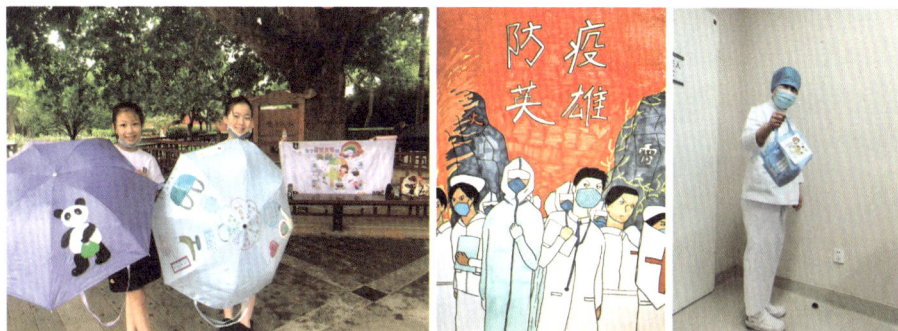

7月，开展"大爱无声——致敬最平凡的守护者"宣讲活动。居家期间，项目组成员纷纷走近身边随处可见的无名英雄，用伞包表达心中的感激之情。

7月26日，项目组走进日坛公园，向游人开展项目宣传活动。活动刚开始，下起雷阵雨，成员们抓住时机，向纷纷围拢的游人们介绍伞包的制作方法和使用功能。项目组还为淋着雨帮助维持秩序的保安叔叔办了一个小型的演示专场。

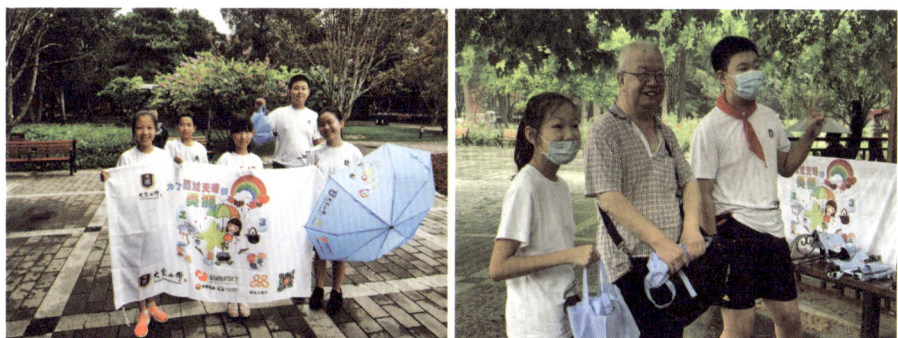

　　8月1日，核心成员曾子越、杨西语、戴悠行沿着史家胡同开展现场宣讲活动，让更多的人了解伞包，参与到项目活动中。8月7日，核心成员杨西语、戴悠行走进金宝街北社区服务站，代表项目组向社区工作人员表达由衷的感谢和崇高的敬意，并现场演示伞包的使用方法。

　　第四阶段（2020年8月）：总结分享阶段。在本阶段，项目组成员对项目进行总结与成果展示。成员们通过复盘和分享，收集整理过程中的心得体会，编制项目成果合集，呼吁更多的人关注和参与，让项目持续开展下去。

三、学生行动日记——记录公益之花盛开全过程

学生行动日记精选（一）

2020 年 8 月 7 日　星期五　晴

五（5）中队　杨西语

我们走进学校、公园、胡同，向更多的人介绍我们研发的伞包。同学们认真地讲解和展示伞包每一步的演变过程，得到了很多爷爷奶奶、叔叔阿姨和小朋友的肯定与表扬。虽然天气很闷热，热得我们满头大汗，可还是挡不住我们宣传伞包的热情。在我们齐心协力、坚持不懈的努力下，每一次活动都很成功，也为下一次活动积累更多经验，争取能做得更好。

通过参加这次活动，我深深地体会到：勇气有很多种。勇气，是我去参加青少年创客比赛；勇气，是我走上礼堂的台上拿着麦克风大声介绍我们的项目；勇气，是我向路人发宣传单，讲解并演示伞包；勇气，是我一次次挑战自己，战胜自己。每一次都离不开老师的辛勤教导和鼓励，离不开同学们的热心帮助，是他们拉着我的手一步一步往前走。

雨后的彩虹美丽绚烂，赤、橙、黄、绿、青、蓝、紫，七种颜色代表着不同的美好，我也要向七色彩虹学习，将每一种颜色都展现出来，勇敢突破，做一个更好的自己。

学生行动日记精选（二）

2020 年 7 月 28 日　星期二　阴

五（5）中队　赵泽羲

作为项目组成员，我选取了人流量较大的长安街边上的写字楼作为宣

讲地点。在选择宣讲对象时，我进行了深入的思考。首先，我觉得我的同龄人或者老年人，可能比较好打交道，他们会更愿意听我的讲解，而且不会提出尖锐的问题。但是，我又转念一想，我们进行宣讲活动的目的是尽量扩大我们的理念传递范围。所以，我还是决定挑战一下自己，选择号召力更强的叔叔阿姨们，向他们介绍我们的活动、我们的理念，教会他们如何利用家里的废旧材料改制伞包，并且请他们为我们宣传。

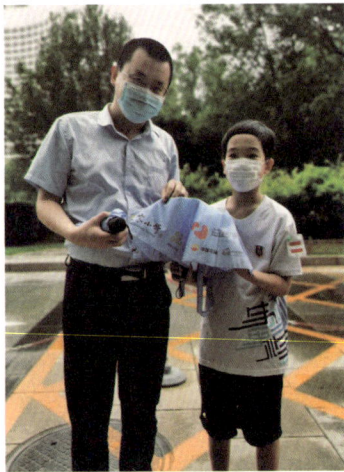

　　这天正好刚下过雨，一位阿姨从出租车上下来，走向写字楼。我赶忙志忑地跑上去，阿姨看到我穿着史家小学的校服，便停住了脚步，非常和蔼地听我介绍，并且主动问我有没有需要她支持的地方，还答应我会向她的同事们宣传我们的活动。顺利地完成宣传之后，我的自信心增加了很多。接着，我看到了一位叔叔从写字楼里走出来，一副若有所思的样子。我向他说明来意后，他露出了亲切的笑容，对我说："现在的小学生真是厉害，你们学校非常给力，让你们有这么好的锻炼机会。"他还详细地询问了我们活动从创想到实施的情况，表示愿意帮助我们进一步宣传和推广。在和这位叔叔合影之后，我成功地完成了今天的宣讲任务。期待下一次的活动！我会做得更好！

学生行动日记精选（三）

2020 年 7 月 26 日　星期日　雨

五（5）中队　曾子越

　　这场猝不及防的雨，让许多公园里的游人对我们的宣传活动产生了极大的兴趣。爷爷奶奶们纷纷围拢过来，认真地看我们现场演示。我和戴悠行一直都被视为最佳拍档，我俩配合默契，一人讲解，一人演示伞包的奥秘——如何将雨伞翻转成伞包。听众们认真聆听，详细询问制作方法，饶有兴致地试用伞包，对我们的项目连连称赞。当我们看到保安叔叔们一边淋着雨，一边帮助我们维持秩序时，心里十分感动，特意为他们办了一个小型专场，以表达我们的敬意。当看到保安叔叔为我们竖起大拇指时，大家都开心极了。

活动中，大家相互鼓励，克服胆怯和害羞，既有单独宣讲，也有协同"作战"，不时地根据不同的听众调整宣讲内容，改进演示方法。有的宣讲项目的创因，有的讲解旧伞改造方法，有的演绎伞包的使用……大家还不约而同地收集伞包的改进意见，力争以后改造出更加完美的伞包。

短短一个下午的活动，我们的脸上时而是雨水，时而是汗水，但是大家无暇顾及，都非常珍惜这次等待已久、来之不易的活动机会。只有这样面对面地交流和演示，才能充分展现我们伞包的优点，体现我们项目的理念和意义。这一切的努力都是值得的，我们要让伞包走得更远，让雨后的天空更美丽。

四、学生反思工具——从回望中汲取前行的力量

学生反思精选（一）

姓名：许致行　时间：2020 年 7 月 28 日

提案名称：为了雨过天晴的美丽

发生了什么	有何感受
项目组在宣传过程中，常遇见的问题是伞包很好，但如何制作呢？项目组成员分别在父母的帮助下亲手制作了伞包	伞包的制作要有一个整体的规划，否则在制作的过程中会存在成品重心不稳等问题；伞包经过涂鸦和即兴创作的小创意也增加了亮点。在制作过程中，家人和小组成员之间的互动与交流，增进了亲子关系

有哪些主意	有哪些问题
拍摄了一个简单的制作视频，方便更多的人参与其中；把小组成员的涂鸦和即兴创作分享到微信朋友圈，让每个人都有一个展示的平台	1. 人们习惯购买现有的成品，家长和孩子的动手能力退化； 2. 孩子们缺少一个展示自己创作内容的平台

教师评语

你能从实践操作中找到问题，非常棒，为你点赞！提倡自己动手改造伞包很好地诠释了项目的环保理念，丰富了大家居家抗疫的活动方案，还增进了亲子关系

学生反思精选（二）

姓名：戴悠行　时间：2020 年 7 月 26 日

提案名称：为了雨过天晴的美丽

发生了什么	有何感受
在现场讲解和演示伞包的时候，发现观众的关注点不一样。有的人对如何改造旧雨伞感兴趣，有的人对如何使用伞包感兴趣。怎样做才能满足他们不同的需求，达到宣讲的目的？	伞包的功能吸引了很多人观看我们的宣传展示，大家都非常认同项目的环保理念。许多爷爷奶奶、叔叔阿姨、哥哥姐姐都很愿意参与进来

续表

有哪些主意	有哪些问题
在以后的展示中更要认真倾听对方的谈话，调整宣讲内容，针对不同的需求介绍伞包，增加互动，而不是照本宣科地讲完。要把简单的事情做得更有趣	现场活动中如何获取观众的兴趣点，有侧重地开展宣讲？有效地沟通是不是能够达到事半功倍的效果？

教师评语

学会倾听，有效沟通是人际交往中的重要能力。服务学习项目给你们提供了非常难得的机会，你们可以走出学校，走进社会。我相信通过这样的锤炼，你们的倾听能力、沟通能力和社交能力都会有很大的提升

五、家长感悟——在公益服务中和孩子一起成长

家长感悟精选（一）

小小伞包，裹住大爱

戴悠行家长

2020年10月底的一天，孩子放学告诉我，项目组要把"伞包"列入服务学习项目中，让这个小小的创意参与公益，服务大众。我听了这个消息，深感幸运和欣慰。因为这正是我一直在思考的问题——我家孩子是独生女，和大部分这个年代的独生子女一样，过着舒适的生活，有着享受不完的爱，而他们付出很少，对他人奉献"爱"的机会更是少之又少。如果孩子只是这样一味地接受家庭和社会的给予，他们将来能够有所担当吗？"人最大的快乐是给予，而不是索取"，他们的人生会得到真正的快乐吗？我感到他们太需要培养奉献精神，需要用自己的力量为家庭和社会做点什么，哪怕只是微薄的力量，也应该从小培养这个意识。所以服务学习项目的契机真是太好了，能够让孩子用自己的创新和劳动去奉献爱心。

　　后来，孩子们逐步走进社区、公园，通过视频、宣讲、展演的形式推广伞包的环保理念和制作方法，热情地投入其中。可项目刚进行了两个月，疫情就暴发了，不能外出聚集，这给活动造成了很大的障碍。刚开始，我真担心孩子们的公益之路会不会就此搁浅了。但没想到的是，疫情期间，孩子们在"爱"和"奉献"的理解上快速成长。逆行的白衣天使，维持秩序的警察，在社区日夜防控的工作人员……一个个鲜活的案例，让孩子们多少次热泪盈眶。这些英雄都是孩子们最好的榜样，这些事迹都是孩子们最好的教材。奉献的意义何在？担当的意义何在？责任的意义何在？"爱""感恩""奉献""责任"，这些概念在疫情中变得非常具体形象，孩子从没如此深刻地感悟过，而这些不正是公益活动的意义吗？于是，等到疫情缓解、可以外出的时候，孩子们首先想到的是"我们想要感恩，我们能为这些榜样做些什么"。于是，就有了他们致敬医护人员、街道社区工作者、公园写字楼保安叔叔等一系列活动。我随行观察了几次，能明显地感受到，比起疫情前，孩子们在行动中更加积极努力，更懂"爱"，懂"感恩"，懂"奉献"，对公益的意义有了更深的理解，也更好地践行公益。

　　"为了雨过天晴的美丽"项目虽然落下了帷幕，但是孩子们在传递爱心、宣传环保的公益道路上才刚刚起步。祝愿他们赤诚仁爱、胸怀天下，带着家国情怀，一路前行！

家长感悟精选（二）

无法替代的成长之路

曾子越家长

　　作为家长，看到孩子们从居家"云"宣传，到走进社区、公园面对面宣传，见证了他们的梦想落地开花，公益的善举有如击鼓传花一样，一个接一个实现。其间也看到过种种"不完美"扑面而来：不知所云的文案、杂乱无章的图纸、歪七扭八的针脚……也有抑制不住往前冲的念头。而此时最需要做的就是"忍"，你退后一步，他（她）就前进一大步。相信他们的能力，孩子们亲历亲为的这些事，无一不夹杂了他们自身的体验，他们正以"拙美"的珠子，串起完美的项链。所有的过往都成为他们宝贵的经历。当看到他们满腔热情地置身其中时，我们不禁感叹他们的能力，感叹他们的成长：只有我们"看"不到，没有他们做不到。

项目组的各个成员性格各异，或外向开朗，或沉稳睿智，或机灵好动。但在实现共同目标的过程中，他们学会尊重不同的意见，倾听不同的声音，汇聚集体的智慧，在不断的磨合中寻找平衡。被接纳、被拒绝，不同的结果代表着不同的体验，个人和团队一起成长。

所有的山要自己爬过，所有的水要自己涉过，所有的成长都要自己经历过，这才是他们真正的成长。作为家长，我们就是在旁边加油鼓掌的人。孩子们一路走来，感谢为他们搭建公益平台的"益路同行"，支持他们梦想的史家"服务学习"课程，引领他们前行、替他们点灯的王老师，还有默默帮助他们的社会各界志愿者。

六、帮扶对象——公益服务社会，爱心连接你我

帮扶对象感言精选（一）

金宝街北社区居委会赵小晴："孩子们的公益项目非常有意义。当孩子们用他们真挚的笑容，认真详尽地向我们宣讲伞包，我看到了他们服务他人、践行环保的项目初心。公益不分大小，关键是将一份爱心奉献出去。作为一名社区工作者，服务社区是我的本职工作。感谢孩子们的爱心，我们会将这份爱一直传递下去。"

帮扶对象感言精选（二）

杭州市妇幼保健医院余春风主任："当收到'为了雨过天晴的美丽'项目组提供的伞包时，我和我的同事都十分感动。杭州正值梅雨天气，伞包成为我们出行的利器，帮助我们解决了不小的困扰。现在的孩子们真不简单，能够从生活中发现问题、解决问题，并将这份成果推向社会。感谢益路同行这个平台，让孩子们有机会走出校园，跨越地域实现他们的公益梦想。"

七、成果展示——公益，我们一直在路上！

"为了雨过天晴的美丽"公益项目自开展以来，得到广大学生、家长、社区工作者的大力支持。受疫情影响，虽然项目在开展中历经波折，但得到北京和杭州两地社会各界志愿者的加油助力。项目组推出线上专题宣传10余次，在日坛公园、史家胡同、金宝街北社区等场所开展线下宣传活动。因表现突出，项目最终获得了由中国扶贫基金会颁发的"益路同行·优秀公益创新团队"奖章。

童心书画　众手传情

"童心书画　众手传情"服务学习项目由史家金帆书画院雷方易同学发起，金帆书画院全体成员共同参与完成。项目指导教师为史家金帆书画院李阳老师。"童心书画　众手传情"服务学习项目于2019年12月发起，2020年8月圆满结束。项目组通过收集资料、线上书画防疫抗疫作品征集与展示、抗疫海报进社区、给泰国小朋友写慰问信等线下与线上相结合的方式开展活动，彰显"立足社区，放眼社会，以画传情，爱心接力，向社会传递美和爱"的项目主旨，同时深化金帆书画院秉承的"用艺术的形式服务他人、回报社会"的教育理念。截至2020年8月，项目组共举办10次线上活动和1次线下活动。其中，在"抗疫海报进社区"活动中，项目组和北京11个街道取得联系，范围涵盖5个城区，共送出海报308份。光明网、"中国儿童报"公众号、"北京交通"公众号等多家媒体对项目做了报道。

一、指导教师推荐序

中国书画艺术博大精深，是中华文化的重要组成部分。几千年来，历代书画大家为我们留下了一大批弥足珍贵的传世经典、艺术瑰宝。

史家金帆书画院拥有10个艺术社团，近200位热爱艺术的优秀学员，创作了一大批风格各异、富有童趣和时代气息的优秀书画作品。孩子们幼小的心灵早已种下文化自信的种子。金帆书画院在提高学生艺术素质、满足学生日益增长的精神文化需求的同时，为传承和弘扬民族精神，振兴和传播民族文化发挥着重要作用。

恪守公益初心，传承民族文化，实现文化强国

青少年儿童是国家的希望，更有责任为推动文化事业的大发展大繁荣做出力所能及的贡献。在贯彻践行"中国梦"的伟大构想，积极响应建设社会主义文化强国的重要方针的指引下，我们的公益事业扬帆起航。

在日常生活中，书画不仅能怡情，更能传情，增进人与人之间的亲密关系。史家金帆书画院成立史家金帆书画公益社，立志开展长期的公益活动，唤醒身边的每一个人，通过我们的活动使人们感受到什么是爱，什么是文化自信。做公益不仅是物质方面的给予，还有弘扬文化和传递情感，将这份家国情怀传播到社会中，传递到每个人的心中。

以笔聚力，以画传情，立足社区，放眼社会

学习书画不仅是培养个人爱好、提升个人专业技能，更重要的是将所学付诸实践，学以致用。培养学生的团队意识和家国情怀，正是史家小学育人的根本目标。孩子们在老师的教育下，真真切切体会到手中的小小画笔就像一支神奇的魔法棒，不仅能美化环境、装点生活，还能服务他人、回馈社会。艺术使孩子们能够超越小小的自我，在人与人之间的亲密关系中成就大我。

"童心书画　众手传情"项目承载着金帆书画院全体学员的心愿：以一颗颗充满爱的童心，把学生与社区居民、儿童福利院、特殊教育学校、山区小学的儿童串在一起，用所学所得延续爱心接力，通过手中的画笔展现

美、表达爱，用艺术回馈大家、服务社会、温暖他人，培养学生从小心中有爱、心存感恩的大爱情怀和为他人、为社会、为国家的家国情怀。

我们将以书画为主题，以亲情为契机，立足社区，放眼社会，在书画艺术美的交流与宣传中，深化亲情、彰显友情。通过开展活动，营造和谐的社会氛围，美化社区环境，提升社区的文化生活水平；把金帆书画院奉献社会的优良传统传承下去，以画传情，爱心接力，向社会传递美和爱。

指导教师：李　阳

二、创想梦工厂——种下一颗公益的种子

（一）创想动因

2020 年夏天，雷方易同学的爷爷病了。去医院看望爷爷时，她送给爷爷一幅自己的画，祝他早日康复。爷爷拿着她的画，连连称赞，仿佛病也好了许多。爷爷夸雷方易能学以致用献孝心。这次经历让雷方易深切体会到小小画笔也能给人带去温暖和关爱。

开学后，雷方易和几位书画院的同学多次讨论，提出将所学服务于社会的设想，得到李阳老师的大力赞赏与支持。李阳老师鼓励同学们成立"史家金帆书画公益社"，将这种公益设想付诸实施，并长期坚持。于是同学们发起了"童心书画　众手传情"服务学习项目，希望拉近人与人之间的距离，营造和谐的社会氛围，以画传情，爱心接力，向世界传递美和爱。

（二）团队介绍

发起人及总负责人	雷方易	史家金帆书画院国画社团成员。热心公益，思维缜密，有较强的组织、沟通能力，是 2016 年度益路同行"有故事的古树"项目的核心成员之一
团队伙伴	李锦轩	史家金帆书画院国画社团成员。善于表达，乐于助人，组织协调能力强。在项目中负责组织工作
	窦子煊	史家金帆书画院国画社团成员。个性沉稳，为人热心，做事踏实。在项目中负责财务工作
	李姝涵	史家金帆书画院科幻画社团成员。性格开朗大方，善于开动脑筋，富有创意。在项目中负责宣传工作
	张惜然	史家金帆书画院黏土社团成员。热爱美术，动手与造型能力强，善于沟通。在项目中负责外联工作
指导教师	李　阳	东城区美术学科带头人，史家金帆书画院负责人。从事美术教育 30 年，热爱教育事业，热心公益事业，积累了丰富的教育和课外资源，具有策划和组织学生活动的能力
	刘　栋	史家金帆书画院黏土社团指导教师，毕业于中国传媒大学美术系，教龄 7 年。在引导学生提升艺术修养的同时，注重激发他们对生活和传统文化的热爱。善于组织与美术相关的活动
	陈　曲	史家金帆书画院科幻画社团指导教师，毕业于北京服装学院视觉传达专业。有多年平面设计工作经验，擅长设计与漫画。在教育教学中注重引导提升学生的艺术表达能力
	任巨成	史家金帆书画院国画社团指导教师，毕业于中央民族大学美术学院国画系。热爱美术教育事业，有丰富的国画教学经验。注重培养学生的艺术兴趣，提高学生学习中国画的知识与技法

（三）实施过程

　　"童心书画　众手传情"项目自 2019 年 12 月启动，至 2020 年 8 月圆满结束，共分为项目准备、项目开展和成果总结三个阶段。

第一阶段（2019 年 12 月 29 日至 2020 年 2 月 29 日）：项目准备阶段。在这一阶段，项目组与东城区团委相关负责人联系，听取他们对项目的意见和建议。项目组核心成员一方面与史家社区、竹竿社区、朝西社区相关负责人进行沟通，商讨活动事宜；另一方面在指导教师带领下与海淀培智学校高中部、北京健翔学校沟通，确定 2020 年 4 月 2 日活动的具体流程。同时，项目组在金帆书画院全体学员中征集"史家金帆书画公益社"标识，并建立项目微信公众号。

第二阶段（2020 年 3 月 1 日至 2020 年 7 月 30 日）：项目开展阶段。项目组先后向全校同学发出三次倡议，鼓励同学们用手中的画笔讴歌战斗在一线的医务人员、基层和社区工作者等。同时，项目组甄选同学画作，制成海报送到北京城区 11 个街道 44 个社区。项目组还积极响应"宋庆龄基金会"的倡议，以书信的形式为泰国小朋友送去特殊时期的慰问和祝福。项目共计开展线上活动 10 次、线下活动 1 次。活动具体如下。

第一次线上活动：2 月 9 日至 14 日，项目组向史家金帆书画院全体成员发起倡议书及史家小学抗"疫"集结号：第一期《抗"疫"英雄联盟》、第二期《战"疫"小勇士》。

第二次线上活动：2 月 17 日，项目组向金帆书画院全体成员发起第二份倡议书：金帆书画院的同学们向白衣天使致敬。

第三次线上活动：3 月 3 日，项目组发起"史家情怀——毕业生报到"，

才华横溢的毕业生们积极投稿，以手中画笔表达战胜疫情的信心和对奋战在抗疫一线的医务工作者和基层工作者的敬意。

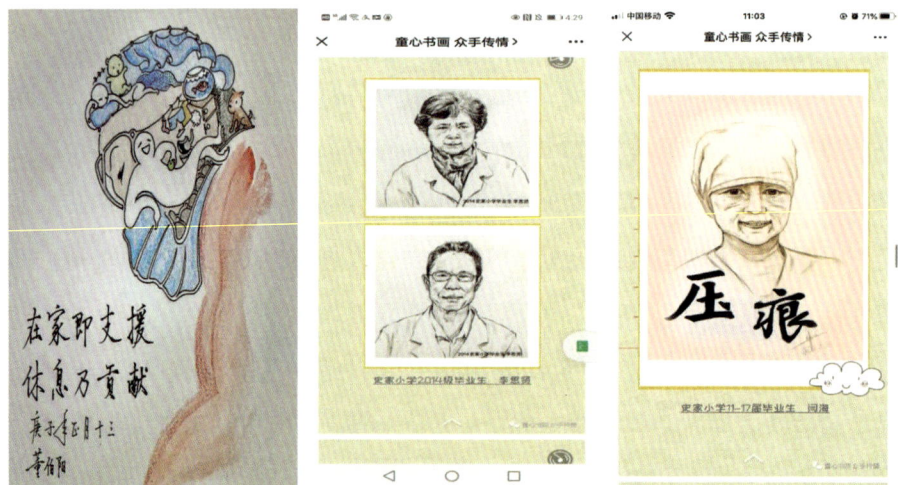

　　第四次线上活动：3月5日，在雷锋日描绘心中的雷锋。项目组通过书画传播雷锋精神，为同学们树立正确的人生导向。同学们的画作分为寻找新时代活雷锋和雷锋精神时代传承两个主题，在公众号上进行推送。

第五次线上活动：3 月 15 日，项目组倡议书画社的同学们拿起画笔，向社区工作者表达敬意。疫情中，城市以社区为单位，严格防控，有效地控制了疫情。同学们的画作在公众号上结集发布。

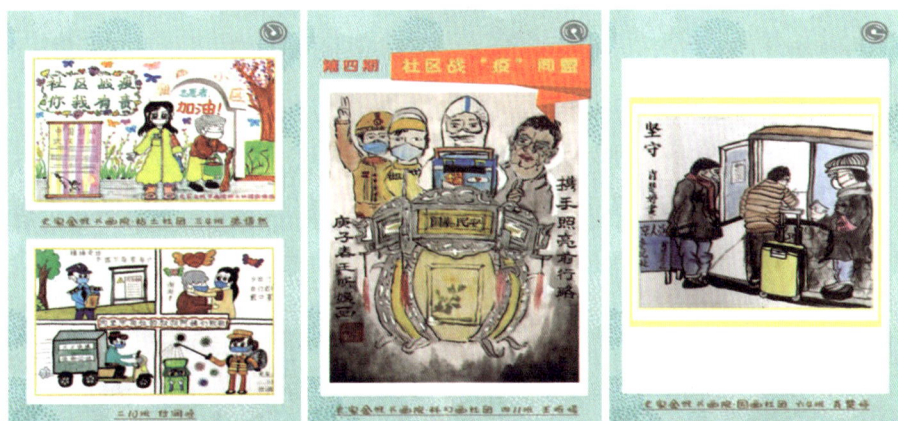

第六次线上活动：3 月初至 3 月底，项目组以"立足社区，放眼社会，以画传情，爱心接力，向社会传递美和爱"为主旨，在东城区团委的大力支持下，最终和北京城区 11 个街道 44 个社区取得联系，送出海报 308 份。

第七次线上活动：3 月 31 日，同学们绘制了 101 幅插画，组成原创绘本《宅家战役·图说攻略》，从学习充电、快乐阅读、研究厨艺、运动自律、亲子时光、创意游戏 6 个方面为广大同学支招，宣传科学防疫宅家小策略。

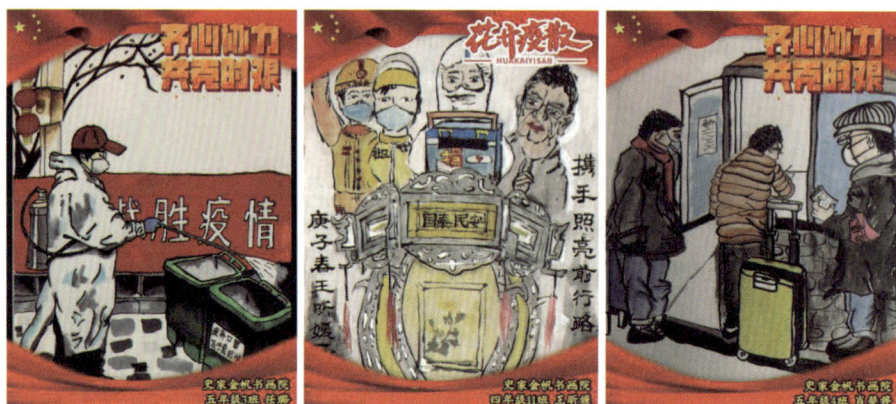

第八次线上活动：4 月 5 日，金帆书画院的老师们精心录制了视频，《老师想对你们说》，鼓励同学们保护好自己，自主学习，隔空指导同学们进行专业的艺术训练。

　　第九次线上活动：4月16日，项目公众号推出一期线上展览，展示同学们的作品。

　　第十次线上活动：7月15日，发起"史家书简，童心相通！五湖四海，鸿雁传情——给泰国小朋友的一份祝福信"。这次活动基于中国宋庆龄青少年科技文化交流中心于2020年3月发起的"童心相通守望相助，五洲四海共克时艰"活动。同学们的书信被中国宋庆龄青少年科技文化交流中心制成了精美的沙画，送给了泰国的青少年朋友。

　　第一次线下活动：8月20日，项目组深入竹竿社区和金宝社区开展活动，向社区工作人员介绍项目，赠送画作；将制作好的宣传展板置入社区宣传橱窗，并向社区居民介绍项目。

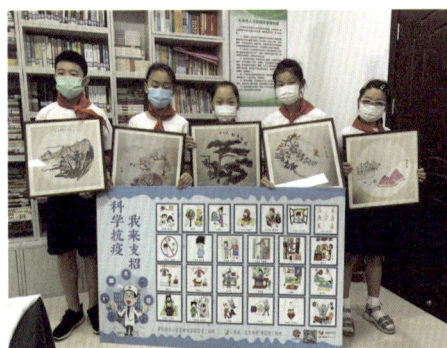

第三阶段（2020 年 8 月 1 日至 2020 年 8 月 20 日）：成果总结阶段。在这一阶段，项目组全体成员对项目进行梳理，总结经验，交流感受，制作项目活动纪念册，持续宣传推广爱心接力，向社会传递美和爱。

三、学生行动日记——记录公益之花盛开全过程

学生行动日记精选（一）

2020 年 4 月 5 日　星期日　晴

金帆书画院国画社团　雷方易

今天是清明节。刚才，我们国家为在这次抗击新冠肺炎疫情中牺牲的烈士和同胞，举行了庄严隆重的清明哀悼活动。当天安门上的国旗缓缓下降时，我站在电视机前，向烈士和死难同胞们致以少先队员的队礼。是他们的牺牲，换来了我们国家疫情的缓解。

为鼓励世界各国众志成城抗疫，中国宋庆龄青少年科技文化交流中心于 2020 年 3 月发起"'美美与共·患难与共'——童心相通守望相助，五洲四海共克时艰"活动，以手写书信的形式，鸿雁传情，向当前疫情比较严重且中国已派出医疗援助的国家的青少年儿童送去中国青少年的祝福和鼓励，传递温暖与互助精神，表达中国与全世界同呼吸共命运、守望相助的中国情怀和中国温度。

我们公益项目组的几位核心成员积极响应这一号召，给我们唇齿相依的友好邻邦泰国小朋友送去慰问和祝福。我参加完哀悼活动后，特别想对泰国小朋友说："'相知无远近，万里尚为邻'，中泰两国友谊源远流长。在中国疫情最严重的时期，你们给予了我们很多帮助，谢谢你们。"受人滴水之恩，当涌泉相报。我知道诗琳通公主喜爱中国，对中国文化非常精通，

获得了中国的"友谊勋章"。少年是世界的未来和希望，我们也要像诗琳通公主那样，做中泰友谊的小使者。

学生行动日记精选（二）

2020 年 4 月 15 日　星期三　晴

金帆书画院科幻画社团　李姝涵

项目组号召大家以手中的画笔宣传科学抗疫的知识，我想通过"多通风，打开窗""防感冒，不揉眼"以及"打喷嚏，捂口鼻"这三方面来介绍抗疫知识。

首先，我构思好主题人物形象——一个七八岁的小男孩。其次，为了使画面感更生动形象，我又请家长来帮忙示范开窗、揉眼、捂口鼻的动作，以便细致观察。再次，我开始打底稿并注意捂口鼻的纸巾以及新型冠状病毒等细节的勾画。在这个过程中，我多次请教刘老师，反复进行了三次修改才最终定下底稿。最后，用马克笔上色并用彩铅做效果，使整个画面更加立体。

这是我第一次创作连环画。看着自己的作品，我既兴奋又期盼。期盼着早日将它制成宣传海报，让更多的人学到科学防疫小知识。

四、学生反思工具——从回望中汲取前行的力量

学生反思精选（一）

姓名：张惜然　时间：2020 年 4 月 15 日

项目名称：童心书画　众手传情

发生了什么	有何感受
我和爸爸妈妈早锻炼的时候，发现我们的公益项目中关于抗击疫情、慰问一线医护工作者和社区工作者的画作，被摆到了朝内小区入口和竹竿社区的宣传栏中	我们的项目成果能够被社区采用，以宣传和慰问抗击疫情的工作人员，我感到非常自豪！国画、彩铅等作品对大家都有不同的启发，我们也学会了彼此欣赏。抗击疫情，无论年龄大小，每个人都可以出一份力
有哪些主意	**有哪些问题**
加强和社区的联系，建立长期合作的机制。围绕社区不同时期、不同阶段的宣传主题，帮助社区设计宣传栏，更好地发挥我们的特长，一同把社区装饰得更漂亮。金帆书画院的毕业生如果愿意，也可以投稿	宣传还需要加强，让更多的社区居民知道

教师评语

看到自己宣传抗疫的作品，是不是特别自豪?！你的反思很好，确实应该再进一步思考如何让我们的海报发挥更大的作用。特殊时期，要以变应变，只有这样，我们才能在各方面得到锻炼

学生反思精选（二）

姓名：曲家希　时间：2020 年 4 月 16 日
项目名称：童心书画　众手传情

发生了什么	有何感受
从"抗击疫情从我做起"到"社区战疫同盟"，金帆书画院的同学们都在用自己喜欢的绘画方式表达对抗疫英雄的敬意，也为抗击疫情贡献一份力量。以画传情，童心抗疫	这是我第三次参加服务学习项目，也是最特别的一次。我们虽然不能像白衣天使那样奋战在抗疫一线，但是可以拿起画笔表达自己的感受，还可以宣传抗疫知识，这些都是在为抗疫做贡献，我觉得很自豪
有哪些主意	有哪些问题
小视频流量很大，我想在今后的活动中可以用小视频的方式进行项目的宣传，这样能让更多的人关注我们的项目	有些同学上传的作品不太清楚，有的光线很暗，还有的是歪的，这样都会影响观看的效果

教师评语

特殊时期，应拓展宣传的途径，积极探索更广泛的宣讲传播渠道，以吸引受众。你的建议很棒！

五、家长感悟——在公益服务中和孩子一起成长

家长感悟精选（一）

以绵薄之力诠释家国情怀

窦子煊家长

公益之路，是孩子与家长共同学习、成长之路。从 2019 年第一次参加班级同学发起的"拯救汉字书写计划"项目，到 2020 年成为"童心书画众手传情"项目核心成员，我欣喜地见证了孩子参与公益活动的热情、置

身于真实社会情境时的应变能力，以及向社会传递美与爱的快乐。孩子变得更加积极乐观、从容不迫，更加关注身边的人和事，有了更强的社会责任感，真正地感受和读懂了家国情怀。

特别是在"宅家战疫"的日子里，孩子们虽然无法进行线下活动，但大家没有因为疫情的阻隔而停止学习。在史家金帆书画院老师的带领下，社团骨干们发起倡议，积极开展丰富多彩的"云"学习，号召书画院的学员们心系社会、学校和同学，积极参与各种形式的书画、手工艺创作，宣传抗疫知识，讴歌抗疫英雄。孩子们的作品被张贴在社区公告栏，以微信公众号、"云"共享等方式向社会更广泛地传递美和爱，而且被多家媒体转载。孩子们用自己的绵薄之力为抗疫加油，诠释家国情怀。此外，孩子们积极参加中国宋庆龄青少年科技文化交流中心的活动，以书信方式向友好邻邦泰国小朋友送去慰问和祝福，很好地践行了用开阔的视野、宽广的胸怀向世界传递美与爱的主旨。

感恩史家小学给予孩子们广阔的天空。公益服务项目让孩子有机会走近社会，走入生活，践行心怀家国、情系天下的情怀。这种情怀会伴随孩子，在未来的成长道路上健康起航、精彩绽放！

家长感悟精选（二）

史家书简，童心相通！五湖四海，鸿雁传情！

李锦轩家长

记得二年级时，孩子所在的班级第一次做公益项目，那时孩子还是个小豆包，完全不明白何为公益、要如何去做。孩子们在老师和家长们的引领下，手牵着手懵懵懂懂地走上大街、来到地铁站。孩子们手中拿着明信片，怯生生地望着眼前匆匆而过的行人，在与自己斗争了无数次后终于鼓足勇气将第一张明信片递到陌生人后喜悦的样子就在眼前，那么生动那么鲜活，仿佛就是昨天的事。那是孩子们迈向公益之路的第一步，稚嫩、迷惑、勇敢。三年级做"关爱失智老人"项目时，孩子们就积极沉着了许多，知道自己要做些什么、表达什么，在既定方案之外各自临场发挥，唱歌跳舞翻跟头，各显才华，逗得敬老院的老人们特别开心，在公益之路上印下了成长的脚步。

　　刚上五年级，学校的金帆书画院启动了"童心书画　众手传情"服务学习项目。项目启动之初，作为核心成员学生家长，我对项目并没有深刻的理解和认识，以为这样的写写画画不会有什么大作为。随着项目的逐步细化和深入开展，不知不觉中我成为一个跑前跑后深入活动的积极分子，尤其刚过去的这个超长假期，让我真切地看到也感受到每一位公益项目成员和老师、家长切实做公益的真心。疫情期间书画院每一位成员拿起手中的画笔，书画传递感恩之心和友爱，就像孩子们自己所说的，小小的画笔蕴含着大大的能量。孩子们用一颗赤诚爱心，向世界传递着爱。当我看到孩子们写给泰国小朋友的书信被制作成一幅幅精美绝伦的沙画时，看到微信公众平台上发表的一幅幅孩子们稚嫩而又充满爱意的画作时，我的双眼是湿润的，我被他们的童心感动了，相信有更多的人像我一样被书画传情了。在恩师们的引领下，孩子们纯真的心拥有了家国情怀，内心的世界也变得更加广阔。我想，孩子们的公益之心从此生根发芽，开始茁壮成长！

六、帮扶对象——公益服务社会，爱心连接你我

帮扶对象感言精选（一）

　　东城区北新桥永康社区居民："今天外出散步时，看到社区橱窗里多了

一些儿童画，每一幅都画得那么生动，有讴歌一线的工作人员的，也有描画辛劳工作的基层工作者和社区工作者的。这些画还介绍了一些防疫抗疫的知识和政策。仔细看下面的标识和落款，是史家金帆书画院的孩子们的作品，应该是他们的一个公益项目的展示。每幅画的右下角还有'童心书画　众手传情'八个字。我觉得这八个字很好。孩子的画让我倍感温暖，相信疫情很快就能过去！"

帮扶对象感言精选（二）

朝阳区望京街道社区工作者："史家金帆书画院的公益项目'童心书画　众手传情'的孩子们送给我们社区一些他们画的宣传防疫抗疫的作品。我们把这些画作的一部分放置在社区显眼的橱窗里，一部分装订放到居民楼门口。街道的居民看到画都赞不绝口，认为小小少年能够心怀家国，真是非常棒！为你们点赞！"

七、成果展示——公益，我们一直在路上！

自"童心书画　众手传情"服务学习项目开展以来，金帆书画院全体成员完成了 10 次线上活动和 1 次线下活动，先后走进竹竿社区和金宝社区进行宣传。在李阳、刘栋、陈曲、任巨成指导教师的带领下，项目组成员的应变能力得到了很大的锻炼。疫情期间，同学们用手中的画笔防疫抗疫，契合项目"以爱传情，爱心接力"的主旨。光明网、"中国儿童报"公众号、"北京交通"公众号等多家媒体对项目做了报道。因表现突出，项目最终获得了由中国扶贫基金会颁发的"益路同行·优秀公益创新团队"奖章。

光明网发布项目活动报道

我们在家做什么（5）| 向逆行者们致敬！

中国儿童报 2020-02-06 15:53:27 手机阅读

病毒来袭，如何保护自己？
信息纷杂，怎么辨别真假？
不能外出，在家都能干啥？

……

答案尽在
《给孩子的战"疫"漫画》↓↓↓

【战疫】抗击疫情 希望同行

北京交通 2020-02-07 16:56:11 手机阅读

突如其来的新型冠状病毒肺炎疫情，让孩子们的寒假也因这场疫情变得不寻常。孩子们在家中除了寒假作业，还能做点什么呢？北京史家小学金帆书画院的孩子们收到抗"疫"集结号，拿起画笔，在家绘制与疫情相关的原创美术作品，在自我学习与增长防护知识的同时，为抗疫献绵薄之力。

孩子们眼中的

"中国儿童报"公众号、"北京交通"公众号发布项目活动报道

小穴位　大健康

"小穴位　大健康"服务学习项目由史家小学四（11）中队钮艺祯同学发起，四（11）中队全体成员共同参与完成。项目指导教师为史家小学孔继英老师。"小穴位　大健康"服务学习项目自2020年2月发起，至2020年8月顺利完成。项目通过聘请中医大夫指导、发放宣传手册、线上视频教学、线下活动宣传等方式，进行中医药传统文化的宣传和推广。截至2020年8月，项目组走进国医之家海运仓中医门诊部、海运仓社区，举办1场线下活动，向约200位患者、居民推广了"小穴位　大健康"保健操，讲解相关的中医理论及穴位功效。同时，项目组开展9场线上交流活动，向亲朋好友以及湖北的小伙伴教授保健操，为抗疫做出贡献。"中国红领巾"公众号、"中国青年报"客户端等媒体对项目进行了报道。

一、指导教师推荐序

"小穴位　大健康"服务学习项目2020年春节前夕刚刚上线，就遇到了疫情。在家中的同学们收到了学校领导的通知，希望孩子们开动脑筋，思考如何利用互联网开展服务学习项目的宣传、做好服务学习的调研、主题内容的学习与整理。

学校领导的鼓励引发了项目组的思考：面对疫情的蔓延和不确定性，提高身体对疾病的抵抗力尤为重要。宅在家中久坐少动，容易带来一些健康问题。于是师生和家长通力合作，开展了丰富多彩的服务学习线上活动。为了让更多的同学在家里也能锻炼起来，项目发起人钮艺祯和爸爸妈妈一起创编了穴位健身操，还录制了便于推广的教学视频。

这套健身操源自中医经络理论，集调理脏腑、气、血、五官、筋骨的手法动作，有助于强身健体，增强机体抵抗力，防御病邪侵袭，调整身体的不良状态，老少皆宜。项目组 5 位核心成员每天轮流在班级微信群中带操，向全班同学和家长推广穴位操。前两周总有同学不能按时带操，需要老师和项目负责人提醒。通过访谈我了解到有的同学性格内向，不好意思在班级群带操；有的同学协调性差，担心自己做操的质量；还有的同学因为贪玩忘记了……办法总比困难多！我鼓励同学们一起想对策。"我给自己设了个备忘录，你们也试试！""上个闹钟吧！""你做得真好！带操没问题！"……同学们相互鼓励、团结协作，终于都能准时上岗啦！120 多天坚持轮流带操，同学们感受到小小的坚持、大大的收获！

为了更好地推广穴位保健操，项目组成员在家长们的大力支持下开展了线上学习交流活动，引领大家通过看视频、上网和翻阅书籍查找资料，更加深入地了解保健操中涉及的穴位知识。自主锻炼、自主学习成为大家的日常。

同学们用护眼穴位知识传递着温暖。有的同学心系湖北，为湖北小伙伴送上问候；有的同学身在外地，连线北京的好朋友学习穴位操；还有的同学和家人一起开启护眼行动……同学们用所掌握的中医穴位知识，带动身边的亲朋好友用自己的双手开启健康生活方式，开展科学防疫，用实际行动致敬英雄、学习英雄，从我做起，当好战"疫"小榜样。

随着疫情防控形势逐步向好，项目组的同学们意识到离开展线下推广活动的日子不远了。为了让穴位保健操更好地传递下去，项目组决定在同学中评选出小教员，为线下活动做好准备。如何让小教员评比更加科学合理呢？项目组的同学们发挥聪明才智，拿出了各自的评价表设计方案。同学们集思广益，反复讨论、修改、完善，科学又可实操的评价表呈现到了大家面前。

随着穴位保健操从线上向线下推进，小教员们和同学们对它的兴趣越来越浓，想了解更多的穴位保健知识。项目组负责人钮艺祯和小教员一起对国医之家的中医药文化导师进行了系列视频采访，围绕中医对穴位保健操的认识、做保健操前的准备和做保健操过程中需要注意的细节等向导师进行了提问。同学们为服务学习线下推广活动做好了充分准备，线下宣传活动收获了预期的效果。

"服务学习、服务他人"，同学们收获成长的力量与学习的快乐，在学习和实践中不但强身健体，还锻炼了组织能力、沟通能力、表达能力和分析能力，提升了自信心，培养了团队精神。活动过程中同学们优势互补，各司其职，表现出充分的责任心，使项目得以顺利进行，最终收获了丰硕成果。通过走出校园走进社会的探索与尝试，同学们的社会意识和社会能力也有了一定程度的提升，人际交往和沟通合作能力得到了提高。我相信这将是他们一生的财富。

指导教师：孔继英

二、创想梦工厂，种下一颗公益的种子

（一）创想动因

随着现代生活压力的加大与人们运动量的减少，肩颈、腰背不适等亚健康的问题越来越多。传统中医学的作用不可忽视。穴位是传统医学重要的组成部分，通过简单的穴位刺激可以达到神奇的效果。

项目发起人钮艺祯出生在中医世家，从小就看着爸爸运用针灸学为患

者治病。细细的针、神秘的穴位引起了他的浓厚兴趣。通过向父亲学习，他发现人体有 108 个穴位，进行叩击时会出现酸胀感，并调节身体的经络和气血，对健康大有益处。面对同学们课间游戏单一、活动场地有限，老师们伏案改作业颈腰椎容易受累的现状，他决定和小伙伴创编穴位保健操来帮助同学和老师缓解疲劳，保持身体健康。他们团队及志愿者在班级及周边社区等场所，通过现场教学、发放宣传手册，并结合公众号、聘请国医之家导师团队等形式，宣传中医药传统文化，让更多的人了解并运用中医疗法进行自我调节和保护。

（二）团队介绍

发起人及总负责人	钮艺祯	史家小学四（11）中队成员，善于思考，有较强的组织能力和沟通能力。热心公益，善于沟通、策划
团队伙伴	席天润	史家小学四（11）中队成员，计算能力强，认真谨慎，活泼开朗。在本项目中负责财务工作
	刚梓蕾	史家小学四（11）中队成员，有较强的沟通和表达能力，热心公益。在本项目中负责外联工作
	赵梦晗	史家小学四（11）中队成员，有较强的组织能力，做事积极踊跃，善于沟通。在本项目中负责组织工作
	刘馨逸	史家小学四（11）中队成员，擅长美术和摄影，熟练掌握 PPT 的制作。在本项目中负责宣传工作
指导教师	孔继英	史家小学四（11）中队班主任，热心公益、知性、干练，多年担任班主任工作。教学经验丰富，注重培养孩子们的良好习惯，能够给孩子提供有效的指导
专家顾问	钮雪松	祖传五代中医世家，金针大师王乐亭教授及毫发金针胡荫培教授再传弟子。现任北京市东城金针研究学会会长，是东城区非物质文化遗产"金针疗法"项目代表性传承人、东城区中医药文化进校园指导专家

（三）实施过程

"小穴位　大健康"项目自 2020 年 2 月发起，至 2020 年 8 月圆满结束，共分为筹划准备、线上推广宣传、线下推广宣传、成果总结分享四个阶段。

第一阶段（2020 年 2 月 1 日至 2020 年 2 月 29 日）：筹划准备阶段。这一阶段主要制订详细的行动方案，设计并制作项目 Logo、宣传册、宣传页、小教员证书和保健操分解图，开通项目微信公众号，发布活动信息和文化资讯。同时，项目组在专家顾问的指导下，认识穴位，创建穴位保健操，并录制视频。

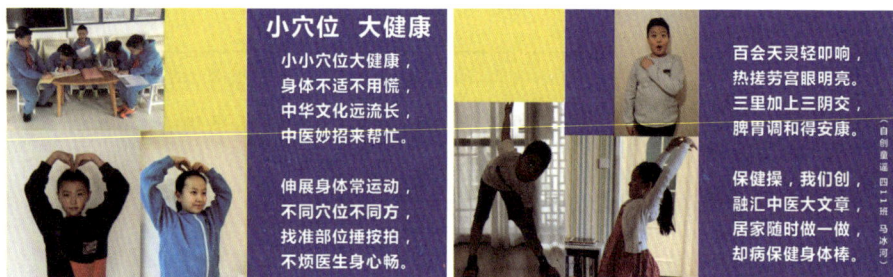

第二阶段（2020 年 3 月 1 日至 2020 年 7 月 31 日）：线上推广宣传阶段。在这一阶段，发动周围同学、老师和家长一起通过做穴位保健操缓解疲劳，保持身体健康；通过公众号发布教学视频，展示同学们的学习成果，并评选出第一批小教员；采访聘请的国医之家导师团队，对中医知识进行科普宣传，让更多的人了解并运用中医疗法进行自我调节和保护。

2 月 16 日，项目组组织四（11）中队的队员们开展了线下学习交流活动，引领同学们通过看视频、上网和翻阅书籍查找资料更加深入地了解保健操中涉及的穴位知识。

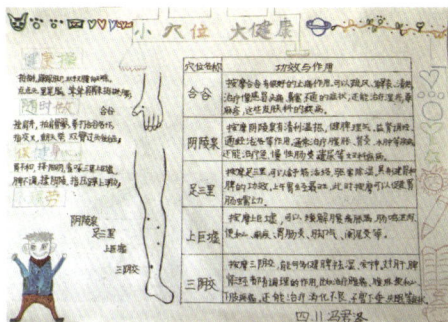

2 月 27 日，项目组邀请专家张春杰医师为同学们讲解穴位知识，大家更加深入地了解了穴位位置以及相关知识。

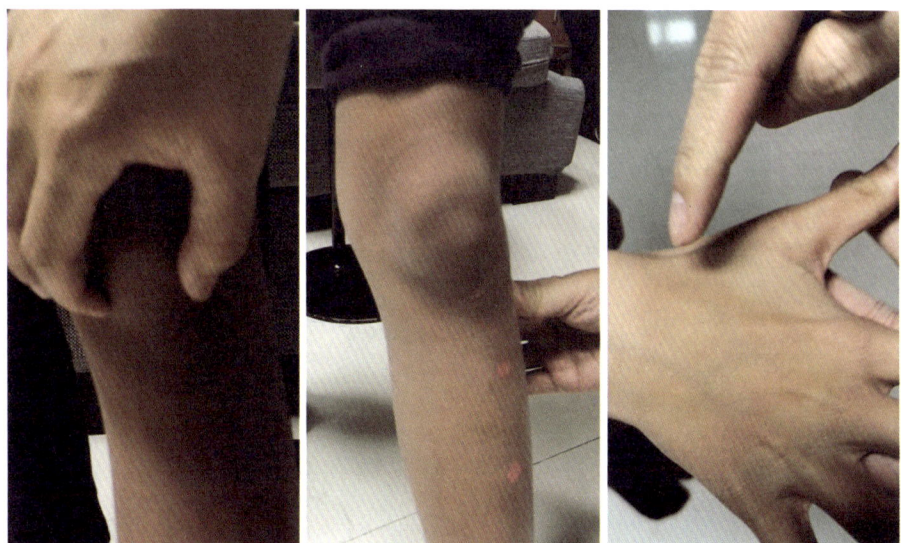

　　3月4日，结合"学雷锋日"项目组开展了学习、教授爱眼护眼穴位按摩知识活动，以实际行动向英雄们致敬。同学们不仅自己认真学习，还教会了家人和朋友。

　　3月29日，"小穴位　大健康"项目组发起优秀小教员评选活动。项目组邀请专家进行评比，评选出第一批优秀小教员并颁发了证书。

　　6月7日、10日，项目组对专家倪国勇医师、隋旺东医师进行线上采访，就中医对保健操的认识，做保健操前的准备和做操过程中的注意细节、

保健操中出现的穴位以及经络进行了提问。

6 月 11 日、12 日，项目组对专家张春杰医师、姜毅医师进行线上采访，就保健操中重点穴位的疗效、取穴的简便方法、保健操中涉及的穴位、经络以及按摩手法等进行了提问。

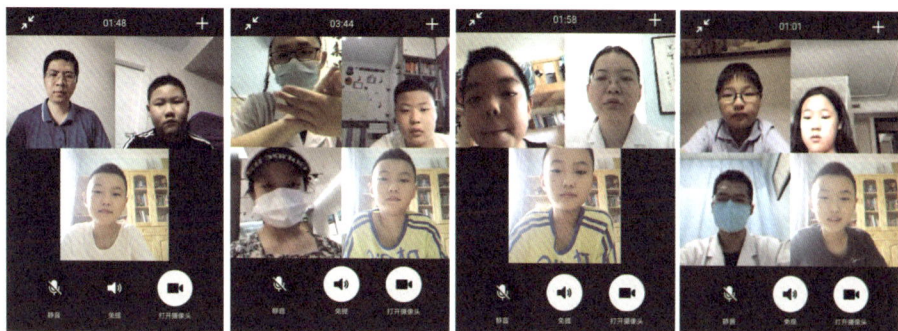

第三阶段（2020 年 8 月 1 日至 2020 年 8 月 19 日）：线下推广宣传阶段。随着疫情防控形势好转，8 月 19 日，项目组前往北京市东城金针研究学会海运仓中医门诊部开启线下宣传推广，向社区居民宣传项目内容以及自创的保健操。

　　第四阶段（2020 年 8 月 20 日至 2020 年 8 月 30 日）：成果总结分享阶段。全体成员参加"六一"汇报演出，并进行项目复盘和反思，总结经验；还将宣传内容与收获和感悟编辑成册，形成科学性宣传资料，持续扩大项目影响力。

三、学生行动日记——记录公益之花盛开全过程

学生行动日记精选（一）

2020 年 3 月 4 日　星期三　晴

四（11）中队　钮艺祯

　　我们服务学习项目组的组员们不仅自己学会了穴位按摩，还在辅导员孔老师的带领下，与四（11）中队的少先队员们一道认真开展了学习、教授爱眼护眼穴位知识的服务学习活动。每一位同学都通过视频认真学习。在学习过程中，有的同学找不准某个穴位的位置就去翻阅书籍或者搜索网络；有的同学不仅自己热情地投入学习活动，还心系朋友和家人，用护眼穴位知识传递着温暖。吴奇燃和马冰河为小伙伴送去问候和这份特殊的礼物；马雨航和哥哥一起参与；刘馨逸看到爸爸工作很辛苦，用自己所学到的穴位知识为爸爸消除眼疲劳。真让人感动！

这一天，我们"小穴位　大健康"服务学习项目组用实际行动为很多人提供了服务，为他们消除了眼睛的疲劳。我们深刻地体会到了帮助他人的快乐！

学生行动日记精选（二）

2020 年 3 月 15 日　星期日　晴

四（11）中队　刘馨逸

今天爸爸开完会回到家仍旧忙着写论文，眼睛一直盯着电脑。不一会儿，爸爸感觉眼睛十分干涩，而且很痒，让我帮他拿眼药水。我笑着对爸爸说："我有一个好办法比眼药水功效好多了，还没有副作用，我给您试试好不好？"爸爸有点惊奇地看着我，连声说好。我一边按照睛明穴、攒竹穴、四白穴、阳白穴、太阳穴、风池穴的顺序帮爸爸按摩，一边讲解每个穴位的作用，介绍我们小组通过网络在班级和全校推广这个穴位眼保健操的情况。按完后爸爸睁开眼，我看到他的眼睛都亮了。爸爸说：没想到我儿子用穴位按摩的办法能让我的眼睛这么舒服，儿子你真能干！听了爸爸的话，我得意极了，我们的小穴位真是能干呀！轻轻地挤、压、按、揉，就能有效缓解疲劳了。

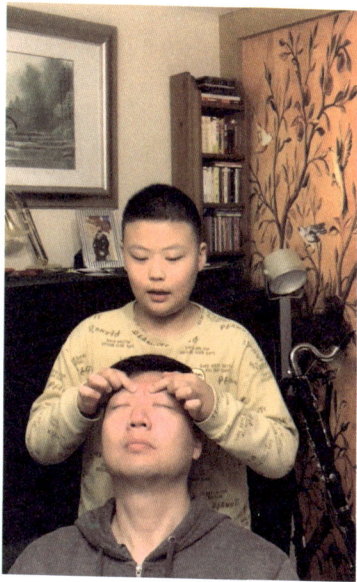

我又和爸爸妈妈制作了一个保健操的视频发到了朋友圈，还特别邀请爸爸妈妈的同事们关注，让我们的公益项目帮助更多的人。今天过得真是充实呀！小小的穴位让我和身边的人在生活中多了一些幸福感。

四、学生反思工具——从回望中汲取前行的力量

学生反思精选（一）

姓名：赵梦晗　时间：2020 年 8 月 19 日

提案名称：小穴位　大健康

发生了什么	有何感受
在专家的带领下，老师和同学们一起加深了对穴位的认知，能准确地掌握穴位了。同时，把穴位的用处教给了不了解穴位的爷爷奶奶叔叔阿姨和小朋友们。这样，我们自己不仅可以强身健体，还可以让更多的人了解中医的博大精深	穴位操看似简单，但是找准穴位还是有一定难度的。如果穴位不准确，可能就达不到我们想要的保健效果。 短短 3 分钟的穴位操，每次做完我都会感觉神清气爽，缓解学习带来的疲惫
有哪些主意	有哪些问题
可以像广播操、眼保健操那样每天定时做穴位保健操。穴位保健操的时间也可以适当延长，这样可以更好地放松全身，缓解疲劳	1. 穴位的准确度需要掌握得再精准些； 2. 现场环境应该更加安静、舒适

教师评语

你们在宣传穴位保健操的活动中学习了很多中医知识，并且将所学到的知识教给家人、朋友；同时认真思考了发现的问题和解决问题的方法。希望你们将这套穴位保健操推广给更多的人，让他们都获得健康

学生反思精选（二）

姓名：席天润　时间：2020 年 8 月 19 日

提案名称：小穴位　大健康

发生了什么	有何感受
在疫情已经稳定下来的情况下，我们项目组以及班上其他一些同学把我们发明的穴位保健操展示给更多的人	穴位保健操通过敲打相关穴位来保持身体健康。我觉我们应该把这套操分享给更多的人

续表

有哪些主意	有哪些问题
我觉得可以再多讲述几个穴位，多做一些关于穴位知识的讲座	穴位的准确度再高一点，做操的节奏和秩序更好一些

教师评语
你们从项目活动中感受到了服务他人的美好并有意识地要推广给更多的人，这真让我感到高兴。对于保健操的穴位准确度要求严格，这是正确的。希望你们继续推广，让更多的人掌握这套保健操，强身健体

五、家长感悟——在公益服务中和孩子一起成长

家长感悟精选（一）

弘扬家国情怀　传承中华文明

刚梓蘅家长

时光荏苒。转眼间，"小穴位　大健康"项目已陪孩子们走过了半年时间。半年来，孩子们以中华文明的瑰宝——中医为切入点，在项目中学习，在社会服务中锻炼、完善人格并获得成长。身为家长，我既欣喜于孩子个人能力上的提高，也欣喜于孩子对家庭、对社会的担当意识与责任意识的提升。

家国情怀，是贯穿中国传统文化的一条主脉。可对小学生来说，它显得有些遥远。史家小学的"服务学习"课程，用孩子们可以理解和实现的方式，完美地诠释了什么是家国情怀。它是爱与责任的合体，因为足够热爱，所以才会希望这个社会变得更好；因为满满的责任感，所以才愿意付出额外的时间和努力去帮助他人。它使孩子身处其中的世界，只需仔细看看就能发现，只要全心投入，人人都可以做到。它不必宏大，但一定足够

温暖。"小穴位　大健康"项目就是这样一种有温度、有责任的学习形式。在学习过程中，孩子们对中医从一无所知到通晓穴位的位置和作用，从浅层次的穴位学习到就深层次中医问题采访专家，从在家长的指导下推进项目到自己主动宣传推动，从原计划的线下活动到及时应对形势，转战线上并设计新的项目实施内容，从无章法地讨论到有条理、有逻辑地层层推进，从羞涩地只敢教教家人到热情自信地教给小伙伴甚至陌生的叔叔阿姨、爷爷奶奶……这种由被动到主动的转变，传递出的是孩子内心世界的改变，是对家人、对朋友、对身边世界的关心，是孩子责任意识和担当意识的生根发芽。

家长感悟精选（二）

关注小穴位　获得大健康

钮艺祯家长

穴位保健操中会出现一些中医方面的专业名称，孩子们平常没有接触过，记忆、理解穴位名称，尤其是寻找穴位的位置并且要在做操过程中能够快速、准确地按揉到，对于他们来说的确是一件很困难的事情。项目组成员为了更清楚地了解这些穴位，准确无误地带领四（11）中队所有同学每天做操，将穴位保健操准确无误地向更多人推广，他们搜索网络、查阅书籍、请教专家，通过多种方式学习穴位知识，并且将自己获得的知识绘制成了一份份精美的小报。

在一次次的活动中，孩子们得到了锻炼，各方面的能力都在增强。他们变得更加自信，更有责任感，更善于表达和沟通。他们为能够帮助到他人而感到快乐，从而深刻地体会到服务学习项目的意义。

虽然我们的公益项目还有许多不足之处，但我为组员们的坚持、努力、热情感到骄傲！感谢各位校领导和老师的关心与帮助，感谢公益项目组各位家长一路的陪伴和支持！希望更多的人能够关注小小穴位，获得大健康！

家长感悟精选（三）

传承国粹　共同成长

刘馨逸家长

我发现了孩子参与"小穴位　大健康"项目后的可喜成长。

大胆表达，努力争取。在申请公益项目时，刘馨逸曾精心策划，努力组织过自己的小组，在同学和老师面前大胆表达自己的创意，与同学沟通获取支持。后来虽然没有入选，但并没有过多的失落，而是努力争取加入了"小穴位　大健康"公益项目小组。他能够积极面对生活中的成败，对公益活动保有持续的热情，这样的成长令我欣慰。

认真做事。发起人钮艺祯认真制作了穴位保健操的示范视频，且多次针对不易掌握的穴位多角度讲解，力图同学们能够准确掌握。刘馨逸学得非常投入，自己掌握之后主动指导父母了解穴位的作用，教授穴位保健操的做法。为了能够找准穴位，他用彩笔在身上做了记号，还对照视频反复练习按摩的手法。

有责任心，持之以恒。从寒假开始，核心组的同学们每周都要轮流带领同学们做穴位保健操。带操就要有带操的样子。在录制时，他对自己的动作、衣着都严格要求。每周三是孩子带操，他都会请我为他拍视频发到班级微信群中"喊同学们来做操"，从未缺勤，坚持了半年。

随势而动，处事灵活。孩子制作抗疫小报、录制推广小视频，在防疫的大背景下，挖掘项目的作用和意义。他们学会了制作视频、开网络会议、连线采访等。孩子们在自媒体上发布提高免疫力和眼睛保健穴位按摩的各种小视频，调动全家人共同参与。看着他们在网络会议中认真地讨论、记录，从容地与专家连线采访，我顿感孩子们成长之迅速。他们不再是事事需要帮助的小孩子了，已经成长为有社会责任感、立志用知识与技能帮助身边人的少年了。

六、帮扶对象——公益服务社会，爱心连接你我

帮扶对象感言精选

三年级学生："我是成都一名三年级的小学生，2020 年 2 月我看到了北京史家小学四（11）中队进行的'小穴位　大健康'公益项目的公众号以及推广的保健操视频。第一次接触到中医，我感到非常好奇，于是我和妈妈跟着视频学起了保健操。我们做了几天后感到非常好，妈妈的颈椎舒服了很多，我胃口好了。我将这套保健操推荐给了班主任老师，老师让我当小教练教全班同学做操，我特别开心！希望'小穴位　大健康'项目越办越好，能有越来越多的人学习保健操！"

七、成果展示——公益，我们一直在路上！

"小穴位　大健康"公益项目在近半年的时间里组织了多次线上活动，各位成员在线互相学习和练习保健操，制作精美的宣传小报、开展保健操小教员线上评选、线上采访中医专家等。项目组心系疫情，多次与外省连线，互相鼓励，互相督促，受到了广泛好评。项目组申请了"小穴位　大健康"微信公众号，定期推送项目进展情况的原创报道，同时自制保健操，呼吁更多的人了解中医文化、了解穴位妙用。"中国红领巾"公众号、《中国青年报》客户端等媒体对项目进行了报道。因表现突出，项目最终获得了由中国扶贫基金会颁发的"益路同行·优秀公益创新团队"奖章。

×

加油！我们一定会胜利！

中国红领巾

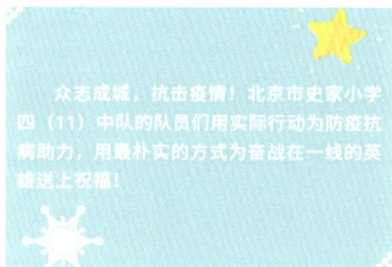

× 小穴位 大健康 和爸爸妈妈一起做家庭健… ···

小穴位 大健康 和爸爸妈妈一起做家庭健身操

中国青年报客户端 | 2020·02·05 14:47

众志成城，抗击疫情！北京市史家小学四（11）中队的队员们用实际行动为防疫抗病助力，用最朴实的方式为奋战在一线的英雄送上祝福！

武汉加油！
中国加油！

钮艺祯是北京史家小学的一名学生。在史家教育集团开展的"服务学习"项目中，他是"小穴位，大健康"项目的发起人。在班主任的引领下，他带领同学们成立了"健

更多精彩，
请下载中青报客户端

打开

"中国红领巾"公众号、《中国青年报》客户端发布项目活动报道

心解千千结

"心解千千结"服务学习项目由史家小学三（11）中队陈思彤同学发起，三（11）中队全体成员共同参与完成。项目指导教师为史家小学车雨老师。项目自 2019 年 12 月启动，至 2020 年 8 月圆满结束。项目团队聚焦及时消除小学生心理困惑、传授调整解除心理困惑方法，以开展心理小调查为基础，全面了解孩子的心理状态。项目组通过组织 11 场线上活动、1场线下活动，向全社会传递"心理健康从小抓起"的理念，使 1800 多名参与项目活动的孩子和家长受益。

一、指导教师推荐序

近年来，青少年的心理健康问题越来越引起人们的重视。国家一再呼吁学校要积极引导青少年保持健康积极的心理状态。除了学习之外，未成年人因为身心发育还不够健全、对事物的认知以及对事态的判断还不够成熟，遇到挫折时过分偏激，会引发心理问题。推进未成年人的心理健康教育，需要学校、家长和社会齐心协力共同努力。

很高兴的是，我们三（11）中队的陈思彤同学受到从事政法工作的爸爸的影响，关注到了这个问题。在方案提出的初期，我们曾计划在校内和东四街道社区开展不少于 8 场宣讲活动，但是新冠肺炎疫情打乱了我们项目实施的节奏。在这样的情况下，孩子们没有退缩，他们尽自己最大的努力宣传心理健康方面的相关知识。作为他们的中队辅导员，我欣喜于孩子们用自己的服务学习行动践行了家国情怀，播撒了爱的种子；我感动于他们能尽自己的力量为国家、为社会、为他人带来温暖和活力。

致敬英雄，激发情感共鸣

新冠肺炎疫情对德育工作是一场挑战与创新并存的考验。一方面，受疫情影响，全国大中小学延期开学，对日常德育工作的正常开展产生了冲击；另一方面，在这样一场全民抗疫大战中，涌现出了一批又一批的抗疫英雄。他们迎难而上，用实际行动去守护人民群众的健康。这些最美逆行者对学生群体产生了巨大的感召力。项目组号召中队全体队员一起收看了《老师请回答·大中小学生同上一堂课》特别节目。观看结束后，同学们在班级群中积极分享观看感受，圆满完成了一次别具特色的"隔空"主题班队会。他们小小的心灵倍受感动，甚至立下了将来要当医生的志愿。

直面挑战，树立良好心态

为了让大家树立起科学战"疫"的决心，项目组发起了"我做小小发言人"活动。还组织开展了"班级疫情发布会"，每天由一名同学自愿报名，在班级群里推送抗疫资讯。活动共持续 40 天。这项活动引导大家客观正确地认识疫情，提高科学防疫意识，消除恐惧恐慌心理。

此后，为了让大家能用积极健康的方式疏解不能外出的坏情绪，用阳光积极的心态面对居家学习，项目组组织了多种多样的特色活动，使同学们足不出户也可以享受运动的快乐。

克服困难，快乐成长

借助项目的开展，疫情期间同学们始终保持健康、乐观、向上的心态，家长们普遍反映孩子恢复了往日的活力，丢弃了懒散的生活状态，能自觉制订学习生活计划并主动执行，作息时间变得更加规律了，"听讲不认真""写作业糊弄"等现象得到了明显改善。这也是"心解千千结"服务学习项目的最大收获和意外惊喜，真正实现了项目"用心解心结"的目标，取得了服务学习项目有效助力班级防疫工作的实效。相信这次疫情中的难忘经历和深刻体验，会让孩子们思考生命的意义，了解自然法则；更会让他们树立学习榜样，服务家国社会。

有心事，我来倾听；有困难，请找我们；有收获，共同分享。在成长的道路上，愿每一个孩子都能心解千千结，快乐共成长！

指导教师：车　雨

二、创想梦工厂——种下一颗公益的种子

（一）创想动因

小学生是一个特殊的群体，他们正处于身心发展的关键时期，由于生理上和心理上未成熟，内心既敏感又脆弱，加之文化知识及社会经验不足，极易受外界各种不良因素的诱惑，产生心理困惑。如果不及时加以干预和引导，很容易引发心理问题乃至心理疾病。俗话说：心病还需要心药治。心理困惑虽然成因复杂，处理起来较为棘手，但并非与生俱来，更不是不可救治的。关键在于要以人为本，对症下药，锻炼意志品质，形成良好的

品格和健康心理。

项目发起人陈思彤的爸爸从事政法工作，平时接手不少青少年犯罪案件。一件件真人真事反映出的社会对青少年心理问题的不重视，使他内心受到深深触动。陈思彤因此也深受影响与启发。陈思彤决定和小伙伴们开展"心解千千结"公益项目，希望通过学生讲给学生听、学生和学生面对面交流这种"心灵沟通"，让越来越多的小朋友和家长重视小学生的心理健康问题，帮助小学生掌握树立积极乐观心态的方法，及时解除和预防"心结"，助力其健康快乐成长，助推和谐家庭、和谐校园、和谐社区建设。

（二）团队介绍

发起人及总负责人	陈思彤	史家小学三（11）中队成员，热心公益，乐于助人，善于沟通协调，爱好科学、军事、钢琴、游泳
团队伙伴	李雪萌	史家小学三（11）中队学习委员，认真细心，条理性强，具有较强的收纳整理能力。在项目中负责财务管理工作
	张熙林	史家小学三（11）中队生活委员，认真负责，乐于助人，善于组织协调，沟通能力较强。在项目中负责外联工作
	卢皓琦	史家小学三（11）中队文艺委员，活泼开朗，热心公益，团队意识强，善于组织活动。在项目中负责宣传工作
	李紫複	史家小学三（11）中队宣传委员，勤于思考，善于探索，乐于助人，集体意识强。在项目中负责组织工作
指导教师	车 雨	史家小学三（11）中队班主任，教学管理经验丰富，责任心强，博爱知性，热心公益，具备借鉴心理干预引导手段辅助学生教育管理的成功经验
专家顾问	李 彦	党的十九大代表，北京市党代会代表，国家三级心理咨询师，北京市监狱（戒毒）局所属部门干部，具有丰富的心理矫治、情绪疏导、正念引导实践经验

（三）实施过程

"心解千千结"项目自 2019 年 12 月筹备，2 月开始实施，至 2020 年 8 月 20 日结束，项目划分为设计筹备、宣传推广、总结反思及成果分享三个阶段。

第一阶段（2019 年 12 月底至 2020 年 1 月 31 日）：设计筹备阶段。在这一阶段，项目组制订项目实施方案，组内分工，开设微信公众号，在专家指导下，筹备开展心理小调查。

第二阶段（2020 年 2 月 1 日至 2020 年 8 月 11 日）：宣传推广阶段。在这一阶段，项目团队聚焦及时消除小学生心理困惑、传授调整解除心理困惑方法，以开展心理小调查为基础，全面了解孩子们的心理状态。通过组织 11 场形式各异、目标明确的活动，宣传推广预防和解除心理困惑的方式方法，倡导"关注小学生心理健康"的理念，取得了良好的社会效益。

从 2 月 8 日起，项目组组织开展"班级疫情发布会"。每天由一名同学自愿报名，在班级群里推送对当日疫情的正面评述视频，以提高大家的科学防疫意识，消除恐慌心理。

心解千千结，战疫我能行

心解千千结 史家小学2017级11班

2月12日，项目组召开"致敬最美逆行者 医者仁心显真彰"线上主题班队会，中队全体队员以习作、书信的形式表达对抗疫英雄的敬仰和赞美。

从3月1日起，项目组开展了"班级空中运动会"，由同学们自发组织多种多样的居家体育活动，用积极健康的方式疏解不能外出的坏情绪，用阳光的心态面对居家学习的特殊时期。

史家小学三11中队"致敬最美逆行者 医者仁心显真彰"主题班队会

心解千千结 史家小学2017级11班

　　3月5日，项目组结合"学雷锋月"组织了"战疫快闪活动"，告诉大家：凡是做有利于控制疫情的事情，就是学雷锋。不信谣、不传谣，也是在学雷锋。

　　6月1日至5日，项目组进行线上问卷调查，问卷共设计15个问题。最终收回256份有效问卷。

2020年6月1日 晚上21:48

心解千千结——心理小调查

今天是六一儿童节，祝同学们节日快乐！因为疫情，大家度过了一个悠长的假期，马上就要开学了，会不会

2020年3月5日 下午15:03

心解千千结 学习雷锋我能行

3月5日，第57个学雷锋纪念日到了。但是，今年和往年有些不一样，一场突如其来的疫情，让我们只能宅在家

　　6月6日，项目组发起"迈向开学季，预备——走起"线上活动，以引导大家调整好身心，以最佳的精神状态迎接复学复课，教会大家打一套强健身心的"六招组合拳"。先后有231人次参与活动。

　　7月4日、11日，项目组分别开展"疫情宅家期间的自我管理和科学规划"和"疫情期间开启云端博物之旅"线上微宣讲活动。

2020年6月6日 上午11:47

迈向开学季，预备——走起！

漫长的疫情对我们的学习、生活造成很大冲击。我们本该坐在教室聆听亲爱的老师精心准备的丰富课程，疫情来袭，你我只

2020年7月4日 下午13:57

疫情宅家期间

自我管理与科学规划

疫情宅家期间的自我管理和科学规划

一夜之间，北京的疫情又卷土重来，面对疫情突如其来的反复，同学们期盼已久的开学计划被迫推迟了，又

7月15日、31日，8月11日，项目组分别开展"疫情下的温度与距离""疫情宅家学习·我们拒绝拖延""疫情宅家学习：用音乐滋养心灵"线上微宣讲活动。

8月23日，项目组走进东城区西总布社区，开展"宅家战疫我能行——心解千千结"线下宣讲活动。通过团队成员讲、和同龄人面对面交流沟通，从常见的心理困惑的表现说起，传授简便易学的解决心理困惑的方法。

第三阶段（2020 年 8 月 12 日至 2020 年 8 月 20 日）：总结反思及成果分享阶段。在这一阶段，项目组召开线上项目总结会，对项目实施以来的经验成果和存在的问题进行总结反思；制作宣传折页，并在微信公众号推送，进一步扩大项目影响力。

三、学生行动日记——记录公益之花盛开全过程

学生行动日记精选（一）

2020 年 3 月 5 日　星期四（惊蛰）　晴
三（11）中队　陈思彤

今天，我们中队组织开展了"战疫快闪活动"。这次活动，我是第一个主讲人。尽管这一讲只有短短的 2 分钟，可为了给大家讲得精彩、能留下深刻印象，我可是做了充分准备。在爸爸妈妈的帮助下，我从网上看了许多有关小学生心理、新冠肺炎疫情的资料，还专门让妈妈给我订阅了几本介绍雷锋叔叔生平事迹的书籍。

在这一讲中，我列举了心理困惑的表现，告诉大家一个消除心理困惑的好办法。我还向同学们倡议：结合延期开学不停学的要求和任务，从力所能及的小事做起，为传承和培养中华民族传统美德、打赢疫情阻击战坚定信念、贡献力量。

通过准备这次宣讲，我觉得做好任何事情的前提是认真，更要做足准备。同时，浏览资料和书籍，也让我深深地体会到：千千万万"逆行者"就是我学习的榜样，我要把助人为乐、传递大爱、增进情感、消解困惑融入我的学习生活，争做史家小榜样、时代小雷锋！

学生行动日记精选（二）

2020 年 7 月 13 日　星期一　晴

三（11）中队　李紫複

我加入了"心解千千结"服务学习活动。恰逢疫情来临，我在想这个活动变得更加重要，因为长时间在家中学习，同学们难免会和自己的父母产生小摩擦。我认为，父母和子女之间需要更多的理解和友善的沟通。我开始着手写一份与父母相处的方法，通过"微宣讲"分享给更多的同学们，希望可以帮助大家建立良好的亲子关系。

为了更好地完成这次宣讲内容，我和妈妈进行了一次深入地沟通，发现双方对我每天在家学习的预期不同：我希望上完课就可以玩儿，我的父母希望我获得更多的学习收获。因此，我们协商，统一目标是建立沟通的基础。早上，我们安排了专门的时间制订一天的计划。为了制订合理的学习计划，并建立有效的沟通，我上网查看了一些资料，学习到了计划、执行、总结的三段式。通过和妈妈沟通，妈妈充分认可了我的这个方法。我们达成一致意见后，我尝试总结我的沟通技巧。

除了学习，我还思考全家生活和睦相处的其他方法。我发现做家务可以更好地建立亲子关系。我一边实践一边总结，取得了很好的效果。我把实践后的心得总结在我的微宣讲中。

最后，我编写了自己的文稿。在与妈妈讨论后，我架起了摄像机，把自己所有收获的心得体会分享给大家。虽然不能与大家见面，但我可以通过这种特别的方式，帮助更多的同学。

四、学生反思工具——从回望中汲取前行的力量

学生反思精选（一）

姓名：张熙林　时间：2020 年 7 月 5 日

提案名称：心解千千结

发生了什么

在项目进展过程中，我发现虽然确定 9 月开学的好消息使同学们心花怒放，但同学们在这个特殊的开学季仍会面临不少情绪问题，如当老师不厌其烦地提醒防疫事项，当爸爸妈妈一遍遍叮咛戴好口罩，烦躁的情绪是否会不期而至？

有何感受

在这个特殊的开学季，同学们可能在学习上或生活中有一些小困难，对新环境有一些不适应，这很正常。请跟随我来打这套强健身心的"组合拳"，让心态更加阳光，让行动更加积极！

有哪些主意

打一套强健身心的"组合拳"。相信同学们一定能行！招式有：思考、懂得、改变、宣泄、接纳。改变无处不在，我们要学会接纳和适应变化的事情，一切就变得不那么"难以接受"了，说不定还能体会不一样的新鲜感

有哪些问题

特殊的开学季，同学们面临的心理问题是全新的，需要探索新方法，量体裁衣式地解决。因此做好自我管理是重点。可以进一步思考，有哪些办法能让同学们真正自觉自律地进行科学高效的学习和生活

教师评语

疫情期间，同学们长时间居家学习，难免产生各种困惑。在这种状态下，你能主动发现问题，并设计出一套"组合拳"帮助同学们调整情绪。相信同学们也会在你这套"组合拳"的帮助下更加积极地居家学习

学生反思精选（二）

姓名：李雪萌　时间：2020 年 7 月 10 日

提案名称：心解千千结

发生了什么	有何感受
我加入项目团队后，逐步了解了项目宗旨。我们要以实际行动去帮助同学们了解到当觉得烦躁、郁闷、寂寞、沮丧时不要紧张，这些小情绪都是正常的；并告诉同学们通过哪些方式可以排解这些负面的情绪	通过微宣讲制作，我不仅重温了以前看过的博物馆知识，还发现很多以前没有注意到的新知识，而且在制作过程中也提高了我的演讲水平。这段时间我还观看了其他团队成员的微宣讲，了解到很多新知识，这些对我也是非常有用的
有哪些主意	有哪些问题
我制作了一期"疫情宅家期间开启云端博物之旅"的微宣讲，主要向大家推荐了几个公众号。这里有很多精彩的线上课程，让我们足不出户也能逛博物馆，学习知识，丰富宅家生活。我的微宣讲对同学们有所帮助，我非常高兴	1. 负面情绪的排解不光是自己的问题，还需要家庭成员的参与。希望父母可以跟孩子一起参加我们的公益行动，创造良好的家庭氛围； 2. 负面情绪的排解不是一时的，我们要时时关注自己，不让小情绪扰乱我们的生活和学习

教师评语

你把自己喜欢的博物馆知识用微宣讲的方式传递给大家，并且用这种方式帮助大家舒缓长期居家带来的烦躁情绪。这种用自己所学知识为大家服务的精神真是值得点赞！

五、家长感悟——在公益服务中和孩子一起成长

家长感悟精选（一）

心解千千结　用心解心结

陈思彤家长

我是一名从事政法工作多年的机关干部。可能是由于职业原因，从陈

思彤记事起，我总是给他讲一些青少年因为沉迷网络游戏、逃学逃课、在班里当"小皇帝"，最终走上犯罪道路的真人真事。一方面，我为那些犯了罪的小家伙们惋惜和痛心，他们曾经也是天真烂漫、活泼可爱的学生。他们中一部分人犯罪，是因为小时候有心理问题，家长和学校没有及时发现、纠正导致心理畸形，最终走上犯罪道路。另一方面，我也是要让陈思彤明白养成好习惯、有健康的心理是多么重要，要多与老师和爸爸妈妈沟通交流，讲讲自己对某件事的想法、谈谈自己对错误行为的认识，从而避免"心理小隐患引发大问题"。

　　现实生活中，在与亲朋好友谈论孩子教育问题时，我发现家长们几乎只关注一个问题——学习成绩，对于孩子的心理健康却少有人提及或关注。因为职业，我有更多机会去接触和研究犯罪人员这个"极端群体"。每每看到监狱里那些孩子，联想起他们自年少起就已畸形的心理，回头看看社会上那些被家长圈进"培训班""作业山"的孩子们，我就在想、在问自己：这些孩子心理健康吗？

　　"心理小调查""班级疫情发布会""班级空中运动会""战疫快闪活动""宅家战疫我能行——心解千千结"等宣讲活动的顺利进行，使1800余名同学和家长受益，也让孩子们在长时间居家学习生活状态下始终保持了健康乐观向上的心理。家长们普遍反映：通过参加这些活动，孩子们又恢复了往日的活力。这也是"心解千千结"服务学习项目的最大收获。陈思彤作为项目发起人，通过参与组织一系列活动，在个人沟通协调和语言表达能力上都得到了不小的提升；作为项目受益者，他的视野更加开阔、心胸更加宽广、精力更加专注、情绪更加稳定。

家长感悟精选（二）

投身公益　服务他人　锻炼自我

李雪萌家长

李雪萌是个爱帮助人、乐观开朗的小姑娘，但是，在组织协调、语言表达上还比较欠缺。当看到老师发来的他们5个同学第一次商议活动实施计划的照片的时候，我是比较担心的。孩子第一次参与这样正式的公益活动，不知道她是否意识到重要性，在协调工作内容、挑选实施重点、清楚表达自我观点上，她能否在团队中发挥自己的作用。

事实证明，让孩子锻炼能力、快速成长的方式就是多参加这种有意义的活动。疫情期间，"心解千千结"项目组的同学们没有忘记自己担负的责任和使命，从自身感受出发，帮助同学们在这段特殊时期排解心中的烦恼。大家集思广益，结合自己的特长，分成5个主题，推出系列微宣讲活动。当看到李雪萌查阅和筛选资料，主动找我修改宣讲稿的时候，我觉得孩子一下子长大了！她的心里不只有家人和朋友，更有集体和社会。疫情好转，我们终于迎来开展线下宣传活动的日子。李雪萌在设计活动文化衫时，注意听取和协调其他成员的意见，既要美观，更要突出主题。我发现那个在家里"说一不二"的霸道小姑娘也会婉转表达，顾及别人的感受了！这几个月，我真切地感受到女儿更加注意体会他人的心理活动，在说话和处事上更加注意方式方法，她成长为善于表达、具有同理心的小学生。对于我们家长来说，这是个意外的惊喜！

六、帮扶对象——公益服务社会，爱心连接你我

帮扶对象感言精选

9岁男孩高瑞添妈妈王晓宇："参加'心解千千结'活动，使他渐渐明

白，内向和害羞并不是缺点，每个人都有不同的性格，这个世界本来就是多元和包容的。不必为自己的内向和害羞感到苦恼，要先学会接纳自己。通过体育运动、欣赏音乐，去认识自己的能力，开发自己的潜能；通过阅读绘本和书籍，去寻找内心深处的支撑。项目不仅对孩子有帮助，作为家长，我也获益良多。我们从中了解到如何通过日常观察去发现孩子内心的真正渴求，并且找到最恰当的方式和孩子交流。"

七、成果展示——公益，我们一直在路上！

"心解千千结"服务学习项目自开展以来，项目组通过 11 场线上活动和 1 场线下活动进行推广，并申请了微信公众号，定期推送项目进展情况和原创作品，让越来越多的小朋友和家长重视心理健康问题，掌握树立积极乐观心态的方法，及时解除和预防"心结"，向全社会传递"心理健康从小抓起"的理念。因表现突出，项目组最终获得了由中国扶贫基金会颁发的"益路同行·优秀公益创新团队"奖章。

"北京青少年科技创新学院办公室"公众号对项目进行报道

歌史情怀

　　"歌史情怀"服务学习项目由史家小学三（17）中队的张逸凡同学发起，三（17）中队全体成员共同参与完成。项目指导教师为史家小学李享老师。"歌史情怀"服务学习项目自 2019 年 11 月初发起，至 2020 年 8 月顺利完成。项目组通过资料查阅、校外调研、歌曲收集等多种方式挖掘红歌背后的故事，传承家国情怀。自项目实施以来，项目组制作《歌史传情作品集》，先后走进房山长阳社区、长阳中心小学、黄城根小学房山分校、小月雅古筝等培训中心和熊孩子跆拳道馆，向人们宣传历史、传唱红歌，通过歌声传递时代情怀、传播正能量。

一、指导教师推荐序

　　2019 年，中华人民共和国成立 70 周年。恰逢举国欢庆之际，我们新一轮的服务学习项目也拉开了帷幕。同学们结合当下社会热点问题，纷纷提出自己的创想，一份特殊的项目书脱颖而出。它结合时代背景，挖掘红色歌曲背后的故事，从中汲取力量，感染他人。

聚焦经典，促服务情怀

　　摆在孩子们面前的第一个问题就是挖掘的曲目该如何选择。有的小组主张探究、传唱红色经典曲目，以此来传承爱国情怀；有的小组提出选择自己最喜欢的歌曲，这样才有意愿挖掘歌曲背后的故事，引起共鸣；有的小组则建议可以选择一些国外的代表作，不局限于中国歌曲……看到孩子们各抒己见，我建议大家先做一些前期的调查研究。孩子们纷纷向我投来疑惑的目光，怎样调查呢？我引导大家思考：我们服务的是哪些人？哪些歌曲背后的故事更加吸引人？你们想通过歌曲背后的故事表达什么样的情感？

围绕着这些问题，孩子们决定通过班会的形式进行讨论。"我们不仅要学习唱红歌，更应该探寻歌曲背后的故事，通过音乐将爱国情怀、勤劳奋进的民族精神传递下去！""通过歌曲背后的故事，多知道一些历史发展时期的艰辛，让我们更加珍惜现在的生活，发扬艰苦奋斗的精神。"大家在热烈的讨论中慢慢整理思路，制订计划。作为老师，我真的没有预料到孩子们有这么多的想法。在这个过程中，没有教授者，孩子们自主发现问题、解决问题的能力得到了提升，这让我感到十分欣慰。

经过调查和筹备，孩子们很快确定了《打靶归来》《我爱你中国》《歌唱祖国》《南泥湾》等10首经典曲目。

探寻历史，集服务精华

确定曲目后，每个公益行动组都开始思考如何让自己小组的"故事"吸引人，达到预期效果。于是，一次主题为"家国情怀在我心，服务学习我能行"的中队会在同学们的期待中召开了。会上，大家以选定的曲目为单位，运用思维导图的形式，积极讨论了探寻范围、途径、意义等相关问题，并在每个问题下有所延伸。为了解决难题，有的小组还制作了宣传标志、设计了调查问卷以及宣讲所要用到的易拉宝和小礼品等。通过这次进一步的沟通交流，同学们下一步的行动目标更加明确，大家齐心协力，慷慨激昂。

突如其来的新冠肺炎疫情打乱了我们正常的学习和生活。不能不说，这对于服务学习项目来说是一个巨大的挑战。项目核心成员召开视频会议，将活动重点转移到线上，通过公众号推送、线上互动等方式进行项目推进。我们开展了"你唱你讲我们听"的歌曲乐曲历史讲述征集活动。

不同的歌曲源于不同的时代，它们反映了那段峥嵘岁月的历史，经典的旋律总会伴随着时光的记忆而更显永恒。

怀揣梦想，展服务篇章

"歌史情怀"公益小组在疫情期间利用线上交流平台，将经典红歌故事进行推广、交流。"我说我唱你来听"的云互动，使孩子们打开心扉，一扫不能出门的阴霾，决心将服务学习项目进行下去，让更多小朋友、大朋友拥有阳光心态，积极面对疫情。随着项目的推进，孩子们也收获了宝贵的项目管理经验，组织和协调能力有所提升。

作为中队辅导员，我看到了"歌史情怀"服务学习项目像一颗种子一样萌芽、生长、壮大，也见证了孩子们的成长和收获。每一个孩子都拥有无限潜力，他们收获的，不仅是赞誉和认可，更是在服务过程中萌生的家国情怀。这将伴其一生。

指导教师：李　享

二、创想梦工厂——种下一颗公益的种子

（一）创想动因

项目发起人张逸凡发现同学们特别喜欢上音乐课，尤其是老师讲解音乐知识和相关故事的时候，大家都仔细倾听，甚至那些平时上课的"小淘

气"们也颇有兴趣地和老师互动。根据全班同学热爱音乐的特点，他提出了"歌史情怀"服务学习项目的创想提案，挖掘红歌背后的故事，引发时代共鸣。项目组希望通过传唱红色歌曲，树立人生目标，传承历史精华。

（二）团队介绍

发起人及总负责人	张逸凡	史家小学三（17）中队副中队长，金帆管弦乐团低音提琴手，活泼开朗，善于思考。"益路同行·一页书"公益项目发起人。曾多次参加北京 SOS 儿童村等公益活动
团队伙伴	耿梦茜	史家小学三（17）中队中队长。热情大方，灵气十足，有很强的协调和组织沟通能力。担任本项目的组织工作
	惠希睿	史家小学三（17）中队委员。有责任心，热爱体育运动，坚强、勇敢。担任本项目的财务工作
	张梓彤	史家小学三（17）中队委员。热情大方，表现力强，有很强的团队合作能力。担任本项目的外联工作
	张　烁	史家小学三（17）中队学生，性格稳重，有较强的语言表达能力和沟通协调能力。担任本项目的宣传工作
指导教师	李　享	史家小学三（17）中队辅导员，爱岗敬业，知性干练，热心公益，善于培养学生的创新与进取精神，能够很好地协调校内外各方资源，指导孩子们顺利完成项目计划
专家顾问	张　凯	曾在国内外多家基金管理公司任职，对项目实施和把控有丰富经验

（三）实施过程

"歌史情怀"项目自 2019 年 11 月启动，至 2020 年 8 月圆满结束，共分为前期调研、歌曲收集和《歌史传情作品集》制作、宣传和推广、总结和反思四个阶段。

第一阶段（2019 年 11 月至 2020 年 2 月）：前期调研阶段。在这一阶段，项目组核心成员一方面走进北京市少年宫、中央音乐学院、周边社区开展线下调研，确定项目定位及方向；另一方面制订详细的项目实施计划与方案，建立项目微信公众号。

2019年10月4日与5日，项目组在史家小学与东四社区进行预调研。12月28日，项目组走进北京市少年宫调研。

12月8日，项目组在三（17）中队进行宣讲。重点介绍了项目的创想动因、实施计划、项目目标，号召全班同学积极加入项目组，大家一起做公益。

第二阶段（2020年2月至2020年5月）：歌曲收集和《歌史传情作品集》制作阶段。在这一阶段，项目组核心成员通过视频会议对项目实施方案进行及时调整，将线下活动转变为线上交流。

2020年2月10日，项目组核心成员发起歌曲征集活动。2月15日，项目组确定作品集曲目。

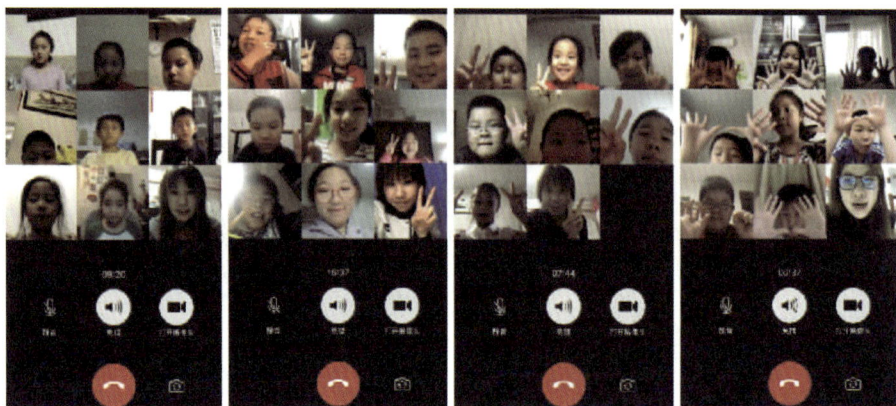

　　4 月 20 日至 5 月 15 日，全班同学参与红歌录制工作，并带动家人及身边人加入唱红歌、讲历史的队伍中，共收集汇总班内外、校内外 50 多首歌曲的讲述视频。

　　8 月 17 日至 19 日，项目组分别就《义勇军进行曲》《我和我的祖国》《让我们荡起双桨》视频进行主题成果分享。

　　8 月 20 日至 24 日，项目组进行拳拳爱国心组曲、童心童曲组曲、红色力量组曲主题成果分享。

第三阶段（2020 年 6 月至 2020 年 8 月）：宣传和推广阶段。在这一阶段，项目组核心成员走进房山长阳社区进行线下宣传，与小伙伴们一起分享红歌背后的故事。

2020 年 8 月 20 日，项目组向史家金帆管乐团、联合国相关组织、中央音乐学院、德威英国国际学校、东四九条小学、北京市少年宫的老师、专家和官员介绍了"歌史情怀"项目，并邮寄《歌史传情作品集》进行项目宣传和推广。

第四阶段（2020 年 8 月）：总结和反思阶段。活动实施完成后，全体成员对活动进行复盘和反思，进行经验总结，提交总结材料留存。

三、学生行动日记——记录公益之花盛开全过程

学生行动日记精选（一）

2020 年 7 月 28 日　星期二　晴

三（17）中队　惠希睿

今天我带着 17 班老师和同学们的嘱托来到了长阳社区做"歌史情怀"项目的推荐和宣传活动。

我代表项目核心组成员，向来自长阳中心小学和黄城根小学房山分校的同学们详细介绍了"歌史情怀"项目的内容、意义和目标。我演唱了精心准备的歌曲并讲述了歌曲背后的故事，还分享展示了三（17）中队其他同学的唱歌视频。同学们都特别热情，认为我们的项目很有意义。活动的最后我们一起合唱了大家都非常喜欢的歌曲。同学们表示会更多地去了解歌曲背后的故事。

这是我们项目在疫情防控降级后的第一次线下活动。刚开始决定做这个活动的时候我特别紧张，不确定自己是否能做好，老师和项目组的其他成员给了我很多支持和鼓励。我们一起制订活动计划，他们还帮助我进行了线上彩排。现场的同学们也都特别友好，最后大家一起合唱的时候我感觉特别自豪。目前所遇到的困难都是暂时的，我们要对自己有信心、对祖国有信心！"我和我的祖国，一刻也不能分割，无论我走到哪里，都流出一首赞歌……"

学生行动日记精选（二）

2020 年 7 月 23 日　星期四　晴

三（17）中队　王浩鉴

今天晚上，我们小组的 8 位同学在腾讯会议上举办了"歌史情怀"的线上活动。每位同学唱了一首歌颂祖国的歌曲，并围绕自己的歌曲内容介绍了这首歌的背景故事，也谈了对歌曲的感受。

同学们一首首脍炙人口的红歌让我心情激荡。这些红歌不仅歌词美，而且一首红歌就是一段历史，让我看到了一代又一代中国人为建设祖国而奋斗的事迹。在活动中，我也给小组的同学们介绍了《我和我的祖国》这首歌。最后我们还以《我爱你中国》这首歌为创作背景进行了红歌小剧场的创作与排练。同学们通过角色扮演的方式呈现了这首歌的创作年代和背景、歌曲旋律的特点和歌词的写作手法与含义。每个同学都特别认真，积极参与。是呀，我的祖国在这次疫情中对各国的援助，所表现出来的大国担当，值得我们永远铭记；我的祖国对患者不抛弃、不放弃，用心治疗，那些"白衣天使"逆行者，那些工作在一线的所有人，都值得我们尊敬和学习。我们一起合唱《红星歌》的环节让我认识了"小红军"潘冬子，这个勇敢的小红军与敌顽强斗争，最后终于成为一名真正的红军。我们要向他学习，只有坚持自己的目标，并认真地执行下去，就一定能成功！

我认为线上视频会议的方式很好，同学们在家里就可以有效率地沟通，不受疫情和地域的影响。

四、学生反思工具——从回望中汲取前行的力量

学生反思精选（一）

姓名：赵紫苏　时间：2020 年 7 月 23 日

项目名称：歌史情怀

发生了什么	有何感受
在"歌史情怀"公益活动中，我们A组专门组织了线上活动，每个同学单独发言：唱歌、讲故事、谈感想、排练小剧场	同学们对这次主题活动很重视，他们认真准备，希望把自己最好的视频分享给大家，让更多的同学受益
有哪些主意	**有哪些问题**
线上活动一定要有服装要求，每个同学都要戴红领巾。另外，大家要遵守时间，按事先规定的发言顺序发言，每个同学 10 分钟	同学们热情高涨，都渴望展示自己，完成得都很好。希望今后继续举办这样的线上活动。 有时网络信号不稳定，但大家都能尽量克服，耐心等待

教师评语

你是一个善于观察、乐于思考的孩子。这次活动前期准备很充分，调动了全体参与成员的积极性，并且在活动过程中考虑到全体同学的感受，鼓励大家表达自我，树立自信。小剧场的创意很棒，是大家都喜欢的形式，希望在今后的宣传活动中继续精进

学生反思精选（二）

姓名：惠希睿　时间：2020 年 7 月 28 日

项目名称：歌史情怀

发生了什么	有何感受
我们项目组走进房山长阳社区进行"歌史情怀"公益活动宣传和分享，我们一起唱歌、讨论、分享歌曲背后的故事	同学们都特别喜欢唱歌，平时也都接触过很多红歌。同学们对歌曲都很熟悉，但对歌曲背后的故事不是很了解

有哪些主意	有哪些问题
长阳的同学们也可以加入我们的歌曲分享项目，给我们提供更好听的歌曲和故事。故事可以是歌曲背后的故事，也可以是发生在身边的励志故事。可以加入更多的乐器表演	受疫情的影响，能到现场参加活动的同学有限，导致歌曲背后故事的分享不够充分

教师评语

你是一位积极向上且能够将正能量传递给他人的孩子。你能够从生活中发现问题，并且愿意用我们的服务主题温暖、帮助身边有需要的人。你提出邀请家长参与的建议特别值得思考，如果可以实践推进，我们的活动将更加有意义

五、家长感悟——在公益服务中和孩子一起成长

家长感悟精选（一）

传承经典　感悟生活

田若驰家长

史家小学三（17）中队继"一页书共享图书馆"服务学习项目圆满完成之后，又创立了更具特色的"歌史情怀"服务学习项目。

"歌史情怀"服务学习项目更加具有文娱性、活泼性和可观赏性，能够在音乐的熏陶之下提高孩子们的审美情趣。孩子们的参与热情也是格外高涨。通过学习、学唱具有伟大历史意义的经典红歌，促使孩子们去了解红歌背后的故事，了解红歌背后蕴含的红色历史、红色文化，从而培育孩子们的家国情怀。

田若驰在录制传唱红歌视频之前，认真地挑选歌曲，虽然唱得不够专业、不够熟练，但是积极、反复地练习，并且通过书籍和网络，自己查找

红歌背后的故事。在这个过程中，她学到了很多课本之外的知识，也受到了一次卓见成效的爱国主义教育。

经典的传承需要培育红色基因，红色基因则要以孩子为载体。所以，我认为我们这个服务学习项目具有非常重要的历史意义。我希望我们班的"歌史情怀"能够感染、感动、鼓励、鼓舞更多的孩子们，让他们成为传承家国情怀的使者，成为中国未来的希望和力量！

家长感悟精选（二）

在服务中成长

王佳奕家长

王佳奕在此次活动中选择的歌曲是《南泥湾》。因为姥姥从王佳奕小时起就给他唱这首歌。在很小的时候，他就会哼唱这首歌了。正是这次活动，让王佳奕认认真真地查资料，学习了解《南泥湾》这首歌曲的历史背景。学习之后，王佳奕兴致勃勃地给我讲歌曲背后的历史故事，给我讲抗日战争时期发生在南泥湾的振奋人心的大生产运动。以前我们总会和他说，自力更生、丰衣足食。通过对《南泥湾》这首歌的学习，王佳奕更加知道为什么要提倡自力更生，丰衣足食，因为我们今天得来的一切幸福都是先辈们用自己的双手创造的。

同学们选取的多为具有时代传承意义的红歌，这些歌曲传达着无私奉献、积极进取，展现了中华民族不屈的民族气节和风骨，这些都可以激发孩子的爱国热情，增强民族自豪感。这些歌曲从一个侧面记录了中国歌曲创作不断演变、不断丰富、不断提高的历程，也生动展示了中国人民的革命精神、建设豪情与爱国爱党的情感。它们铿锵有力，催人奋进。在了解歌史、咏唱歌曲的过程中，孩子们潜移默化地接受着时代精神的洗礼，激发了他们内心深处积极向上、奋斗进取的追求。

六、帮扶对象——公益服务社会，爱心连接你我

帮扶对象感言精选

　　史家小学三（17）班同学耿梦茜："通过参与'歌史情怀'项目，我的收获很多。唱红歌，怀念过去，只是让我们感受到过去革命者为祖国奉献的一腔热血。而我们必须把握现在，唯有不懈努力才能创造更美好的明天。歌唱的声音虽已停止，但奋斗的精神将永不落幕。用我们的真诚拥抱祖国，用我们的歌喉歌颂祖国，用我们的真挚祝福祖国，愿我们的祖国明天更加美好。我们要好好学习，天天向上，长大了为祖国出一份力。"

七、成果展示——公益，我们一直在路上！

　　自"歌史情怀"服务项目开展以来，项目组通过微信公众号，定期推送项目进展、项目成果等原创报道，制作《歌史传情作品集》，先后走进房山长阳社区、长阳中心小学、黄城根小学房山分校等地，通过歌声传递时代情怀，传递正能量。因表现突出，项目组最终获得了由中国扶贫基金会颁发的"益路同行·优秀公益创新团队"奖章。

在少年先锋队代表大会上进行展示

走开吧，坏蛋

"走开吧，坏蛋"服务学习项目由史家七条小学五（2）中队陈绍庭同学发起，五（2）中队全体成员共同参与完成。项目指导教师为史家七条小学刘欢老师。"走开吧，坏蛋"项目自 2019 年 11 月发起，至 2020 年 8 月顺利完成。项目组通过公众号推文、视频讲解、分享心得等方式，完成学生、家长调查问卷 710 份，累计举办 10 次宣传活动，呼吁全社会重视拐卖孩子事件，用孩子的方式教授防拐知识和逃脱、防身技巧，提高大家的防范意识，将事情发生后的"亡羊补牢"变为事情发生前的"防患未然"。

一、指导教师推荐序

近年来，拐卖儿童事件频繁发生，且手段多样，令人不寒而栗。

孩子被人贩子拐走，是每个家庭都不能承受的噩梦。"宝贝回家"是与公安部合作的中国最大的寻找失踪未成年人的公益网站。在该网站创建的 10 年间，共发布 35000 余条"家寻宝贝"信息（寻找失踪儿童）和 36000 余条"宝贝寻家"信息（失踪儿童找家）。而这些，仅仅是这个网站的"不完全统计"。五（2）中队的陈绍庭等几名同学在集团开展的"服务学习"课程中提出了"走开吧，坏蛋"公益项目，希望通过孩子们的视角、多元化的宣传和讲解，用孩子的方式教会他们"防拐"知识和"逃脱、防身"技巧，提高大家的防范意识。

通过参与这次服务学习项目，孩子们了解了如何辨别人贩子，知道了家门口出现的奇怪符号代表的意思，学会了遇到坏人如何自救。整个项目面向社会，孩子们需要经常沟通交流如何利用网络做好宣传工作，如何让社会上更多的学生因我们的项目有所收获。刚开始，孩子们有些紧张，担心自己不能出色地完成任务，但是在学校领导、老师和家长的鼓励下，他们大胆尝试、自信地表达自己的意愿。看到他们的自信和成长，作为老师，我由衷感到欣慰，这正是我们常规课堂中缺少的东西。

我看到，项目组在公众号进行了"6连推"，同时开设"防拐"知识小课堂，将整个项目的目标之一"讲授防拐知识"进行到底，越来越多的小朋友了解并学到更多的防拐知识和逃脱、防身技巧。

在项目推进的过程中，为了使项目不断完善，也为了给项目及时纠偏，项目组成员及时开展了线上问卷调查。考虑到受众人群的不同，项目组将调查问卷分为家长卷和学生卷两部分。最终，收集到有效家长问卷341份、学生问卷369份。项目组及时对调查问卷的结果进行了梳理分析，并对后期项目执行提出了改进意见。

当然，我们现在做的只是冰山一角，面对骗子层出不穷的骗人手段，我们会继续跟进项目。希望这个项目能够被越来越多的人关注与认可，希望每个家庭都能够幸福美满！

指导教师：刘　欢

二、创想梦工厂——种下一颗公益的种子

（一）创想动因

项目发起人陈绍庭偶然看了电影《亲爱的》，对拐骗儿童的社会问题产

生了兴趣，并查找了很多资料，发现儿童被拐事件每天都有发生。孩子的丢失，让被拐儿童的家庭陷入了无尽的悲痛中。

对付人贩子，除了靠警察，更要提高孩子与家长的防范意识，多一分小心，才能少一分伤害！于是，陈绍庭和小伙伴们发起"走开吧，坏蛋"公益项目，希望通过防拐知识和防身技巧的宣传与讲解，让更多的家长和孩子提高警惕，将事情发生后的"亡羊补牢"变为事情发生前的"防患未然"！

（二）团队介绍

发起人及总负责人	陈绍庭	史家七条小学五（2）中队大队委，热心公益，思维敏捷，有很强的沟通、组织能力
团队伙伴	张笑晴	史家七条小学五（2）中队学生，热心善良，善于沟通。在项目中负责宣传策划、实施和部分资料的整理工作
	暴恩惠	史家七条小学五（2）中队委员，活泼外向，做事认真，喜欢用画笔来展现自我。在项目中负责宣传工作
	崔静涵	史家七条小学五（2）中队学生，做事认真细致，责任心强，有创造力。在项目中负责财务工作及部分宣传工作
指导教师	刘 欢	史家七条小学五（2）中队班主任，热心公益事业，乐于助人。工作中，细致认真、踏实肯干，很有创新意识和责任感，能给孩子提供有效指导

（三）实施过程

"走开吧，坏蛋"项目自 2019 年 11 月启动，至 2020 年 8 月圆满结束，共分为项目筹备、项目实施、项目总结反思三个阶段。

第一阶段（2019 年 11 月 1 日至 2020 年 2 月 7 日）：项目筹备阶段。在这一阶段，项目组首先在五（2）中队进行了宣讲。后受疫情的影响，项目组将线下会议转为线上会议、电话会议等多种形式，对项目工作进行分类整理，并且制订了项目进度时间表。

第二阶段（2020年2月22日至2020年8月1日）：项目实施阶段。

2月8日，项目组建立公众号，开展线上问卷调查活动。问卷分为家长卷和学生卷两部分，共收集到有效家长问卷341份、学生问卷369份。根据问卷结果，开设"防拐骗知识小课堂"，以儿童拐骗防身等问题为切入点，对防拐骗知识和防身小技巧进行讲解。

"走开吧坏蛋"问卷调查--家长篇
点击蓝字关注我们～请多多指教～   上周一，因为新冠肺炎的原

"拐卖"和"拐骗"是一个意思吗？
在我国针对拐卖儿童都有哪些法律呢？拐卖和拐骗是一个意思吗？下面就给大家做一个简要的介绍。

期待疫情后的相聚
在这个特殊的假期，虽然项目组的小伙伴不能时时凑在一起讨论项目，但是，我们却以另一种方式，持续推进"走开吧，坏蛋"这个公益项目。

项目组还走进南仓门社区及街道，宣传讲解防拐知识和逃脱、防身技巧，并开展"用画笔传递爱心，用行动守护未来"漫画绘制活动。

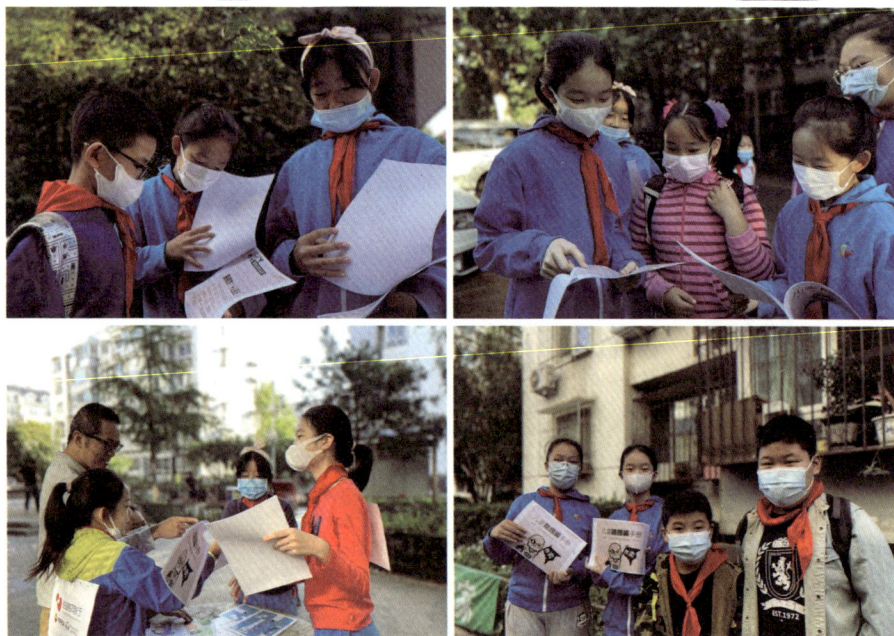

第三阶段（2020年8月2日至2020年8月20日）：项目总结反思阶段。项目组对项目进行了总体梳理与反思，通过漫画、手抄报、宣传稿、视频讲解等多种形式展现，从不同维度、广度、深度渗透。整个过程参与人数超过千人。

三、学生行动日记——记录公益之花盛开全过程

学生行动日记精选

2020 年 8 月 5 日　星期三　晴

五（2）中队　陈绍庭

我作为"走开吧，坏蛋"公益项目的总负责人，最深的感悟就是：一次的善举易，坚持的善举难！

"走开吧，坏蛋"公益项目，从立项到团队组建，再到筹划实施推广，中间曲曲折折，波折不断。疫情的影响是最大的，我们紧急调整了项目实施方案，将线下活动改为线上活动；因为疫情，一位项目组成员退出项目，留下的项目组成员重新分工、继续跟进。项目一次次调整、一次次推进、一次次完成，让我深深感受到，一次公益活动，传播善举是容易的；而克服一切困难，不断地传播善举，就显得无比艰难。尽管困难重重，我们项目组最终坚持了下来。

项目组走到今天，我的团队小伙伴一直给了我莫大的支持和鼓励，没有他们的付出、没有他们的陪伴，这个项目或许走不到今天。所以，我要由衷地感谢他们！项目的结项并不是终点，而是新的起点，我们会把"防拐、防身"作为我们宣传的重点，去帮助、提醒身边更多的人，使更多的家庭免受痛苦。

四、学生反思工具——从回望中汲取前行的力量

学生反思精选（一）

姓名：陈绍庭　时间：2020 年 7 月 28 日

项目名称：走开吧，坏蛋

发生了什么	有何感受
受新冠肺炎疫情影响，项目所有的线下活动不能如期举行，项目组成员有所减少	计划总是赶不上变化。办法总比问题多。任何时候，一个好的团队，一定能有 1 加 1 大于 2 的效果

有哪些主意	有哪些问题
制定项目推进时间表，明确每个成员要做的工作和完成的时间，定期备份资料。 沟通是解决问题的好办法。疫情期间项目组成员不能时时相见，但通过视频、电话会议等，大家集思广益共同解决问题	准备不足，对于各种突发情况没有充足的应急预案。资料备份不清晰、完整。最后收集资料的时候，很多前期资料缺失。 调查问卷的设计不够完美，有些问题的答案不能直接反映出我们要了解的情况

教师评语
你作为项目的发起人和总负责人，能够及时推进项目，确保项目保质保量顺利完成。我看到了你的认真与负责。希望你的这份爱心，可以影响、带动周围人

学生反思精选（二）

姓名：暴恩惠　时间：2020 年 7 月 28 日

项目名称：走开吧，坏蛋

发生了什么	有何感受
在我们要开始宣传防拐知识时，一场突如其来的疫情打乱了我们的计划，小组成员无法见面、无法商议，更不能在校园和社区进行宣传，举办活动	线下教育及活动是一种非常好的宣传方式，可以和大家互动。我们还打算定制小别针或小贴纸作为参与答题和宣传的奖品，但因为疫情，我们无法完成线下活动

续表

有哪些主意	有哪些问题
我们可以从线上入手，通过微信公众号、调查问卷、App 等方式进行宣传。通过线上视频会议等形式进行讨论、总结及制订下一步计划	小组成员无法开展线下讨论、总结，以及制订下一步计划

教师评语

在这次项目中，你用你的作品向大家生动有趣地介绍了防拐知识和逃脱、防身技巧。你是一个很有想法的孩子，喜欢绘画并能够创新。希望你可以坚持下去

五、家长感悟——在公益服务中和孩子一起成长

家长感悟精选（一）

益路同行　收获安全快乐成长

张笑晴家长

在这半年多时间里，孩子们从最初小组面对面学习防拐骗知识，编写"儿童防拐骗"顺口溜，并录制成视频宣传片，到创办"走开吧，坏蛋"微信公众号，进行每周一篇的推送宣传，再到后来疫情期间各自在家中绘制防拐骗卡、录制宣讲视频等，我看到自己的孩子在潜移默化中成长，她变得敢于表达自己的意见和想法，有责任心，遇到困难积极想办法解决。虽然疫情期间不能见面，但微信视频相聚丝毫没有减少孩子们的活动热情。除了孩子能力上的收获，我更为她们能提升安全意识感到高兴。

通过参与"走开吧，坏蛋"项目，孩子们多方搜集资料，观看相关视频、浏览防拐骗安全知识网页等。在学习中，她们了解了法律知识、拐卖儿童案例、拐骗儿童的惯用方法以及如何防范等，提高了自身的安全意识，

并把自己的所学所感，通过"走开吧，坏蛋"项目传递给周围的同龄人，让更多的家庭受益其中。

家长感悟精选（二）

益路同行　让孩子远离危险

崔静涵家长

作为五（2）中队的学生家长，我感觉非常的骄傲。通过这个项目孩子成长了很多。疫情丝毫不影响孩子们的热情，他们将线下改为线上，和伙伴一起讨论创想，从发现问题到解决问题，走进社区，为小朋友、家长讲解宣传手册，推广公众号，录制宣讲视频等，能够独立完成项目任务。

危险无处不在，尤其是当孩子走出家庭，迈入社会。帮助孩子树立防范意识，迫在眉睫。"走开吧，坏蛋"这个项目，呼吁社会重视拐卖孩子事件，用孩子们的方式教学，从防拐知识和逃脱、防身技巧两个方面入手，提高孩子、家长的防范意识，让孩子远离危险。

益路同行，从我做起！

六、帮扶对象——公益服务社会，爱心连接你我

帮扶对象感言精选

幼儿园教师："现在的家长都很忙碌，每天接送孩子的多是爷爷奶奶或姥姥姥爷。老人们的危机意识相对淡薄，有些腿脚不灵便，更给了人贩子可乘之机。这个项目宣传对幼儿园的小朋友来说简直太有用了。在班里给小朋友们看了'防拐、防身知识小课堂'以后，小朋友们都很喜欢。这种形式让他们的接受度更高，确实学到很多有用的知识。希望这个公益项目

继续做下去，越来越好，去帮助更多的人。"

七、成果展示——公益，我们一直在路上！

"走开吧，坏蛋"公益项目自 2019 年 11 月发起，至 2020 年 8 月顺利完成，历时 10 个月时间。项目以幼儿、少儿的"防拐、防身技巧"作为切入点，通过调查问卷的方式，确定宣传重点，教会大家防拐、防身小窍门；并利用网络资源，提高人们的危险意识，提升自我保护及自我防范能力。因表现突出，项目组最终获得了由中国扶贫基金会颁发的"益路同行·优秀公益创新团队"奖章。

留住北京雨燕

　　"留住北京雨燕"服务学习项目由史家小学三（15）中队鲁语苏同学发起，三（15）中队全体成员共同完成。项目指导教师为史家小学李岩辉老师。"留住北京雨燕"服务学习项目于2019年12月发起，至2020年9月顺利完成。项目组通过资料查阅、向专家学习等多种方式了解北京雨燕，开发出北京雨燕明信片衍生宣传品。自项目实施以来，项目组先后走进当代MOMA社区、华城滨河世家社区、圆明园遗址公园、地坛公园、来福士商圈等地，通过多种方式向人们普及北京雨燕知识，号召大家保护北京雨燕、保护北京生态多样性。

一、指导教师推荐序

关注北京雨燕，打造城市金名片

　　作为班主任，我在支持同学们热心公益的同时，更是对项目的创意和筛选规则进行了深入的研究与思考，提醒他们要善于发现问题，仔细观察，从自身出发去感受生活中的不完美，寻找公益创想。在全班同学的共同努力下，"留住北京雨燕"项目在众多公益创想中脱颖而出，得到了学校和"益路同行"公益平台的支持。

　　"留住北京雨燕"公益创想由鲁语苏同学提出。评审通过后，她在班中提出留住北京雨燕的倡议。倡议得到了同学们的积极响应。通过自选和推荐，很快就确定了项目的核心成员。

12 月 23 日，在项目核心成员的精心策划和准备下，班级内召开项目启动发布会。会上，核心成员对项目的推进、实施过程设计进行了详细地介绍，同时针对实施过程中的问题与全班同学一起展开热烈讨论。同学们有的写字，有的画画，还有的通过表演小剧的形式各抒己见，为项目出谋划策。最终，项目组制订了详细的活动计划，确定了活动主题。

抗疫坚守，勇者无惧，团队合作，共克难关

2020 年初，新冠肺炎疫情阻断了孩子们追求公益梦想的所有线下实践活动，但无法阻断孩子们关爱社会、服务社会的决心。面对疫情，核心成员多次召开网络视频会议，商讨如何开展线上活动，如何绘制明信片以及开展后期的宣传推广工作。经过多次的商讨、修改、请教，项目组顺利绘制出一套精美的以"雨燕故事"为主题的明信片。在这一次次的讨论会议与绘画修改中，我看到了孩子们的成长。他们由当初的什么也不懂逐渐成长为可以单独组织会议、商讨话题、汇总结果、提出修改意见等具有一定能力的"小管家"了。特别是孩子们的服务意识有所增强，能够正确认识社会的热点问题，并给出科学合理的建议。项目活动不仅培养了学生的团队合作、沟通交流能力，更增强了学生的社会责任感。

实践调研，科学论证，脚踏实地，实现公益梦想

2020 年 6 月，项目组核心成员组织全班同学在线上开展了"用心战疫情，用爱护雨燕——调研正阳门，走访关占修爷爷"的活动，受到孩子们的喜爱。关爷爷耐心细致的讲解，让孩子们更加清晰了雨燕的生活习性以及面临的最大问题，从而树立留住雨燕的决心，为首都北京的城市发展做

出自己的贡献。8月，成员们再次开展活动，为留住雨燕做宣传，相约来年再相见。孩子们正式推出自己亲自设计、绘制的明信片，呼吁更多的人加入保护雨燕的行动，让越来越多的雨燕回归北京，成为大家喜爱的"北京城的精灵"！

能够参与活动，亲眼见证孩子们的成长，感受孩子们发自内心的那份责任感，我为我的学生感到骄傲和自豪！公益之路，我们刚刚起航。虽然在项目实施过程中还存在很多问题，但我相信只要我们坚定信念、牢记使命，就一定能在服务社会过程中产生巨大影响，将公益爱心一直传递下去！

指导教师：李岩辉

二、创想梦工厂——种下一颗公益的种子

（一）创想动因

2019年10月，项目发起人鲁语苏看到一则新闻，北京市某领导在调研时得知正阳门的箭楼是北京雨燕筑巢繁衍之处，他叮嘱大家要讲好雨燕的故事，讲好中轴线的故事。鲁语苏查阅资料发现，北京雨燕有"北京城精灵"之称，是普通雨燕的一个亚种。全世界以"北京"为模式产地的野生物种非常少，因此北京雨燕属于北京的标志性物种。2008年北京奥运会吉祥物之一"妮妮"的原型，正是北京雨燕。

近年来，对古建筑加装"防鸟网"的保护之举，均令北京雨燕的生存环境发生改变，雨燕的种群数量急剧下降。她希望通过团队的努力及倡议，让社会各界关注北京雨燕的生存环境，让雨燕能在北京生活得更好，也让更多动物因为良好的生态环境留在北京。

（二）团队介绍

发起人及总负责人	鲁语苏	史家小学三（15）中队学生，有较强的组织策划和沟通能力，绘画能力强
团队伙伴	李博雅	史家小学三（15）中队学生，擅长美术，沟通能力强。负责项目的宣传、外联工作
	李恩奇	史家小学三（15）中队学生，擅长舞蹈，策划能力强。负责项目的宣传、策划工作
	闫思恒	史家小学三（15）中队学生，表达能力强，积极踊跃。负责项目的组织、外联工作
	杨冠帜	史家小学三（15）中队学生，耐心细致，踏实肯干。负责项目的组织、财务工作
指导教师	李岩辉	史家小学三（15）中队班主任，教学经验丰富，热心公益，帮助学生完成多项公益项目，为项目进行总体把关并就校内部分的实施进行沟通指导
指导专家	关占修	北京正阳门管理处主任，著名文物保护专家、雨燕保护专家，多年来致力于雨燕研究及保护工作，为项目提供专业指导
家长志愿者	孙天旭	就职于媒体，善于策划沟通，现负责大型互联网公司公共及公益事务，能为项目联系专家和免费传播资源

（三）实施过程

"留住北京雨燕"项目自 2019 年 12 月启动，至 2020 年 9 月圆满结束，共分为准备预演、宣传推广、总结展示三个阶段。

第一阶段（2019 年 12 月 23 日至 2020 年 2 月 11 日）：准备预演阶段。在这一阶段，项目组核心成员通过查找资料，学习北京雨燕的相关知识，并在三（15）中队开展了关于北京雨燕及项目的主题班会，宣讲"留住北京雨燕"项目，号召全中队成员加入。

第二阶段（2020 年 3 月 16 日至 2020 年 8 月 19 日）：宣传推广阶段。在这一阶段，项目组成员分别在线上、线下开展系列宣传活动。

6 月 21 日，项目组邀请北京西周燕都遗址博物馆馆长关占修在线上直播授课，向更多人介绍北京雨燕文化，交流保护雨燕的意义及实施过程中的重难点。

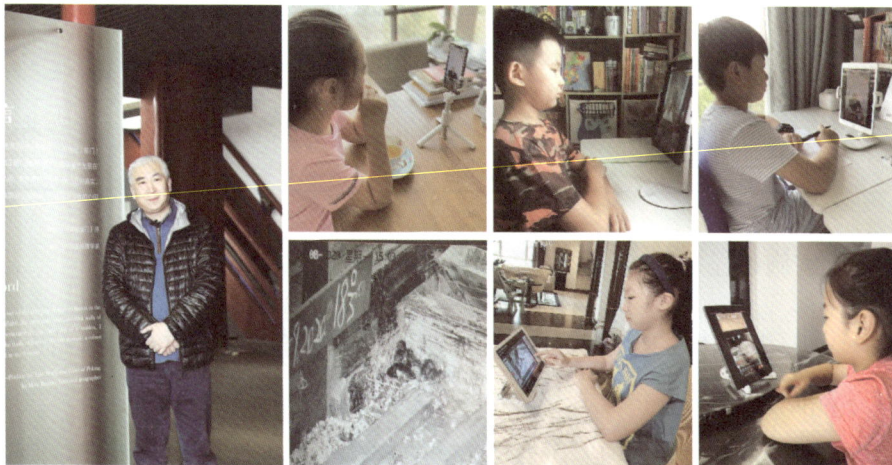

7 月 20 日，项目组携带自主设计制作的易拉宝及"雨燕故事"明信片来到位于东城区的当代 MOMA 社区进行宣传，呼吁人们加入保护北京雨燕的队伍。

　　7月24日，项目组携带易拉宝、明信片来到地坛公园进行宣传，呼吁人们加入保护北京雨燕的队伍。

　　8月3日，各核心成员在小区进行宣传推广。

8月13日，项目组成员走进来福士商圈进行宣传。

项目组还在公众号发布5篇保护北京雨燕的文章。分别是：2020年2月11日的《"留住北京雨燕"登上益路同行 请随我们一路同行》、7月30日的《用心战疫情，用爱护雨燕》、8月16日的《小巢犹在正阳门，已踏万里迁徙路》、8月31日的《项目成员精心设计，助力保护雨燕明信片出版》、9月1日的《从每天生活的小区出发，开启保护雨燕的科普之路》。

第三阶段（2020年8月20日至2020年9月1日）：总结展示阶段。活动实施完成后，全体成员对活动进行梳理总结，交流感受，反思过程。

三、学生行动日记——记录公益之花盛开全过程

学生行动日记精选（一）

2020 年 6 月 21 日　星期日　晴

三（15）中队　杨冠帜

我们将线下活动改成了线上直播。关占修馆长通过直播的方式，给我们大家介绍北京雨燕的相关知识，与我们一起分享北京雨燕的故事。从他的讲述中，我们知道北京雨燕已经在正阳门城楼上盘旋了近 600 年，也因此，正阳门管理处与北京动物学会等单位在 2017 年共同开展了关于"古建筑保护与城市生态"的课题研究，并在正阳门为雨燕建造遮风挡雨的"安乐窝"。

正阳门也因此安装了很多摄像头，用来观测雨燕，了解雨燕的生活习性，统计雨燕的数量。我们通过监控器的视频影像看到了正在窝里的小雨燕们，它们是那么的呆萌，可爱极了！我们还向关爷爷提出了很多有关雨燕的问题，如"雨燕的天敌是谁""雨燕喜欢吃什么"等，关爷爷用他的专业知识给我们做了细致的讲解。通过关爷爷的讲述和展示，我比以前更了解雨燕了，也更喜欢雨燕了。我想通过此项目号召更多人关注北京雨燕，保护自然生态环境。这样，北京雨燕在每一年迁徙过程中，就能如数再回到北京这座城市，为我们的城市增添色彩。

学生行动日记精选（二）

2020 年 6 月 30 日　星期二　晴

三（15）中队　鲁语苏

因为疫情的影响暂时不能组织面对面的活动，但这不影响我们通过线

上的方式推进"留住北京雨燕"公益项目。从 6 月 4 日开始，我利用居家学习的课余时间整理项目微信公众号的图文内容。如何让雨燕的习性特征深入同龄人的内心？我开始了雨燕的"萌化"过程。如"大眼萌雨燕""飞行家雨燕""雨燕与妮妮"，这些卡通化的形象和拟人化的口吻更利于雨燕形象传播，也便于同学们有兴趣了解雨燕、保护雨燕。让更多人认识它、了解它、喜欢上它也是这次公益行动中很有价值的一部分。

　　因为疫情博物馆暂时关闭，于是我们进行了一场关于"留住北京雨燕"的公益直播。在直播中，关爷爷给我们展示了 24 小时监控雨燕生活的视频，讲述了很多关于保护雨燕的科学知识、注意事项。同学们第一次近距离看到真实的雨燕，都兴奋极了，问题一个接着一个，互动非常热烈。这次直播不仅是项目组同学的一次互动，还是一次面向广大网友的保护雨燕的公益科普课堂。在直播中，同学们踊跃发言，把项目的理念、实施方式推荐给观看直播的网友，希望更多人加入保护雨燕的行列，了解并支持"留住北京雨燕"公益项目。

学生行动日记精选（三）

2020 年 6 月 1 日　星期一　晴

三（15）中队　李博雅

　　2008 年北京奥运会吉祥物之一福娃"妮妮"的原型，就是北京雨燕。我们这学期的服务学习项目是"留住北京雨燕"，所以我特意买了关于雨燕的科普读物。

　　为了真正了解雨燕，我也专门跑去问街坊邻居，向他们打听关于雨燕的故事。听那些上了年纪的老北京人说，以前黄昏时分，常常能看到围绕着古建筑翻飞的燕子。也许这就是雨燕留给这座城市、留给许多老北京人永远无法磨灭的记忆吧。

　　陪伴北京城千百年的雨燕，在短短的几十年内数量锐减。据不完全统计，目前北京雨燕的数量仅有约 4000 只。随着北京城越变越大，北京雨燕很难找到筑巢栖息的港湾。

通过这次服务学习项目，我和同学们制订了详尽的北京雨燕保护宣传计划。虽然新冠肺炎疫情让我们的很多计划搁浅，但是我们的心仍牵挂着雨燕，保护雨燕的心情还是那样迫切，期望雨燕能在北京安心住下来！

希望雨燕漫天飞舞的景象终有一天能重现在美丽的北京城！也期待有更多的同学加入保护雨燕的队伍！

四、学生反思工具——从回望中汲取前行的力量

学生反思精选（一）

姓名：李恩奇　时间：2020 年 6 月 5 日
提案名称：留住北京雨燕

发生了什么	有何感受
随着城市扩建，北京的城门楼所剩无几，取而代之的是摩天大楼。雨燕的生活环境发生变化，数量减少	宣传保护北京雨燕，迫在眉睫。 大家都不了解北京雨燕，有些人甚至不知道雨燕
有哪些主意	**有哪些问题**
可以去图书馆查阅资料。项目组核心成员通过网上视频会议讨论明信片设计以及下一步的活动计划。 未来在项目计划书中，需要考虑到不可抗力因素以及预案	网络上关于北京雨燕的资料不是很多。 疫情期间，无法出门进行线下宣传活动，公园、商场的人变少，受众比预期少

教师评语

老师一直认为你是一个善于观察、善于总结的孩子。作为项目核心成员，你一直积极准备、查阅各种资料，提出各种想法。整个活动，你都倾情投入，所以你才有这么多的感悟和体会。老师为你感到骄傲！希望你们提出更多保护雨燕的想法，在环保公益的道路上不断前行

339

学生反思精选（二）

姓名：杨冠帜　时间：2020 年 6 月 24 日
提案名称：留住北京雨燕

发生了什么	有何感受
根据资料，北京雨燕的种群数量在鼎盛时约为 5 万只。但随着城市的快速发展，它在近几十年遭遇了种群危机。据统计，北京城区内雨燕的繁殖种群数量已不足 4000 只	我们人类不应只考虑自身，同时也要考虑动物的发展。我们在推动城市发展的同时也要保护生物的自然栖息地
有哪些主意	**有哪些问题**
我们应该保护北京的水系和湿地，恢复自然生态。这也有利于雨燕找到更多的食物，搭建都市里的"生活圈"	适合北京雨燕生活的地方在减少

教师评语

　　你是一个阳光、热情、有责任心的孩子。在这次项目中，我看到你不断突破自己，看到了你的努力和坚持。你为整个项目提出了很多好点子，还创作了雨燕的歌谣。希望你一直保持心中的热情，把环保公益项目坚持下去！

五、家长感悟——在公益服务中和孩子一起成长

家长感悟精选（一）

保护京城"老朋友"　我们在行动

闫思恒妈妈

　　项目组的孩子们感受到我们人类在改善自己生活环境的时候，给雨燕及其他的动物们带来诸多不利影响。这也让孩子们从小就知道了人与自然要和谐发展。我认为这是这个项目带给孩子们最大的收获。

现如今，在天宁寺桥下、西直门立交桥下、北大博雅塔等地方，都发现了不少北京雨燕巢。在立交桥下缝隙、现代建筑外侧适合筑巢的犄角旮旯儿，雨燕们正在搭建新的"生活圈"。看来这群城市的精灵们，也似乎学会了战胜困难、适应环境。我想这也是我们现在的孩子在生活中应该学会的本领，对孩子们在学习和生活中努力去战胜一切困难起到了榜样作用。

相信通过完成一个项目，孩子们以及家长们都能从中收获很多知识和能量。这也为孩子们在今后能积极努力去完成其他的事情奠定了基础，是孩子们成长中的大收获。

家长感悟精选（二）

纸上得来终觉浅，绝知此事要躬行

李恩奇家长

每一项计划、每一次讨论、每一次执行甚至每一次变更，都凝聚了孩子们认真的思索和不懈的努力。在风云变幻的环境下，他们学会了如何快速应变。每一个孩子都在这个特殊时期的服务学习项目中得到了历练。在项目实操过程中，孩子们也意识到，一个项目的结束并不是终点。通过总结，孩子们发现自己存在的不足或短板。今后可以避免，少走弯路，做得更好。孩子们真真实实地认识到，只有通过实践得到的经验才是人生中最宝贵的财富。

六、帮扶对象——公益服务社会，爱心连接你我

帮扶对象感言精选（一）

家住西城区鼓楼的仲先生："十分怀念小时候在上学路上甚至在家中的

院子里经常能看到的北京雨燕。原来在西四北四条读小学的时候，校舍周围就生活着很多雨燕，不时还会飞进教室。可是，现在已经很多年没有近距离看到雨燕的影子了！这次有幸跟随'留住北京雨燕'项目团队，一起观看线上直播活动，从摄像镜头中，看到居住在正阳门的小雨燕和雨燕爸爸妈妈们平时的生活状态，很激动，希望参与到保护、留住雨燕这个公益项目中，也希望能对保护北京生态环境贡献自己的一份力。"

帮扶对象感言精选（二）

社区居民王苹："我家住在天坛附近，小时候夏天晚上，爷爷奶奶带我在外面乘凉，成群的雨燕就围着附近的城楼上下翻飞，大人们都叫楼燕儿。那时候我在北京少年宫学习舞蹈，从天坛到少年宫，一路要经过前门、正阳门、天安门、景山，一抬头就能看到围着城楼漫天飞舞的雨燕。现在偶尔还会沿着中轴线行走，再次看到围绕城楼飞舞的雨燕时，童年的一幕幕还会涌上心头。希望通过这个项目的推广，能让更多的人意识到保护雨燕的重要性，让更多的人都来保护雨燕。"

七、成果展示——公益，我们一直在路上！

"留住北京雨燕"服务学习项目自开展以来，先后走进社区、公园、商圈等地宣传推广，制作了多幅有关"雨燕故事"的手绘明信片，向大家宣传保护北京雨燕，得到了社区居民、景点游客的肯定与好评。项目组还通过微信公众号，定期发布项目进展及介绍雨燕知识的原创文章，总体阅读、转发、点赞、关注达 10 万余次，邀请雨燕保护专家开展公益直播课堂，参与者达到 8.5 万人次。因表现突出，项目组最终获得了由中国扶贫基金会颁发的"益路同行·优秀公益创新团队"奖章。

结　语

服务学习，担当有为。

在北京市教育科学"十三五"规划 2018 年度校本研究专项课题——《小学德育中构建服务学习课程体系的研究》课题指导下，我们从 2019～2020 学年全校入选的优秀服务学习项目中精选了 22 个项目，详细记录了学生参与服务学习的全过程，展示了学生们一路以来的所见与所闻、收获与成长。这些都是学生们主动关心社会生活、自主发起的公益项目，蕴含着他们对生活的敏锐洞察和无限热爱，对他人的无私关爱和一片赤诚。

在学生公益项目执行过程中，我们尤其重视学生对项目过程的资料搜集、记录和评价，定期对项目进行跟踪反馈，并要求项目组提交《学生行动日记》《学生反思工具表》《帮扶对象感言》等过程性资料，对项目进行多元性、过程性评价。

通过过程资料，我们看到了同学们一路走来的收获和成长。感谢所有指导教师们不辞辛劳的付出，感谢家长志愿者们的默默陪伴，感谢所有的社会单位对孩子们的支持，感谢社会媒体对服务学习项目的关注。正是因为有了你们，每一个孩子微小的梦想才不被轻视，你们为孩子们公益梦想的顺利实现搭建了全方位的支撑体系。

这一年的服务学习项目又要接近尾声了，但我们服务的热情、服务的决心并没有止步。期待明年同学们策划出更加精彩的服务学习项目。

我们来年再见！